主　　编：王　欣

副 主 编：方小莉　黄丽君

执行主编：任　乐　韦足梅

外语教育探索与实践文集

（2022）

四川大学出版社

SICHUAN UNIVERSITY PRESS

图书在版编目（CIP）数据

外语教育探索与实践文集．2022 / 王欣主编．— 成
都：四川大学出版社，2023.6
ISBN 978-7-5690-6269-4

Ⅰ．①外… Ⅱ．①王… Ⅲ．①外语教学－教学研究－
高等学校－文集 Ⅳ．①H09-53

中国国家版本馆 CIP 数据核字（2023）第 146426 号

书　　名：外语教育探索与实践文集（2022）
　　　　　Waiyu Jiaoyu Tansuo yu Shijian Wenji（2022）
主　　编：王　欣

选题策划：张　晶　于　俊
责任编辑：于　俊　王心怡
责任校对：张宇琛
装帧设计：墨创文化
责任印制：王　炜

出版发行：四川大学出版社有限责任公司
　　　　　地址：成都市一环路南一段 24 号（610065）
　　　　　电话：（028）85408311（发行部）、85400276（总编室）
　　　　　电子邮箱：scupress@vip.163.com
　　　　　网址：https://press.scu.edu.cn
印前制作：成都完美科技有限责任公司
印刷装订：四川盛图彩色印刷有限公司

成品尺寸：165mm×240mm
印　　张：21
插　　页：2
字　　数：338 千字

版　　次：2023 年 10 月　第 1 版
印　　次：2023 年 10 月　第 1 次印刷
定　　价：96.00 元

扫码获取数字资源

四川大学出版社
微信公众号

目　　录

翻　译　教　学

翻译能力培养的课程设置

——以"中国翻译简史"课程为例①

段 峰

四川大学外国语学院

摘要：翻译人才培养的关键是课程设置，不同课程的设置对实现翻译人才培养要求具有重要的作用。本文以"中国翻译简史"课程为例，以历史中的翻译和翻译中的历史为视角，探讨了在此课程中如何提高学生对于翻译的元认知，如何增强学生的翻译历史意识，如何将课程思政融入翻译史教学，以及如何引导学生在中国翻译史的学习过程中提升文化自信，培养以中译外为主要翻译方向的翻译能力。

关键词：翻译能力；课程设置；历史中的翻译；翻译中的历史

在新时代中译外高端翻译人才培养中，翻译能力的培养是核心所在。20 世纪末，西班牙巴塞罗那自治大学学者就翻译能力建设问题开展了"翻译能力习得过程与评估"（PACTE）专项研究，并于 2005 年进行了修订。该项研究呈现了翻译能力构建的动态、螺旋式上升过程，并将 CAT 工具及翻译职业市场化的重要性引入研究，强调翻译专业知识和工具能力。该项研究得到学界广泛关注，被普遍认为是迄今为止最系统的可视化模型，是译者素质研究的阶段性代表成果。PACTE 模型认为，翻译能力包括以下几种能力：①双语能力，即在两种语言间进行翻译活动时必备的操作知识，由双语语用、社会语言学、语篇、语法和

① 本文系四川省 2021—2023 年高等教育人才培养质量和教学改革项目"服务国家对外战略的区域性'汉译外'高端翻译人才培养模式建构与研究"成果。

词汇知识组成；②语言外能力，即针对世界和特定领域的表述知识，包括双文化、百科、话题知识；③翻译知识能力，特指与翻译职业和翻译市场有关的表述知识，如翻译单位类型、翻译市场客户和受众、翻译协会、关税等；④工具能力，即获得并使用各类资料和信息，以及在翻译过程中应用现代技术的能力，工具如词典、百科全书、语法书、文体书、平行文本、电子语料库、搜索引擎等；⑤策略能力，即保证翻译过程效率及解决翻译问题的操作知识，对协调各成分能力之间的相互转换和运作至关重要；⑥心理—生理因素，专指记忆、感知、注意力、情绪等认知因素，求知欲、毅力、思辨能力、自信、自我评估、动机等态度因素及心理机制。PACTE 认为，译者基于训练同时掌握表述知识和操作知识，职业能力从入门能力（pre-translation competence）逐步过渡到专家知识（expert knowledge）；获取操作知识、发展策略能力是译者训练的主要目的，且译者也要不断精进、重建心理—生理因素。（Albir，2017）

根据 PACTE 翻译能力模式，我们可在本科和专业硕士层面上设置相应的课程，以实现翻译能力模式的各项要求。课程设置可涵盖四大板块，分别为翻译理论课程、翻译实践课程、翻译知识课程和人文知识课程。理论类课程如中西方翻译史、翻译理论、文学文化文本翻译及跨学科翻译研究等可以训练学生的策略次能力，提升翻译素养；实践类课程如商务翻译、个案研究、翻译工作坊、技术写作、翻译技术、计算机辅助翻译等立足语篇，结合现代翻译工具，可以培养学生的双语次能力、工具次能力和策略次能力；知识类课程如翻译与文化政策、本地化项目管理、翻译项目管理等可以让学生具备一定的翻译知识次能力；人文知识类课程如语言学、语用学、跨文化交际、中国文学、外国文学、比较文学、哲学、历史学，可以提升学生的语言外次能力（吴赟，2015）。

1 "中国翻译简史"课程

本文介绍的是在外语专业本科二年级开设的一门翻译知识类课程——"中国翻译简史"的相关情况。在外语专业课程中，翻译课程常常聚焦于学生语言转换能力的培养，学生花费较多的时间在翻译练习上，英汉、汉英实践类的课程常常贯穿整个本科阶段。然而，翻译能力的培养还包括对翻译元能力的培养，即关于翻译的元知识的积累。何为翻译，翻译为何，翻译何为等翻译本体问题看似与翻译实践不相干，但实际上大有关系。翻译的元知识解决的是对翻译的认知问题，很难想象一个对翻译没有正确看法的译者能把翻译实践搞好。所以我们希望即使是一位以后立志从事翻译实践的学生，也很有必要了解翻译史和翻译理论，以及翻译批评方法等相关方面的知识。

"中国翻译简史"为一学期的课程，采取双语的形式进行，课程以专题的形式，每堂课讨论一个专题，同时每一个专题也有时间上的逻辑关联和因果关系。全课程分为以下 15 讲：

第一讲　翻译与翻译研究

第二讲　中国翻译史研究概述

第三讲　佛经翻译对中国文化的影响

第四讲　中国古代佛经翻译家

第五讲　明末清初科技翻译

第六讲　清末民初的西学翻译（1）

第七讲　清末民初的西学翻译（2）

第八讲　《共产党宣言》在中国的译介

第九讲　中国现代文学翻译（人物篇）

第十讲　中国现代文学翻译（事件篇）

第十一讲　中国现代文学翻译（理论篇）

第十二讲　1949—1966 年的外国文学译介

第十二讲　改革开放后的外国文学译介

第十四讲　中国文学文化对外译介

第十五讲　中西翻译史比较

十五讲主要分为四个方面的内容。第一部分是翻译研究，尤其是翻译史研究的基本知识梳理。许多学生对翻译的了解仅仅停留在外语学习中的翻译教学，在他们的翻译认知中，翻译就是从一种语言到另外一种语言的转换过程，翻译学习就是一种技能的学习。在这个板块中，我们向学生介绍翻译研究或翻译学作为一门独立的学科的研究对象、研究范围、研究理论和研究方法，尤其向学生介绍翻译史研究。介绍翻译作为一种语言转换活动，同时也是跨文化的交流活动，在任何一个国家的发展过程中，翻译都起着不可或缺的作用。同时，翻译的发生、过程、结果、接受等也受制于译入语文化的影响，翻译史研究的就是历史中的翻译和翻译中的历史。在这个部分结束后，我们会导入季羡林先生的一段话供学生讨论思考：

> 不管经过了多少波折，走过了多少坎坷的道路，既有阳关大道，也有独木小桥，中国文化反正没有消逝。原因何在呢？我的答复是：倘若那河流来作比，中国文化这一条大河，有水满的时候，也有水小的时候；但却从未枯竭。原因就是有新水注入。注入的次数大大小小是颇多的。最大的有两次，一次是从印度来的水，一次是从西方来的水。而这两次的大注入依靠的都是翻译。中国文化之所以能长葆青春，万应之药就是翻译。翻译之用为大矣哉！（季羡林，2007：10）

第三讲到第十三讲为第二部分，也是本课程的主体部分。这部分主要按照中国翻译史上四次高潮编排：东汉到北宋的佛经翻译，明末清初的科技翻译，清末民初的西学翻译，改革开放以来的西学翻译。关于佛经翻译重点讨论佛经翻译对中国文化的影响，通过阅读梁启超《翻译文学与佛典》和胡适《佛教的翻译文学》两篇文章，了解佛经翻译对中国语言文学的影响。同时，引导学生熟悉支谦、道安等佛经翻译家，了解早期佛经翻译家的翻译理论等。总之，通过两次专题课程，让学生对发生在中国古代历史上一千多年的翻译活动有比较具体的了解。

明末清初的科技翻译是西方传教士进入中国的开始，他们通过翻译带来了西方的宗教思想，也带来了西方的科学技术。通过对西方传教士借翻译之名，行传教之实的事实，引导学生理解翻译的社会功能。同时，也引导学生熟悉西学东渐等词语，介绍早期传教士对中国儒学典籍的对外译介，从而了解东学西传及中国传统文化思想对世界的影响。

清末民初和五四时期的西学翻译，以及《共产党宣言》在中国的早期译介等内容是这部分的重点。这部分内容一开始便引入梁启超在1923年2月为庆祝申报馆建馆50周年所作的一篇题为《五十年中国进化概论》的文章。梁启超在这篇文章中将中国历史上清末民初时期中国知识分子为救国而开展向西方学习的过程分为三个时期，分别为第一个时期，在器物上感到落后，于是向西方学习先进科技；第二个时期，在制度上感到不如西方，向西方学习制度建设和社会管理；最后是第三个时期，是前两个时期的改良维新都失败后，知识分子痛感在精神文化上不如西方，于是开始了向西方文化学习的时期。即向西方学习的三个时期，分别缘于当时中国知识分子深感中国与西方相比"器不如人""制不如人""文不如人"。梁启超所谈的这三个时期，也是三次重要的翻译高潮时期，翻译在当时可以说是向西方学习的唯一桥梁。洋务运动带来的工业发展伴随着大量的科学技术翻译，从当时成立的翻译出版机构就可以一窥大概。例如，1865 年成立于上海的江南制造局译书最多，影响最大，尤以科学技术方面书籍最多；北京的同文馆，则以国际公法、化学、法律方面的书籍影响最大。除此之外，福州船政局、开平矿务局、天津机器局、上海广方言馆、广州同文馆等都设有翻译出版的机构。而且，这些机构还兼具学校的功能。严复起初就是在福州船政学堂读书，后留学英国，留学归来后回到福州船政学堂任教。严复翻译的社会科学著作，贡献尤为巨大，他翻译的八大社会科学名著《天演论》《群己权界论》《穆勒名学》《群学肄言》《原富》《法意》《社会通诠》《名学浅说》覆盖多个学科，影响深远。第三个时期向西方文化学习的主要内容是翻译西方文学，这一时期林纾是一位标志性的人物，他译介西方文学作品逾 160 部，所译作品包括世界上许多著名作家的作品，如莎士比亚、大仲马、塞万提斯等。中国现代文学史上不少名家学者都曾谈到"林译小说"对他们早年的阅读和后来的创作带来的不可估量的影响。在中国文学翻译史上，"林译小说"已成为一个专有名词，具有特定涵义。林纾之后，再一次译介西方文学的高潮形成于五四运动的兴起。这一次译介西方文学的高潮无论在参加人数、译介作品数量等上都是前所未有的。这期间中国现代文学翻译的显著特点就是从事文学翻译的人具有作家身份，如鲁迅、茅盾、郭沫若、巴金等，这与他们的中学根底和海外留学经历有关，小说家译小说，诗人译诗，当今文学翻译界所讨论的"谁来译"的问题在当时几乎不是问题。西方文学的译介深刻滋养了中国现代文学的成长和发展，也有力促进了新文化运动的开展。20 世纪上半叶中国文学翻译的主要方向为外译中，这符合多元系统理论中的关于翻译文学在一个国家的文学系统中从边缘走向中心的解释，即以新文化运动为标志的中国文学文化的发展在告别传统、开启一个新的时代时，亟须向外来文学文化学习，引进外来先进文学文化，以推动和促进本国文学文化的发展。

随着五四运动的发生所兴起的现代中国新文学和新文化运动也使现代中国的文学文化形象发生了巨变。与旧时代的决裂和建立新世界的努力为现代中国带来了新的气象，在外敌入侵面前中国人所表现出的团结精神和为国赴死的英雄气概也使得现代中国的形象具有了新的气质。中国人不应该是西方人眼中刻板、呆滞的形象，中国文学不应该是专事描写古怪神灵的文学，中国文化也不应该是封建落后的代名词。而这一切都需要表达，需要言说。而也在此时，西方世界对中国所发生的巨变也充满了好奇，渴望了解彼时的中国与他们眼中的被西方汉学家刻画的传统中国有何不同，特别是在第二次世界大战期间，中国作为世界反法西斯同盟国，西方世界更加希望了解中国的社会和中国的抗战，以埃德加·斯诺（Edgar Snow）、艾格妮丝·史沫特莱（Agnes Smedley）、哈罗德·R. 伊罗生（Harold R. Issacs）、项美丽（Emily Hahn）等一批西方人士以驻华记者的身份在战时中国的访问报道就是一个例证，他们对中国的报道向西方传递了一个新兴的中国、战斗的中国的正面形象。然而，外国人了解中国，书写中国，这只是一种民族志式的对他族文化的解读，是将中国作为一种他者的建构过程，缺乏来自他族文化作为主位的自身讲述。这也为我们在后面讲解中国文学文化对外译介进行了铺垫。

在课堂讨论中，我们以梁启超《五十年中国进化概论》为引子，通过围绕"技不如人""制不如人""文不如人"所展开的几次大规模翻译活动的历时梳理，在讨论翻译的社会历史功能的同时，引导学生思考，为什么这几次翻译活动所带来的社会改良运动会以失败告终，为什么同样是翻译活动所带来的马克思列宁主义在中国能取得成功，从而引导学生了解中国共产党的历史必然性和合法性，坚定学生"中国共产党领导下的社会主义是历史的选择和最优的选择"的信念。在翻译课堂上，学生踊跃发言，思想高度统一，纷纷表达了通过历史和翻译增强了道路自信和制度自信的观点。

改革开放后的西学翻译是中国翻译史上的第四次翻译高潮，对于中国的改革开放及中国特色社会主义道路的发展具有重要的历史意义。

伴随着中国在世界舞台上的日益崛起，中国的国家软实力增强，"中国文化走出去""讲好中国故事"成为时代强音，如何讲好中国故事成为当下翻译界所关注的焦点问题。本课程中，我们用了一个专题的时间来讨论中国文学文化对外译介的话题，从中华人民共和国成立初期的《中国文学》和"熊猫丛书"等中国当代文学的对外译介，到当下"大中华文库"的对外译介等，从讨论译什么、为谁译、谁来译等核心问题到探究译文如何被译入语文化所接受等，引导学生认识当今中国的翻译活动出现了许多质的变化，一是从以前的翻译世界到今天的翻译中国，二是翻译方向从以往主要的外译中变为中译外，三是用翻译讲好中国故事的关键就是翻译好中国式现代化等核心术语，忠实传达党的治国理政方针政策等。

最后一个部分是中西翻译史的比较，中西翻译史在翻译过程中呈现出相同的特征，如都经历了宗教翻译、文学翻译、非文学翻译等几个主要的翻译阶段；主要的翻译理论都是针对宗教和文学翻译等。在课程中，学生需要基于自己的知识，就中西翻译史的异同进行描述，并说明原因。

2　体会与建议

"中国翻译简史"课程在外语专业本科阶段已开设了很多年，但每年都会有一些小的调整，以适应时代的发展，我们认为，现在的这门课程体现了以下几个方面的特点。

首先，在理念上有所创新，以翻译中国作为本课程的思政引领，通过课程的讲解和讨论，努力培养学生文化自信的思想自觉和跨文化国家视野。

其次，内容上有所创新，以历史观和大局观为出发点，强调翻译活动的历史作用和当代使命，将认识翻译活动在中国历史发展中的重要作用和对外译介、讲好中国故事作为本课程的重要内容，改变长期以来翻译课程只注重语言转换和只关注外译中的情况。

最后，方法上有所创新，以问题为导向，以学生为中心，以翻译事实为基础，将翻译课程的理论与实践、人文性和工具性有机结合，知识传授和实践能力培养并重，以启发式、讨论式教学作为本课程的主要教学方式。

结　语

在课程教学中，我们也会遇到一些困难，主要的困难在于这门课程对学生的前期知识要求较高：一是熟悉中国历史，二是熟悉翻译家和翻译事件，三是具有较高的思辨能力。目前，在我们的翻译课程群中，翻译史、翻译理论、翻译批评课程组成了翻译的知识类课程群，它们和翻译实践类课程共同构成学生翻译能力培养的课程设置，保证了翻译能力培养所必需的课程基础。

参考文献

季羡林，2007. 季羡林谈翻译［M］. 北京：当代中国出版社.

吴赟，2015. 翻译能力建构与中译外人才培养［J］. 外语学刊（1）.

ALBIR A H, 2017. Research Translation Competence by PACTE Group［M］. Amsterdam/Philadelphia：John Benjamins Publishing Company.

汉法翻译教学中的家国情怀
培育路径探究①

胡陈尧

四川大学外国语学院

摘要：作为我国高校法语专业本科阶段的核心课程之一，汉法翻译课程应在语言知识和能力培养基础上实现德育和美育元素的有机结合，家国情怀的培育因而成为课程设计中的重要环节。本文尝试从翻译素材的遴选、待译文本的浸入和翻译批评的引领三个方面探究汉法翻译教学中家国情怀的培育路径，以期为新时期的外语教学和翻译人才培养提供思路。

关键词：翻译教学；汉法翻译；家国情怀；课程思政

随着我国综合国力的增强和国际影响力的扩大，新世纪的中西关系出现了以"中国文化走向世界"诉求中的文化自觉与文化输出为特征的新态势，"中译外"活动在国家战略引导下取得了长足发展。文学作为民族文化与国家形象的重要载体，作为具有广泛受众群体和广阔传播空间的艺术体裁，在文化"走出去"进程中发挥着先锋作用；随着外译活动的不断深入，科技、学术、影视等领域的部分成果也在国家的人力支持下被译成多种语言，进一步向世界展现中国优秀的文化与技术。新时期高等学校的翻译教学应紧密围绕立德树人的根本任务展开，积极对接国家战略需求，主动、高效地融入课程思政教学体系，实现价值引

① 本文系四川大学外国语学院 2022 年度教学改革与管理研究课题"法汉互译教学中的家国情怀培育研究"（2022 学院教改-21）及四川省 2021—2023 年高等教育人才培养质量和教学改革项目"服务国家对外战略的区域性'汉译外'高端翻译人才培养模式建构与研究"成果。

领与语言知识能力培养的有机融合，为国家培养拥有中国情怀和国际视野，具备跨文化交际能力的高水平翻译人才。

　　自我国高校法语专业开设以来，汉法翻译（笔译）便成为法语专业本科阶段的核心课程之一。现有的汉法翻译课程设计更倾向于以语言能力为导向建构框架，强调汉法翻译实践对于提升学生语言水平、优化翻译技巧的重要意义，而相对忽略了翻译活动的德育与美育价值，忽略了汉语言文化蕴含的民族情感与家国精神在汉法翻译实践中的重要意义。为改善当下汉法翻译教学中存在的重技轻道、重智轻德的倾向，对学生家国情怀的培育应成为课程设计过程中的一项重要举措。基于这一理念，本研究尝试从翻译素材的遴选、待译文本的浸入和翻译批评的引领三个方面探索汉法翻译教学中学生家国情怀的培育路径，以期为新时期翻译人才培养和外语课程思政提供可资借鉴的思路与观点。

1　遴选翻译素材，助力"经典"传承与重塑

　　翻译是针对特定对象展开的跨文化实践活动，翻译过程始于对待译素材的选择。为将立德树人的理念融入汉法翻译教学过程，形塑学生的家国情怀，翻译素材的选择无疑是至关重要的一环。兼具典型性与时效性的翻译素材有助于学生深化对传统文化和社会现实问题的理解，提升文化自知与自信。目前国内的汉法翻译课程多基于现有教材内容展开设计，在对教材的应用中显示出不容忽视的问题：首先，部分教材编写时间较早，选用的素材已较为陈旧，难以呼应当下的热点和翻译现实问题；其次，素材涵盖的主题和文类有限，难以全面、系统地展现翻译活动的丰富性与复杂性；此外，现有教材大多以翻译方法和技巧为主线组织素材和讲解，在对学生思辨能力的培养和价值观念的引导上有所欠缺。基于这一现状，新时期的汉法翻译课程改革应首先着眼于翻译素材的更新。教师应在现有教材基础上，从翻译现实和立德树人的教学目标出发遴选、扩充翻译素材，并在这一过程中充分发挥经典的价值引领作用。这里的"经典"应包括两层含义，一是原作本身是公认的汉语经典著作，二是该著作已通过翻译走出国门并得到相对广泛的传播与接受，成为或正在成为译入语世界中的翻译经典。这类经典"会作为文化遗产保留下来，参与到不同时代和时期的文化建设中去，并以其作为人

类基本价值和情感载体的精神文化持续发挥其作用"（詹福瑞，2015：44），这一文化建构和价值引领的功能应在汉法翻译教学中得到重视和彰显。

基于上述理念和自身教学实践，笔者遴选了 16 部汉语经典著作及其代表性法译本，节选其中部分内容应用于汉法翻译课程的课堂讲解和课后练习之中。相关著作整理如表 1 所示。

表 1　部分汉语经典著作及其代表性法译本

序号	著作名	代表性法译本及其译者
1	《论语》	*Les Entretiens de Confucius*, Seuil, 1981, Anne Cheng; *Entretiens*，外语教学与研究出版社，2009，董强
2	《道德经》	*Le Livre de la voie et de la vertu*, 1842, Imprimerie royale, Stanislas Julien
3	《诗经》	*Cheu King*, Kuangchi Cultural Group, 2004, Séraphin Couvreur; *Poèmes choisis et illustrés du Livre de la poésie*, China Intercontinental Press, 2010, 许渊冲
4	《红楼梦》	*Le rêve du Pavilion Rouge*, Gallimard, 1981, 李治华 & Jacquelinè Alézais
5	《赵氏孤儿》	*L'Orphelin de la maison de Tchao*, Sorel-Desflottes, 1755, De Prémare
6	《孙子兵法》	*L'art de la guerre de Sun Zi*, Economica, 2011, Valérie Niquet
7	《天工开物》	*Industries anciennes et modernes de l'Empire Chinois*, Forgotten Books, 2018, Stanislas Julien
8	《阿 Q 止传》	*La Véritable histoire de Ah Q*, Elytis, 2010, Michelle Loi
9	《酒国》	*Le pays de l'alcool*, Seuil, 2004, Noël Dutrait & Liliane Dutrait
10	《平如美棠》	*Notre histoire. Pingru et Meitang*, Seuil, 2017, François Dubois
11	《三体》	*Le Problème à trois corps*, Babel, 2018, Gwennaël Gaffric
12	《东西文化及其哲学》	Les cultures d'Orient et d'Occident et leurs philosophies, Editions You Feng, 2011, Luo Shenyi
13	《乡土中国》	*Aux racines de la société chinoise*, Inalco Presses, 2021, Yann Varc'h Thorel et Huang Hong
14	《习近平谈治国理政》（第一卷）	*La gouvernance de la Chine* Ⅰ, Editions en Langues étrangères, 2015

序号	著作名	代表性法译本及其译者
15	《习近平谈治国理政》（第二卷）	*La gouvernance de la Chine* Ⅱ, Editions en Langues étrangères, 2018
16	《习近平谈治国理政》（第三卷）	*La gouvernance de la Chine* Ⅲ, Editions en Langues étrangères, 2021

从主题上看，16 部经典著作涵盖了文学、社会学、哲学、科技、时政等多个领域；从时间上看，素材中既有诸如《论语》《道德经》《天工开物》等古代经典著作，也有《阿 Q 正传》《酒国》《乡土中国》等现当代具有代表性的文学和学术作品，而《习近平谈治国理政》更是理解新时期中国之路、中国之治和中国之理的重要媒介。此外，这些著作已悉数被译成法文，部分著作拥有多个法译本，并在目的语读者群体中获得了相对广泛的接受，产生了一定的影响力，因而可被视作我国文化"走出去"并积极参与翻译经典建构的成功案例。

将经典素材引入翻译课堂，一方面是充分发挥经典在价值引领层面的重要意义，另一方面也是引导学生认识和探索经典的生成性与发展性。任何经典都并非一蹴而就或一成不变，经典始终在不同时代读者的阅读与阐释活动中更新发展，而复译正是该过程中一种重要的赋新之力。因此，对经典素材的应用不应仅局限于开展佳译赏鉴或试译练习，还应在此基础上引导学生积极参与复译空间的建构，这里的"空间"指向"一种处于完成之中的空间"（Berman，1990：1）。翻译无定本，翻译活动所呈现出的始终是一种"未完成"的状态，唯有通过不间断的复译，翻译才能够逐步趋向于完成。引导学生拓展汉语经典著作的复译空间，便是促使其积极参与经典的传承与重塑，并在这一过程中深化身为译者、身为文化"摆渡人"的责任感与使命感。

2 浸入待译文本，优化翻译方法

理解与表达是翻译基本的步骤，传统翻译教学侧重表达环节，注重学生外语能力通过翻译训练的提升，相反对原文本未给予充分的关注。这样的偏倚在语言学习初期有其必然性和合理性，但长此以往将不可避免地造成学生对翻译的机械化、工具化认知，将翻译技能的习得与本民族语言文化的学习积累割裂开来，并最终表现为学生译文中出现的某些错漏或词不达意。基于这一现状，当前的汉法翻译教学应进一步重视学生对待译文本的理解，这里的理解不应仅停留于对基础语义的把握，而应浸入文字肌理，对作品的核心意旨、语言风格和文化内含进行深度的思考与分析。与此同时，对待译文本的深度理解也有助于学生深化对自我的认知：学生作为诠释主体并不将自身有限的理解能力强加给文本，而是"向文本敞开自身，并从那里接收到一个更广阔的自己"（Ricœur，1986：117），也正是在这一过程中，学生的家国情怀得到"隐性"的培育。这种培育有别于由表及里的灌输式教学，而是引导学生在对经典待译文本的自主挖掘与探索中积累知识，磨砺心性，因而能够产生更为持久、稳固的效应。

为阐述汉法翻译中的深度理解及其在教学中的应用，本文以下面两则翻译素材为案例。

素材 1：

上善若水，水善利万物而不争。处众人之所恶，故几于道。居善地，心善渊，与善仁，言善信，正善治，事善能，动善时。夫唯不争，故无尤。

——《道德经》第八章

素材 2：

前进道路上，我们要增强战略思维、辩证思维、创新思维、法治思维、底线思维，加强宏观思考和顶层设计，坚持问题导向，聚焦我国发展面临的突出矛盾和问题，深入调查研究，鼓励基层大胆探索，坚持改革决策和立法决策相衔接，不断提高改革决策的科学性。

——《习近平谈治国理政》第三卷

素材 1 是《道德经》中的著名选段。《道德经》原文以文言文写成，教师应首先引导学生完成从文言到白话的转换，而这一预备阶段的"语内翻译"本身是对原文的一种深度理解。随后，教师可组织学生围绕"道""渊""仁""信"等文化负载词展开讨论，并进一步引申至对中国传统"水文化"的思考，令学生深入体会中华民族精神中刚柔并济的品性和不卑不争的气度。关于素材 2，考虑到时政文本中各类概念的重要性和密集程度，教师应引导学生通过资料查证和课堂讨论准确理解该段文字中的核心概念。例如，对"底线思维"这一概念的深度剖析既是避免误释和误译的重要前提，也有助于学生加深对中国特色社会主义理论体系科学性与合理性的理解。

翻译方法的学习向来是汉法翻译课程中的重点，但部分课程设计未将翻译方法与翻译现实有机结合，从而造成翻译方法的固化。就当下中国文化"走出去"而言，部分作品之所以出现"出海不畅"现象，一方面是由东西文化差异及现阶段文化供求关系的失衡所决定的，另一方面也与翻译方法的僵化和失当密切相关。讲好中国故事不仅要明确"讲什么"，"怎么讲"也同样重要，唯有采取动态、切合实际的讲述方法，中国故事才能够真正走进异国读者视野并得到切实的阅读与接受。因此，对于译者而言，翻译方法的优化在一定程度上是将主体的家国情怀转化为实际成效的必要环节。仍以《习近平谈治国理政》中的一段文字为例：

> 我们要拿出抓铁有痕、踏石留印的韧劲，以钉钉子精神抓好落实，确保各项重大改革举措落到实处。
>
> ——《习近平谈治国理政》第三卷
>
> Nous devons, avec un esprit de ténacité, tel que l'on « n'enfonce pas un clou d'un seul coup, mais avec des coups répétés », assurer la concrétisation de toutes les mesures majeures de la réforme.
>
> (*La gouvernance de la Chine* Ⅲ)

该段文字的翻译难点在于对两个四字格"抓铁有痕""踏石留印"及具有原创性的表达"钉钉子精神"的再现。值得注意的是，三个表达中均有比喻修辞的运用，但这并不意味着应采取相同的翻译策略和方法。首先，四字格是汉语中历经洗练与沉淀的精华部分，可以表达并列、偏正、主谓、动宾等多种结构关系，普遍具有形式工整、言简意赅、节奏感强等特征，是汉字语素音、形、义结合的典范。"抓铁有痕"和"踏石留印"两个四字格呈现了丰富的形象和深刻的意蕴，但若直译为法文将造成译文显著延长，不符合时政文本凝练、明晰的基本特征。因此，译者可采用"浅化"法，取消原文的喻体形象，直接以"un esprit de ténacité"点明中心意旨。"钉钉子精神"是习近平总书记提出的一个形象生动而意蕴深厚的命题。考虑到这一隐喻中的喻体形象富有原创性且贴近大众生活，译者可在译文中保留喻体，并适当运用"深化"法，用具有高度概括性的文字向法文读者阐释其核心要义。该案例中两种译法的灵活运用印证了翻译活动的复杂性与多重可能性，教师应引导学生积极发挥主观能动性，以推进中国故事和中国精神"走出去"。

3　介入翻译动态过程，树立批评精神

狭义的翻译过程指从来源语到目的语的语言转换过程，但经由语言转换形成的译本并不意味着翻译的完成，"而恰恰是在'异'的考验中、在不同文化相互碰撞与理解中翻译成长历程的开始"（刘云虹、胡陈尧，2019：1）。传统的汉法翻译课程更为关注静态的翻译结果和语际转换的狭义过程，帮助学生从双语文本的分析和操练中积累经验，凝练技巧，提升翻译水平。此类课程设计对于学生语言学习的助力毋庸置疑，但同时也因其相对有限的视域阻碍了部分德育和美育元素的渗入。新时期的高素质翻译人才不仅需要具备扎实的语言功底和翻译技巧，还应拥有眼观全局的视野和脚踏实地的精神，以传播中国优秀文化、弘扬中国精神为己任。以中国文学外译为例，中国文学在海外的译介已取得阶段性的成果，但译介的广度与深度尚与"外译中"实践有显著差距，大部分中国文学经典还尚未通过翻译实现它们在世界文学层面的经典化。由此可见，"中译外"实践遭遇了阶段性的瓶颈，当下的外语学习者应予以关注和反思。换言之，外语学习者的家国情怀不是一种模糊、抽象的情感，而是一种立足现实、勇担使命、努力作为的实践精神。基于这一理念，新时期的汉法翻译课程不应仅局限于静态框架，教师应引导学生立足文本并从文本出发，以积极的态度介入从文本选择、译文生成到翻译接受的整个翻译动态过程，并在这一过程中实现学生家国情怀的深化与具象化。

以上文列举的古典文学名著《红楼梦》为例，在首个法文译本问世前，已经有法国作家和学者对这部作品给予了关注，但评价以负面为

主，有学者甚至受部分中国清代文人观点影响，将《红楼梦》视作"色情而淫秽的文学作品"（Daryl，1885：190）。自1912年起，《红楼梦》在法国先后经历了节译、摘译和全译，在1981年华裔翻译家李治华与法国妻子雅歌合译的全译本问世后，《红楼梦》在法国评论界的形象已发生了根本性的变化，成为"中国五部古典名著中最华美、最动人的巨著"（Braudeau，1981）。针对《红楼梦》法译这一个案，教师可引导学生在文本整理与分析的基础上回顾作品在法国的译介与传播历程，探讨文学译介与文学接受之间的密切关系，理解从"中国经典"到"世界经典"生成过程中翻译的功能与作用。再以近年来在法国持续热销的小说《平如美棠》为例，小说原著在中国并非家喻户晓，法文译者也并非知名翻译家，但于2017年问世的法译本仅两个月就售出2.6万册，一度占据法国某图书籍售网站"中国"分类的销量榜首。法国《观点》周刊发表题为《中国之爱征服世界》（"L'amour chinois à la conquête de la planète"）的专栏文章，将《平如美棠》中"执子之手，与子偕老"的爱情观与司汤达《红与黑》中的"结晶"式爱情加以对比，认为该书为"真正的爱情是否可照亮一生的漫漫长路？"这一引发文学界深思的问题给出了最好的解答（Falletti，2017）。教师可引导学生对这一新近且尤具代表性的文学外译个案进行深入剖析，有助于学生把握影响翻译活动的内外部因素的动态变化，同时也使学生对中国文学著作的文学性及价值有更深入的理解和更坚定的信心。

最后还需指出的一点是，外语学习者的家国情怀不应建立在对本土语言文化的片面认知或对文化"走出去"阶段性成果的盲目乐观之上。在将对翻译动态过程的关注引入汉法翻译课堂的同时，教师应引导学生树立批评精神，以积极、理性的姿态开展翻译批评实践。这里的翻译批评既包括对译文本的批评，也包括对翻译现象、翻译事件、翻译主体等多个维度的批评。同时，为区别于自发、主观的随感式评论，翻译批评对科学性和客观性有本质层面的诉求，要求"批评中逻辑的自洽性、阐释的合理性、方法的有效性、论述的充分性和可靠性"（蓝红军，2020：86）。进入新时期，翻译的内容、形式、目的等各方面均发生了深刻变化，随之涌现出大量新待解决的问题与矛盾。仍以中国文学外译为例，作为文化"走出去"战略的重要组成部分，"文学外译在方式、路径、程度和成效等多个层面都面临诸多问题与挑战，每一层面上的具体问题又受到诸如译者能动性、文化、历史、意识形态等内外部因素的影响和制约，呈现出显著的复杂性与多样性"（胡陈尧、许钧，2021：10），这无疑构成当下我国翻译批评的重要关注对象，也理应成为翻译课程内容的有机组成部分。教师可通过课堂讨论和课后思考的形式让学生围绕中国文学外译展开批评实践，促使学生在科学的理论与观点的指导下审视批评对象，并就相关主题进行个人或团队陈述，陈述内容"不能仅仅停留在粗略、模糊的直觉感知层面，而必须拿出有理有据的观点"（施雪莹、刘云虹，2021：55），从而通过批评活动真正发现问题，并为问题的解决提出合理的方案。

结　语

　　新时期高水平翻译人才的培养需要将智育、德育与美育有机结合，对学生家国情怀的培育成为翻译课程设计中的重要环节。翻译教学中的家国情怀培育有助于学生从文化交流与传承的高度理解翻译活动，深化对译者肩负的重要责任与历史使命的认识；这项培育也能够将优良的价值理念和精神追求融入翻译课堂，使教师"在讲授知识的同时潜移默化地实现价值引领，在能力培养的同时润物细无声地实现立德树人"（石坚、王欣，2020：45），进而自然、高效地达到课程思政的目的。具体到汉法翻译教学，教师可在遴选和扩充翻译素材的基础上引导学生深度理解待译文本、优化翻译方法，并进一步介入翻译的动态过程，以批评的理性目光关注翻译的成长，从翻译批评实践中深化对"自我"的理解与认知。

参考文献

胡陈尧，许钧，2021. 翻译批评的历史反思、现实问题与发展路径——兼评《批评之批评：翻译批评理论建构与反思》［J］. 上海翻译（2）.

刘云虹，胡陈尧，2019. 论中国古典文学名著外译的生成性接受［J］. 外语教学理论与实践（2）.

蓝红军，2020. 翻译批评何为：重塑批评的话语力量［J］. 外语教学（3）.

石坚，王欣，2020. 立德树人　润物细无声：课程思政的内涵建设［J］. 外语电化教学（6）.

施雪莹，刘云虹，2021. 重过程剖析与能力培养的翻译教学——"翻译工作坊"教学模式探索与实践［J］. 上海翻译（4）.

詹福瑞，2015. 论经典［M］. 北京：人民文学出版社.

BERMAN A，1990. La retraduction comme espace de la traduction［J］. Palimpsestes（4）.

BRAUDEAU M，1981. Songes d'une nuit de Chine［N］. Revue l'Expresse，1981-12-31.

DARYL P，1885. Le Monde chinois［M］. Paris：Hetzel Librairies-éditeurs.

FALLETTI S，2017. L'amour chinois à la conquête de la planète［N］. Le Point，2017-01-13.

RICŒUR P，1986. Du texte à l'action. Essais d'herméneutique II［M］. Paris：Seuil.

选择性注意力和短期记忆
显著预测早期口译表现①

胡敏霞　袁　曦

四川大学外国语学院

摘要：选择性注意力（selective attention）和短期记忆（short-term memory）是译员在口译过程中选择、抑制和存储信息时调用的认知执行功能。前期研究主要关注认知功能的高频使用能否带来可迁移的"译员认知优势"，而较少关注认知优势能否及多大程度上可给口译学习者带来优势。鉴于此，本研究以本科口译学员为研究对象，通过双耳分听和自由回忆分别考察参与者的选择性注意力和短期记忆，以参与者的双耳分听成绩、自由回忆成绩及相关口译和二语经验指标为自变量，以期末口译成绩为因变量，通过相关性和多重逐步回归模型发现：选择性注意力、二语能力和短期记忆能够显著预测口译期末成绩，三个指标组成的最优模型能够解释21.1%的口译期末成绩变化，其中最大预测变量是选择性注意力，其次是二语能力，最后是短期记忆。研究表明选择性注意力和短期记忆能够对早期口译训练效果产生直接和有益的影响。

关键词：选择性注意力；短期记忆；口译成绩；二语能力

认知心理学一直关注语言加工和认知功能的关系，尤其关注口译等高强度双语训练对执行功能的影响（Bialystok，2017；Dong and Li，

①　本文系四川省2021—2023年高等教育人才培养质量和教学改革项目"服务国家对外战略的区域性'汉译外'高端翻译人才培养模式建构与研究"成果。

2020；García，Muñoz and Kogan，2020）。要完成口译任务，译员需要具备足够的听、记、译、表达和协调能力（"精力分配模型"，Gile，2009）。由于口译任务的认知要求高，译员的认知负荷在口译过程中通常处于接近饱和状态（"走钢丝假说"，Gile，1999）。在"精力分配模型"中，交传译员在理解阶段必须完成听力分析、短期记忆、书写笔记和注意力协调等任务，而在表达阶段则要完成笔记认读、回忆信息、译语表达和注意力协调等任务（Gile，2009）。"精力分配模型"显示了短期记忆和注意力协调在口译过程中起着不可或缺的作用。要成功完成口译任务，译员在译出前需要将相关信息暂时存储在短期记忆中，并随时协调认知资源，将注意力集中到"问题点"上（Gile，2008；2009）。吉尔认为，口译中出现的错译、漏译和"不到位"的翻译，有时并不是因为译员的知识不足或能力不行，而是由于译员的短期记忆出现了饱和或是由于译员的注意力焦点协调不恰当（Gile，2011）。

选择性注意力（又称集中性注意力）将注意力集中在与当前任务相关的信息上，以此过滤掉无关的知觉信息（Duncan，1984）。与之相反，分散性注意力指的是同时注意多个环境信号的能力（Eysenck and Keane，2000）。选择性注意力是"目标驱动或自上而下的注意力控制过程"（Eysenck and Keane，2000：120）。口译是一种依赖选择性注意力的活动。译员在两种高度激活的语言之间切换，通过"语言控制和加工控制完成从源语（SL）到目的语（TL）的快速翻译"（Dong and Li，2020：716）。自动化是困难的，因为"SL 输入……TL 输出……以及需要暂时保留的信息所带来的需求不断变化"（Dong and Li，2020：724）。译员在处理复杂且不断变化的"问题点"时，学会在任务处理的时间和能力限制内，有策略地选择环境中的输入（Gile，2009）。选择性注意力成为口译员在复杂的工作环境中避免认知超载的一种适应性必要条件（Chung-Fat-Yim，Sorge and Bialystok，2017）。

短期记忆指的是个体暂时存贮信息的能力（Atkinson and Shiffrin，1968），也可以理解为长期记忆的激活部分（Cowan，1999；2001）。在认知任务中，中央管理器首先通过选择性注意力（Eysenck and Keane，2000；Diamond，2013；Friedman and Miyake，2017）来选择注意力焦点，然后由于短期记忆的时间和容量限制，中央管理器需要在 10～20 秒内完成最多 4 个信息块的加工，否则信息痕迹就会消失或被新信息覆盖（Cowan，1999；2001）。

已有部分实证研究支持认知功能在促进口译学习和表现方面的积极作用。Cai 等人（2015）发现工作记忆容量能够显著预测本科交传口译成绩；但在除去前测成绩影响之后，只有二语水平对后测成绩的改善仍有贡献，而工作记忆则没有显著影响。Injoque-ricle 等人（2015）发现，译员每月同传天数和发音抑制下的听力广度能够解释 49.8% 的同传分数变化，但前者的解释力度更大。Chmiel（2018）发现工作记忆容量更高的学生口译成绩更高。刘玉花和董燕萍（2020）也发现在口译训练前，工作记忆（二语听力广度）和更新效率（n-back 反应时）能够解释 48.3% 的期末口译成绩变化，但一年后两个指标的解释力度降至 35.6%，前测时解释力度更大的变量是更新效率，后测时解释力度更大的是听力广度。

前期研究涉及的认知功能主要是工作记忆和更新效率，实验任务主要是听力广度和 n-back 任务。Hiltunen 等人（2016）曾采用自由回忆和双耳分听任务对职业译员进行研究：在自由回忆中，只有同传译员（而非交传译员或外语教师）表现明显优于非语言专家，在双耳分听中，同传译员能够在被忽略通道中发现自己的名字并且在名字出现后不发生跟读错误，而交传译员虽未能发现自己的名字但也能保证跟读准确率。本项研究使用与 Hiltunen 等人（2016）相同的任务，旨在验证选择性注意力和短期记忆可否显著预测本科口译学员的期末成绩。

1　材料和方法

1.1　被试

被试是四川大学英语专业大三的 61 名口译初学者（7 名男生，54 名女生；参加实验人数为 70 人，但有 9 人的实验数据无效被剔除）。汉语为一语，英语为二语，皆为右利手，（矫正）视力、听力正常，在实验时没有生理或心理障碍，之前没有接受过双耳分听和自由回忆测试，所有被试的名字都包含两到三个汉字。被试的背景信息如表 1 所示。口译学习平均时长 0.25 年，每周课外口译练习平均时长为 1.96 小时，二语学习平均年限为 12.21 年。

表 1　被试学习背景

总数(61 人)	最小值	最大值	平均值	标准差
年龄	20.00	22.00	20.59	0.62
二语学习年限(年)	3.00	18.00	12.21	2.64
口译学习年限(年)	0.16	0.50	0.25	0.03
每周课外口译练习小时数	0	6	1.96	1.23

1.2　程序

被试先完成自由回忆任务，再完成双耳分听任务，然后完成关于人口背景和学习经验的纸质问卷。测试在语言实验室里完成，实验时长约 25 分钟，被试在实验前获知研究目的，实验结束获得文具奖励，并签署知情同意书。

1.3　材料

1.3.1　自由回忆（短期记忆）

本研究采用的自由回忆任务改编自 Hiltunen 等人 2016 年的研究。被试佩戴好耳机后，仔细听每组呈现的单词并在每组的末尾以任何顺序重复它们，不允许做笔记。实验从北京语言大学 BCC 语料库选用了 114 个常用的汉语词（名词），这些词被分成 10 组，每组有两个小组相同数量的词，每组词量依次从 3 个堆叠到 10 个（见附录）。在正式实验前，有一组包含 10 个单词的练习测试用于熟悉规则。材料由一个母语为汉语的女声以每秒一个单词的速度录音，录音文件拷贝到隔音语言实验室的电脑上。被试有足够的时间在每组录音播放结束后自由地回忆记得的单词。被试的回忆结果录音保存在电脑上。本实验中，只计算了总数 104 个单词中正确回忆词条的总和，Lehto（1996）将其称为单词广度，单词广度越大，短期记忆分数越高。

1.3.2　双耳分听（选择性注意力）

本研究采用的是中文版的"鸡尾酒会双耳分听测试"（Moray，1959；Conway，Cowan and Bunting，2001；Hiltunen et al.，2016）。在实验中，被试的左右耳会同时听到两条不同的信息序列。实验指令是准确跟读右耳听到的信息，同时忽略左耳信息的干扰。实验全程进行电脑录音。材料包括从北京语言大学 BCC 语料库中选用的 510 个汉语高频词，分成两个列表：跟读列表（270 个词）出现在右耳通道，干扰列表（240 个词）出现在左耳通道。两个列表分别由一名男性和一名女性用单调的音调以每秒一个单词的速度记录在电脑上。为了让这两种声音听起来更接近，研究人员将女性的声音音量降低了 3 分贝。前 30 个词只出现在右耳通道上，用于跟读练习。从第 31 个词开始，被试的左右耳将会同时被输入两条不同的语音流。在第 210 个词时，被试的名字将出现在要忽略的左耳信息中，被试名字的长度与任务词的长度大致相同（2~3 个字符），被试未被事先告知。评估参数参考 Hiltunen 等人（2016）的研究，包含以下两个指标：一是被试能否在被忽略的左耳听到自己的名字；二是跟读错误，包括总错误数及被试名字出现时和出现后的第一、二个词的跟读表现。本研究还检查了名字出现后的第三个词。与原文的不一致的跟读被计算为错误。为保证数据的准确性，三位研究助理按照同样的程序分别打分并相互确认。

1.3.3　问卷调查

两项测试后，被试填写了一份背景问卷。问卷内容包括以下三部分：①人口信息；②二语水平、一语水平、口译水平、短期记忆水平、自由回忆正确率、双耳分听跟读错误率的自评分数（里氏量表 1~9 分，1 分代表最低，9 分最高）；③关于双耳分听体验的问题，如："你在跟读耳通道里听到什么特别的东西了吗？""你是否在被忽略通道中听到了你的名字？"

1.4　数据分析

使用 IBM 的 SPSS（26 版）软件，采用斯皮尔曼相关性分析考察二语和口译各项指标、两项任务指标与口译期末成绩是否存在显著相关，采用逐步多重回归模型筛查学生期末口译成绩的最优预测变量。

2　结果

2.1　描述性分析

在自由回忆中，除 3 名被试外（2 名 70 以下，1 名 90 以上），其余被试的词语广度主要集中在 70~90 个词的范围内（M = 77.98，SD = 5.38，如图 1 所示）。

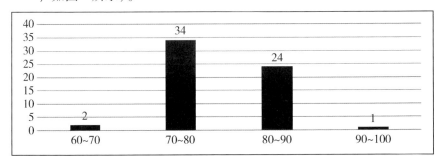

图 1　自由回忆的词语广度分布

如表 2 所示，57.38% 的被试在被忽略的左耳通道中检测到了自己的名字。被试名字的长度与是否在被忽略通道中检测到自己名字没有显著相关（$r = -0.223$，$p = 0.084$）。平均跟读错误数为 23.66（SD = 13.01）。9.84% 的被试在名字出现时出现了跟读错误，无论是否检测到自己的名字。名字后第一个词的跟读错误率显著增加到 42.62%，在第二个词时下降到 31.15%，在第三个词时进一步下降到 8.20%。名字是否被检测到与跟读错误数量之间没有显著相关性（$r = 0.052$，$p = 0.692$）。

表 2　双耳分听的名字检测率和跟读错误情况

被试		$N = 61$
检测到名字	是	57.38%
	否	42.62%
跟读错误总数	平均值	23.66
	标准差	13.01
名字诱发的错误率：		
名字出现时		9.84%
名字出现后第一个词		42.62%
名字出现后第二个词		31.15%
名字出现后第三个词		8.20%

2.2　相关性分析

如表 3 所示，期末口译成绩与词语广度呈显著正相关（$r = 0.278$，

$p = 0.03$），与二语水平呈显著正相关（$r = 0.272$，$p = 0.034$），与跟读错误总数呈高度显著负相关（$r = -0.393$，$p = 0.002$），表明短期记忆、二语水平和选择性注意力能够显著预测期末口译成绩。二语和口译学习年限及每周课外口译练习小时数与期末口译成绩均无显著相关。

表3　期末口译成绩与认知指标的相关性

认知指标	相关系数	Sig.（双尾）
二语学习年限	0.175	0.177
二语水平	.272*	0.034
口译学习年限	−0.026	0.844
每周课外口译练习小时数	−0.041	0.751
词语广度	.278*	0.03
跟读错误总数	−.393**	0.002

注：$*p < 0.05$　　$**p < 0.01$

2.3　逐步回归模型

以期末口译成绩为因变量，以词语广度、跟读错误总数和二语水平作为自变量进行多重逐步回归建模，其他未有显著相关的变量未被选入模型。结果如表4所示，与模型1和2相比，模型3最优，可以更好地预测期末口译成绩。在模型3中，$F(3, 57) = 6.353$，$p = 0.001$，$\Delta R^2 = 0.211$，预测变量分别是跟读错误数（$\beta = -0.344$；$t = -2.986$，$p = 0.004$），二语水平（$\beta = 0.293$；$t = 2.548$，$p = 0.014$），以及词语广度（$\beta = 0.259$；$t = 2.259$，$p = 0.028$）。结果显示，选择性注意力（8.4%）、二语水平（7.1%）和词语广度（5.6%）能够解释21.1%的期末口译成绩变化。

表4　多重逐步回归模型

变量类型	非标准化系数		标准化系数		
	B	Std. Error	（Beta）	t	Sig.
模型1					
跟读错误数	−0.243	0.096	−0.314	−2.544	0.014
常量	89.409	2.574		34.737	<.001
调整后 R^2	0.084				
模型 p 值	0.014				

续表4

变量类型	非标准化系数		标准化系数		
	B	Std. Error	（Beta）	t	Sig.
模型 2					
跟读错误数	−0.263	0.092	−0.341	−2.861	0.006
二语水平	3.050	1.243	0.292	2.453	0.017
常量	71.945	7.537		9.545	<.001
调整后 R^2	0.155				
模型 p 值	0.003				
模型 3					
跟读错误数	−0.266	0.089	−0.344	−2.986	0.004
二语水平	3.062	1.202	0.293	2.548	0.014
词语广度	0.500	0.221	0.259	2.259	0.028
常量	34.460	18.125		1.901	0.062
调整后 R^2	0.211				
模型 p 值	0.001				

3 讨论

本研究使用了自由回忆、双耳分听和问卷调查来探查短期记忆、选择性注意力和学习背景可否及在多大程度上预测本科口译学生的期末成绩。研究发现：短期记忆、二语水平和选择性注意力能够显著预测期末口译成绩，并能够解释 20% 以上的口译期末成绩变化，其中解释力度最大的因素是选择性注意力，其次是二语水平，最后是短期记忆。相反，二语和口译学习年限及每周课外口译练习小时数与期末口译成绩均无显著相关。这些结果表明选择性注意力、二语和短期记忆水平在获得复杂的语言口译技能中的重要作用，支持了 Injoque-Ricle 等人（2015）对于口译表现与抑制/选择性注意力之间关系的发现，也支持了 Cai 等人（2015）、Chmiel（2018）、刘玉花和董燕萍（2020）对于口译表现与工作记忆关系的发现。

在选择性注意力方面，本研究有超过一半（57.38%）的被试在被忽略通道中听到了自己的名字，而在 Hiltunen 等人（2016）的研究中，仅有 45.9% 发现了自己的名字。造成这种差异性的原因之一可能是年轻的被试监测能力更好。本研究中被试平均年龄 20 岁出头，是认知能力的黄金年龄（Chmiel，2018；Köpke and Nespoulous，2006）。因此，在听到自己的名字时，他们可能会更加警觉。另一个原因可能是学生口译员比专家更容易被无关信息分散注意力，Hiltunen 等人（2016）研究的参与者是至少有 10 年经验的专家。关于被试的跟读表现，本研究中平均跟读错误数为 23.66，而在 Hiltunen 等人（2016）研究中为 18.64。可能的原因有两个：第一，学生译员的选择性注意力不如专家译员；第二，注意力的流失。在本研究中，自由回忆和双耳分听两个任务中间没有休息，而在 Hiltunen 等人（2016）的研究中，两个任务之间有一个问卷调查，参与者注意力可能有所恢复。

关于名字出现引发的错误，在本研究中，无论被试是否检测到自己的名字，只有 9.84% 的被试在名字出现的那一刻出现了跟读错误，但在 Hiltunen 等人（2016）的研究中，94% 的参与者在名字出现的那一刻跟读错误。主要原因可能是年龄差异：本研究参与者的平均年龄 20 岁出头，而 Hiltunen 等人（2016）的被试平均年龄超过 45 岁，之前研究也发现年长者在认知实验任务中表现不如年轻人（如 Craik and Jennings，1992；Verhaeghen，Marcoen and Goossens，1993）。相反，本研究的被试在名字后的第一个单词（42.62%）和第二个单词（31.15%）中的错误更多。原因可能是口译初学者没有口译专家和行业专家的定力，在分心后更难重新集中注意力，因此错误率更高。

在短期记忆方面，本研究发现自由回忆式短期记忆对于本科期末口译成绩具有显著的积极预测作用。这一结果与 Babcock（2017），Macnamara 和 Conway（2014）及 Tzou 等人（2016）的实证研究结果一致，即短时记忆与口译水平之间存在正向关联。然而，一些学者未能找到对此的支持证据（如 Nour et al.，2020）。证据不一致的原因有很多，包括但不限于样本大小、被试异质性等（Dong and Zhong，2019）。此外，Wen 和 Dong（2019）发现，与非语言类任务相比，口译（学）员在语言类任务上更能显现认知优势，本研究的两项认知测试正是语言类任务。

结　语

　　本研究以本科口译学员为研究对象，通过双耳分听和自由回忆分别考察参与者的选择性注意力和短期记忆，以参与者的双耳分听成绩、自由回忆成绩及相关口译和二语经验指标为自变量，以期末口译成绩为因变量，通过相关性和多重逐步回归模型发现：选择性注意力、二语能力和短期记忆能够显著预测口译期末成绩，三个指标组成的最优模型能够解释21.1%的口译期末成绩变化，其中最大预测变量是选择性注意力，其次是二语能力，最后是短期记忆。研究表明选择性注意力和短期记忆能够对早期口译训练效果产生直接和有益的影响。未来研究可进一步探索不同阶段的口译能力与认知控制之间的关系。

参考文献

刘玉花，董燕萍，2020. 初级阶段口译活动与工作记忆关系的纵向研究［J］. 外国语（1）.

ATKINSON R C, SHIFFRIN R M, 1968. Human memory: a proposed system and its control processes［C］//SPENCE K W, SPENCE J T. The Psychology of Learning and Motivation, Vol. 2. New York: Academic Press.

BABCOCK L, VALLESI A, 2017. Are simultaneous interpreters expert bilinguals, unique bilinguals, or both［J］. Bilingualism: Language and Cognition（2）.

BIALYSTOK E, 2017. The bilingual adaptation: how minds accommodate experience［J］. Psychological Bulletin（143）.

CAI R, DONG Y, ZHAO N, et. al, 2015. Factors contributing to individual differences in the development of consecutive interpreting competence for beginner student interpreters［J］. The Interpreter and Translator Trainer（1）.

CHMIEL A, 2018. In search of the working memory advantage in conference interpreting-training, experience and task effects［J］. International Journal of Bilingualism（3）.

CHUNG-FAT-YIM A, SORGE G B, BIALYSTOK E, 2017. The relationship between bilingualism and selective attention in young adults: evidence from an ambiguous figures task［J］. Quarterly Journal of Experimental Psychology（70）.

CONWAY A R, COWAN N, BUNTING M F, 2001. The cocktail party phenomenon revisited: the importance of working memory capacity [J]. Psychonomic Bulletin and review (8).

COWAN N, 1999. An embedded-process model of working memory [C] //MIYAKE A E, SHAH P. Models of Working Memory: Mechanisms of Active Maintenance and Executive Control. New York: Cambridge University Press.

COWAN N, 2001. The magical number 4 in short-term memory: a reconsideration of mental storage capacity [J]. Behavioural and Brain Sciences (24).

CRAIK F I, JENNINGS J M, 1992. Human memory [C] //CRAIK F I M, SALTHOUSE T A. The Handbook of Aging and Cognition. Hillsdale: Lawrence Erlbaum Associates.

DIAMOND A, 2013. Executive functions [J]. Annual Review of Psychology (64). https://doi. org/10. 1146/annurev-psych-113011-143750.

DONG Y, LI P, 2020. Attentional control in interpreting: a model of language control and processing control [J]. Bilingualism: Language and Cognition (23). https://doi. org/10. 1017/s1366728919000786.

DONG Y, ZHONG F, 2019. The intense bilingual experience of interpreting and its neurocognitive consequences [C] //SCHWIETER J. The Handbook of the Neuroscience of Multilingualism. Chichester: Wiley-Blackwell.

DUNCAN J, 1984. Selective attention and the organization of visual information [J]. Journal of Experimental Psychology (14). https://doi. org/10. 1177/088626099014008005.

EYSENCK M W, KEANE M T, 2000. Cognitive Psychology: A Student's Handbook [M]. Philadelphia: Psychology Press.

FRIEDMAN N P, MIYAKE A, 2017. Unity and diversity of executive functions: individual differences as a window on cognitive structure [J]. Cortex (86). https://doi. org/10. 1016/j. cortex. 2016. 04. 023.

GARCíA A M, Muñoz E, KOGAN B, 2020. Taxing the bilingual mind: effects of simultaneous interpreting experience on verbal and executive mechanisms [J]. Bilingualism: Language and Cognition (23). https://doi. org/10. 1017/S1366728919000063.

GILE D, 1999. Testing the effort models' tightrope hypothesis in simultaneous interpreting—A contribution [J]. Hermes: Journal of Language and Communication in Business (23). https://doi. org/10. 7146/hjlcb. v12i23. 25553.

GILE D，2008. Local cognitive load in simultaneous interpreting and its implications for empirical research［J］. Forum（6）. https：//doi. org/10. 1075/forum. 6. 2. 04 gil.

GILE D，2009. Basic Concepts and Models for Interpreter and Translator Training［M］. Revised Edition. Amsterdam：John Benjamins.

GILE D，2011. Errors，omissions，and infelicities in broadcast interpreting：preliminary findings from a case study［C］//ALVSTAD C，HILD A，TISELIUS，E. Methods and Strategies of Process Research：Integrative Approaches in Translation Studies. Amsterdam：John Benjamins.

HILTUNEN S，PÄÄKKÖNEN R，VIK G V，et. al，2016. On interpreters' working memory and executive control［J］. International Journal of Bilingualism（20）. https：//doi. org/10. 1177/1367006914554406.

INJOQUE-RICLE I，BARREYRO J P，FORMOSO J，et. al，2015. Expertise，working memory and articulatory suppression effect：their relation with simultaneous interpreting performance［J］. Advances in Cognitive Psychology（2）.

KÖPKE B，NESPOULOUS J，2006. Working memory performance in expert and novice interpreters［J］. Interpreting（1）.

LEHTO J，1996. Are executive function tests dependent on working memory capacity?［J］. Quarterly Journal of Experimental Psychology（49）. https：//doi. org/10. 1080/713755616.

MACNAMARA B N，CONWAY A，2014. Novel evidence in support of the bilingual advantage：influences of task demands and experience on cognitive control and working memory［J］. Psychonomic Bulletin and Review（21）. https：//doi. org/10. 3758/s13423-013-0524-y.

MORAY N，1959. Attention in dichotic listening：affective cues and the influence of instructions［J］. Quarterly Journal of Experimental Psychology（11）. https：//doi. org/10. 1080/17470215908416289.

NOUR S，STRUYS E，WOUMANS E，et. al，2020. An interpreter advantage in executive functions? A systematic review［J］. Interpreting（22）. https：//doi. org/10. 1075/intp. 00045. nou.

TZOU Y Z，ESLAMI Z R，CHEN H C，et. al，2012. Effect of language proficiency and degree of formal training in simultaneous interpreting on working memory and interpreting performance：evidence from Mandarin-English speakers［J］. International Journal of Bilingualism（16）. https：//doi. org/10. 1177/1367006911403197.

VERHAEGHEN P, MARCOEN A, GOOSSENS L, 1993. Facts and fiction about memory aging：a quantitative integration of research findings ［J］. Journal of gerontology（48）. https：//doi. org/10. 1093/geronj/48. 4. P157.

WEN H, DONG Y, 2019. How does interpreting experience enhance working memory and short-term memory：a meta-analysis ［J］. Journal of Cognitive Psychology（31）.

附　录

自由回忆实验

练习部分（10个词）：

中国　工作　记者　公司　问题　企业　市场　国家　经济　时间

正式实验（共16组，每组3~10个词不等）：

组1		研究	规定	组11	电话
活动		部门	方式	机构	业务
美国		服务	作用	资金	条件
社会		教育	政策	基金	精神
组2	组6		组9	改革	功能
情况	组织		环境	原因	历史
生活	城市		信息	分析	幸福
世界	人员		设计	基础	银行
组3	项目		中心	工程	组14
政府	学生		朋友	组12	质量
技术	组7		标准	治疗	内容
产品	文化		方法	网络	行为
北京	全国		组10	机会	目标
组4	人民		会议	消息	思想
影响	关系		合作	制度	销售
国际	选择		学校	行业	报告
价格	系统		成功	调查	产业
比赛	组8		水平	地区	汽车
组5	地方		单位	组13	组15
投资	报道		计划	群众	媒体

健康	保证	旅游	资料	机关
资源	效果	集团	模式	交流
品牌	责任	生命	成绩	选手
保护	科学	速度	投资者	习惯
变化	措施	方案	居民	区域
游戏	意义	规划	关键	公开
译员	经验	俱乐部	负责人	教师
专家	进一步	金融	保障	免费
自然	创新	爱情	机制	来源
组 16	建议	事件	时代	符合
专业	程度	客户	民族	时尚
重点	资产	状态	劳动	证券
未来	家庭	应用	平方米	医疗
电影	联系	冠军	素质	自行车
法律	身体	交通	眼睛	利润
办法	优势	电视	位置	数量
结构	老师	理论	商业	指导
价值	人生	意见	作品	先进
任务	数据	战略	中央	作者
认识	行动	第一次	考试	道路
双耳分听实验	音乐	成本	职工	独立
右耳：	压力	平均	人民币	胜利
推荐	范围	知识	商品	观众
考虑	竞争	土地	特点	实践
快乐	简单	大学	网站	节目
科技	消费者	现象	照片	症状
一个人	利益	心情	食品	球队
收入	需求	电脑	操作	正确
新闻	风险	新华社	艺术	观察
地址	运动	困难	委员会	核心
实际	空间	人才	合同	地位
传统	力量	统一	年代	形象

视频	数字	房地产	平台	主题
协议	员工	缺乏	追求	检测
基地	队伍	意识	维护	主任
评论	股份	配合	等待	承担
表达	编辑	关心	掌握	左耳：
名字	制造	普遍	测试	适应
贸易	就业	成长	皮肤	监管
通知	计算	特殊	避免	表演
医生	突出	成熟	品种	启动
举办	特色	展开	休息	办公室
人物	体制	伟大	程序	教授
日子	趋势	主动	理由	动物
资本	优秀	强烈	第一个	升级
指数	案件	广泛	文章	形势
设施	顺利	斗争	彻底	国务院
系列	事实	卫生间	风格	办理
老板	年龄	近期	上班	涉及
结婚	真实	足球	最佳	角度
精彩	收购	矛盾	军事	承认
不可能	专门	联赛	成果	寻找
落实	工资	房子	集体	执法
紧张	并不是	拍摄	此时	人口
改造	逐步	部队	明星	身份
飞机	吸引	三角形	宝贝	支付
成员	对象	和谐	美好	推广
和平	距离	娱乐	其他	来不及
实验	国外	记忆	兄弟	疾病
感受	损失	语言	登记	协调
供应	方便	一致	车辆	复杂
官员	协会	队员	感动	情绪
开放	文件	小组	挑战	动作
流通	试验	限制	审计	始终

文明	批准	黄金	住宅	姑娘
进口	司机	诊断	祝福	主体
痛苦	阳光	刺激	报名	经理
贡献	注册	依法	微笑	绿色
梦想	打击	高校	维持	打电话
危险	固定	总结	攻击	不得不
错误	股市	显著	自动	法院
概念	轻松	酒店	背景	战斗
理想	转移	近年来	一生	内心
完美	记录	道德	房价	规则
民警	鼓励	热情	联合国	凌晨
相应	违法	一系列	运输	总体
咨询	公告	律师	争取	业绩
民主	生态	新年	担任	依据
药品	主持人	差异	展示	利率
自我	进步	伤害	设置	每一个
拒绝	人数	特征	优惠	小区
主席	家长	回忆	现金	颜色
预期	提醒	污染	熟悉	威胁
石油	收费	分配	接近	太阳
收益	组合	运用	学院	含量
破坏	力度	具备	商务	转变
物质	温暖	中国队	接触	产量
周围	警察	设立	贯彻	访问
书记	施工	权利	房屋	天下
交朋友	演出	防止	角色	标志
公共	感染	英雄	相同	时刻
财政	观念	运营	法规	生日
高级	一部分	出台	中国人	每个人
春节	性能	财务	消失	大陆
经典	英语	动力	导演	读者
加工	铁路	杂志	有利于	分子

考生	配置	味道	很多人	营销
怎么办	演员	公路	权力	奖励
空气	团结	有时候	地点	现代化
决赛	渠道	赛季	初步	检验
总理	判断	异常	平安	短期
领先	期货	工具	教练	类似
可惜	军队	成交	圣诞	排名
内地	声明	金额	沟通	定位
表面	房间	全体	大多数	一方面
大学生	邀请	旁边	球迷	理念
比分	被试名字	头发		

巴蜀区域性文化外译的高校人才培养①

潘丽妃

四川大学外国语学院

摘要：巴蜀文化具有悠久的历史和丰富的内涵，巴蜀文化在国际开放、提倡走入域外视野的当下，其对外译介具有现实意义。本文在梳理了巴蜀文化的内涵意义及其译介研究的情况之后，探究如何将巴蜀区域性文化融入高校的人才培养，从师资培养、课程设置、教学方式、科研项目等方面为高校如何将巴蜀文化外译融入学生培养提出了相关建议。

关键词：巴蜀文化；区域性；外译；人才培养

翻译是"讲好中国故事，传播中国声音"的重要途径。高校外语翻译专业以外译中为主的人才培养模式，需要逐渐转变为重视"中译外"高端翻译人才培养的模式。此前国家相关部门组织了我国优秀文化典籍的对外译介项目，如"大中华文库"的多语种翻译出版，举国家力量遴选优秀译者翻译经典文化。在倡议我国优秀文化外译的大背景下，区域性优秀文化的对外译介更能以地域为单位、以地域特色为亮点，让世界更加体系化地了解我国更具特色的区域文化。由此，地方文化部门、高校等应肩负挖掘、传承、发扬与传播其自身区域性优秀文化的重任。巴蜀文化历史悠久，内涵丰富，区域性特点突出，是中华文化的重要构成部分。"如果没有巴蜀文化的深入研究，便不能构成中国文

---

①　本文系四川省 2021—2023 年高等教育人才培养质量和教学改革项目"服务国家对外战略的区域性'汉译外'高端翻译人才培养模式建构与研究"成果。

明起源和发展的完整图景。"（李学勤，2004：5）巴蜀文化面对国际开放，走入域外视野，其对外译介有着现实意义。本文首先梳理巴蜀文化的内涵意义及其译介研究的情况，在此基础之上探索如何将巴蜀区域文化对外译介融入"中译外"高端翻译人才的培养理念与模式，为本土的文化传播带来更多推动力。

1　巴蜀文化翻译的构成

"巴""蜀"二字自古以来有从依次指称民族、地域、国家、行政区划再到地域的变化过程（袁庭栋，2022：5）。"巴蜀文化"概念的提出始于 20 世纪 40 年代，初次提出时，其概念指秦朝统一之前古代巴蜀地区的文化（同上：8）。随着后来学者的不断界定，"巴蜀文化"内涵扩充，广义上指"四川省地域内，以历史悠久的巴文化和蜀文化为主体，包括省内各少数民族文化在内的、由古至今的地区文化的总汇"（四川省社科院巴蜀文化研究中心，1991：78）。巴蜀文化的构成极为丰富，可分为巴蜀历史、巴蜀考古、巴蜀哲学、四川宗教、巴蜀文学、四川石窟艺术、川剧艺术、巴蜀音乐舞蹈、巴蜀美术、巴蜀方言、巴蜀科技、巴蜀丝绸、巴蜀古建筑、巴蜀工艺、巴蜀旅游、巴蜀名城、巴蜀名人、巴蜀酒文化和茶文化、巴蜀饮食文化、巴蜀民俗、巴蜀地区少数民族文化，以及巴蜀原始神话等内容。巴蜀文化的当代研究也进展得如火如荼，《"十三五"期间巴蜀文化研究的进展与反思》一文提到此时期产生了各种编著、专著逾 300 本，论文逾 1700 篇，研究成果相对集中在历史学、考古学、民族学、文学、哲学与宗教、文献整理、学术史等传统研究领域内，也包括医学、川剧、川菜等在内的民俗生活等多个方面，成绩斐然（李钊、杨世文，2021）。综观巴蜀文化研究已有的成果，该文指出未来还需强化巴蜀文化研究的学术规划和顶层设计、巴蜀文化的本体论和认识论研究，以及巴蜀文化发展观研究体系，并指出巴蜀文化需要"面向世界"，因此需要推进巴蜀文化的对外译介。巴蜀文化研究近几年的成果还不仅仅限于此文所述内容，因为该文只综述了国内学者的巴蜀文化研究成果，国外学界对四川地区的研究还未囊括其中。四川地区丰富的文化近几年也在不断吸引国外学者积极探索，例如，由中外学者共同协作进行中的"四川宗教近代史"（Mapping

Religious Diversity in Modern Sichuan）项目，旨在探究清末和民国时期四川境内宗教多元所呈现的动态与范式图像，也在逐渐产出成果。

巴蜀文化的特色在于兼容（袁庭栋，2022：21），它在历史发展中吸收了各种人群带来的文化，将它们兼收并蓄，融入自身的血液。也因此，有了上述巴蜀文化多样的构成。包容性的特点也就预示巴蜀文化的翻译实践与翻译研究是多样的。根据上述巴蜀文化的内容简述，大略可以看出巴蜀文化翻译的对象构成。从所译对象的文本性质而言，可以划分为文学翻译和实学翻译。文学翻译内容包括具有巴蜀地域特色的诗词、小说、戏剧、散文等内容，实学翻译内容包括上述文学之外的有关巴蜀地区政治、经济、地理、历史、考古、哲学、宗教等文本。

2 巴蜀文化翻译研究概况

巴蜀文化翻译研究成果是探索巴蜀文化外译如何进入课堂的重要参考资料。在中国知网上以"巴蜀"和"翻译"，以及"四川"和"译"为主题词搜索（截至 2022 年 11 月 21 日），共有两百多条结果。其中，有数十条为硕士翻译实践报告，涉及翻译实践的文本包括《濯锦清江万里流——巴蜀文化的历程》《巴蜀文艺思想史论》《四川简史》《巴蜀文脉》《成都街巷志》《蜀中瑰宝——蜀绣》《四川深度游》《四川民间故事》《古蜀四川：失落文明的瑰宝》《老成都记忆》等书籍，以及纪录片《体验中国·天府四川》，成都博物馆、川剧主题文化课程相关文本。期刊论文的研究对象包括小说《死水微澜》中的巴蜀方言误译，巴蜀茶文化的外宣翻译，四川省博物院文本英译，川菜菜名的翻译、川剧的外译，薛涛诗词中巴蜀民俗文化英译等。还有译家自述《从失学少年到巴蜀译翁——一个文学翻译家的成长和感悟》（杨武能，2019），以及从宏观角度梳理四川翻译史的《近现代川籍学者翻译思想及成果综述》（卢丙华，2010）和以四川翻译家为研究对象，分析翻译理论，挖掘四川翻译群体历史贡献的专著《四川翻译史研究》（陈清贵，2016）。四川地区也是多民族聚居之地，近几年也有民族语言的相关研究，如《民国四川藏汉佛经译刻刍议》（王鹏、安俊秀，2014）、《清朝川藏地方藏语文译员职缺设置时间考》（石岩刚，2018）、《〈多续译语〉藏汉对音与清前期四川方音》（王振，2021）、《两金川之役藏文档案与乾隆时期的公文传译》（邹立波、红音，2022），以及《四川冷门绝学系列之九〈西番译语〉：清代四川编纂的双语词典》（王振，2022），这些研究多依托省部级和国家级项目，可见地方区域少数民族语言交流研究得到了政策支持。

现有研究对我们了解巴蜀地区的总体翻译史，即巴蜀文化的史学翻译与文学翻译状况等有重要价值，这些构成了以区域为特色的巴蜀地区文化外译研究领域。而区域或民族翻译史方面的研究在 21 世纪所出成果数量相比于 20 世纪有大的飞跃（段峰、罗金，2021：37）。这种飞跃突出了学界逐渐重视本土翻译史，挖掘具有特色的区域翻译史的意识。但总体而言，现有研究主题呈现分散现象，对单个对象的研究深度还有待挖掘。相较于巴蜀文化研究成果的数量而言，巴蜀文化的翻译研究数量显得较为贫乏。其中一个重要的原因是与巴蜀文化相关的翻译活动还有待挖掘，现有巴蜀文化相关的典籍或者研究成果还有待外译。巴蜀地区历史悠久、人才辈出、佳作涌现，在该地区应有不少的翻译活动发生，无论这些活动是发生在巴蜀地区之内的不同民族语言之间，还是巴蜀地区与外界的交流活动之中，这些都值得广泛搜集资料与深入探讨。现阶段巴蜀文化的研究成果频出，这些研究成果还有待译出。只有对历史翻译活动进行挖掘并推进当下的翻译活动，才能产生以此为基础的翻译研究。

3　巴蜀文化翻译教学理念与实践

上述巴蜀文化翻译研究可分多种范畴，参考这些范畴，我们可以建立翻译教学多个主题版块，依各版块的特点来建立教学培养方法。这涉及师资在知识范畴和教学能力的提升，以及学生在翻译实践能力和翻译研究能力的提升。以下从三个方面来简要论述如何将巴蜀文化融入翻译课程。

3.1　加强师资能力，设置多样课程

巴蜀文化内容广博，一位教师不可能集所有巴蜀文化知识于一身，承担所有巴蜀文化的翻译教学。然而，可由多位翻译教师分别负责巴蜀文化中的一个小领域，教师对该领域进行"小而精"的研究后，设计

相应的教学内容。以巴蜀文学翻译为例，下面可以分出文学翻译相关的翻译家研究、翻译史研究、翻译文本研究等。当前唯一一部纵览四川译史的《四川翻译史研究》，是可资借鉴的参考资料。可以将巴蜀文化翻译史相关内容，如巴蜀文学或实学文本的翻译、巴蜀翻译家、巴蜀地区少数民族的译史等纳入课程设置。依现有相关资料和师资力量的多寡，可将相关小领域进行拆分或合并，由一位教师负责专研后进行教学设计。巴蜀文化中的"实学"颇多，如戏剧、茶、刺绣等，教师在进行专题研究中可以实地参观，学习其精神内核。"巴蜀文化翻译"的课程设置方面，可以考虑设置以"巴蜀文化翻译"为专题的全校公选课程，由上述多位教师分期讲授；就教师而言，可将其研究的相关专题嵌入现有的翻译培养课程，丰富现有课程内容，在课程普适性基础上，突出区域性特色。

3.2　优化教学方法，增强实地体验

翻译专业学生的培养中一直强调双语语言能力、理解能力、综合人文素质等的培养。区域性文化有自身的特殊表达，有些单纯的文字描写可能不足以表达它的全部含义，其外译甚至触及不可译层面。要翻译一种特定文化，最好的方式首先是体验与融入它。除了通过文字去了解一种文化，还能辅之以感官体验。通过亲身参与，一段经验能够更深刻地进入体验者的记忆与认知当中，从而加深译者对文化的理解，提升译者对该文化的感知力，从而促进译者在翻译中表达的精确度与丰富性。就翻译专业学生的培养上，可以融入巴蜀地区的文化文本外译实践。当文本中涉及巴蜀文化相关特殊表述时，可以让学生亲身体验来认识翻译对象。文本中所描写的巴蜀文化，是何种特点与观感？身处蜀地的高校学生正好可以就近进行"田野调查"。翻译如川剧、蜀绣、茶馆、巴蜀风土人情等相关文本时，成都市内历史人文景点、博物馆等可作为参观考察的去处。因此，巴蜀文化翻译为主题的翻译课堂可以将学生的翻译实践和实地体验相结合，将课内讲授与课外实践相结合，拓宽教学空间与趣味性，开发学生的审美能力，让学生发挥自主性。

3.3　促进教研相长，提供项目支撑

翻译专业学生培养的重要环节包括指导学生撰写毕业论文。大部分翻译专业硕士毕业论文的写作基于翻译实践。近些年巴蜀文化研究成果

频出，其中不乏优质的成果可以对外译介。这些译介项目可以由教师带领学生来完成，如此一举多得，一方面正好响应巴蜀文化面向世界、走向世界的号召，另一方面能为学生提供翻译实践的机会。如此一来，既推进了学生的培养，又助力了区域文化的对外传播。学生还能基于这些翻译实践，在教师指导下写成毕业论文。同时，这些翻译实践成果，也能反过来成为教师未来的教学材料。除了翻译专业型硕士培养，翻译学术型硕士培养中也能融进巴蜀文化外译内容。比如，翻译学术型硕士的论文选题可以考虑将巴蜀文化相关的主题作为备选项供学生选择。如陈清贵《四川翻译史研究》"后记"中所言，多位同学参与该书的资料收集撰写，其中几位研究生依托于这个研究项目，写成了毕业论文（2016：291）。这就是"教""研"与"学"相长的范例。除了学生依托教师的项目做研究，高校还可以考虑为学生设立"巴蜀文化外译"项目，提供相关选题或者学生自选，并提供一定资金供学生开展相关翻译研究。另外，高校还可以与当地政企合作开展资助学生的研究项目，或者与巴蜀文化或巴蜀文化外译的相关研究机构开展合作，并让学生参与研究项目。

结　语

　　具有鲜明地方特色的巴蜀文化研究近些年得到了较为全面的开展，而巴蜀文化的传承外译与巴蜀地区高校外语人才的培养有着紧密联系，人才培养能为当地发展提供智力支持。本文梳理了巴蜀文化翻译的内容，在师资培养、课程设置、教学方式、科研项目等方面为高校如何将巴蜀文化外译融入学生的培养提出了相应思考，提供了相关建议。

参考文献

陈清贵，2016. 四川翻译史研究［M］. 成都：四川大学出版社.

段峰，罗金，2021. 中国翻译史新发展研究［M］. 北京：清华大学出版社.

李学勤，2004. 巴蜀文化研究的期待——《三星堆与长江文明》前言［J］. 中华文化论坛（4）.

李钊，杨世文，2021."十三五"期间巴蜀文化研究的进展与反思［J］. 中华文化论坛（4）.

卢丙华，2010. 近现代川籍学者翻译思想及成果综述［J］. 前沿（6）.

石岩刚，2018. 清朝川藏地方藏语文译员职缺设置时间考［J］. 藏学学刊（1）.

四川省社科院巴蜀文化研究中心，1991. 简论开展巴蜀文化研究的意义、内容及方
　　法［J］. 社会科学研究（5）.

王鹏，安俊秀，2014. 民国四川藏汉佛经译刻刍议［J］. 西南民族大学学报（人文
　　社会科学版）（11）.

王振，2021.《多续译语》藏汉对音与清前期四川方音［J］. 方言（2）.

王振，2022. 四川冷门绝学系列之九《西番译语》：清代四川编纂的双语词典［J］.
　　天府新论（3）.

杨武能，2019. 从失学少年到巴蜀译翁——一个文学翻译家的成长和感悟［J］. 中
　　国翻译（6）.

袁庭栋，2022. 巴蜀文化志［M］. 成都：四川人民出版社.

邹立波，红音，2022. 两金川之役藏文档案与乾隆时期的公文传译［J］. 中国藏学（3）.

基于教学案例浅谈明末中西互译典籍
融入西班牙语笔译课堂的价值①

任　乐

四川大学外国语学院

摘要：在中西方第一次大规模开展互译实践的明末时期，以外籍汉学译者为主体的翻译群体留下了许多宝贵的西汉互译典籍。笔者认为将此类典籍引入西班牙语笔译教学中有助于从翻译史、翻译实践、翻译批评等方面帮助学生理解翻译原则和理论，提高学生翻译、跨文化交际等能力。本文将结合笔者教学案例浅谈在西班牙语笔译课程中使用该类文本的价值与建议。
关键词：笔译教学；西汉互译；译本典籍；明末清初

明末时期以罗明坚（Michele Ruggieri）、高母羡（Juan Cobo）、利玛窦（Matteo Ricci）、艾儒略（Giulio Aleni）为代表的早期汉学家以翻译为手段架起了中西文化第一次大规模交流的桥梁。这一译者群体一方面将西方典籍翻译成中文，除了众多科技翻译著作，还为在中国留下了诸多文学典籍的"首译之功"，如欧洲歌词集、欧洲传奇小说、欧洲上古与中世纪的圣传、欧洲修辞学专著、玛利亚奇迹故事集、英国诗、欧人灵修小品文集等题材的文学作品由他们首次翻译成中文（李奭学，2019：5）。他们同时也将中国古典文献诸如《大学》《三字经》《明心

① 本文系四川省2021—2023年高等教育人才培养质量和教学改革项目"服务国家对外战略的区域性'汉译外'高端翻译人才培养模式建构与研究"及四川大学外国语学院2022年度教学改革与管理研究课题"早期海外汉学典籍研究与外语专业学生能力培养"（2022学院教改-25）成果。

宝鉴》等首次翻译成西方语言。之所以强调其"首译"之功，笔者并非意在凸显这一译者群体在翻译史上的地位，而想强调在翻译研究中我们应思考他们在首次面对中西语言文化间的巨大差异时，为何选择翻译，以及如何通过翻译来开启中西间思想深入交流之先河。笔者认为将这些问题伴随译著带入西班牙语笔译课程教学中也有助于学生从翻译史语境来理解所学翻译理论和原则。此外，纵观这段翻译史，可清晰感受到西方译者对中国文化的向往，其翻译实践体现了对中国思想价值和精神内涵的探索。了解这段历史可以培育学生的家国情怀，提升学生的文化自信。在此基础上，从早期互译典籍中遴选出翻译素材用于课程实践环节也可帮助学生将隐性的理论知识带入显性的翻译实践中，在理论与实践的结合中逐步提高翻译能力。

目前国内高校西班牙语专业翻译课程"西汉—汉西笔译理论与实践"是为西班牙语本科三年级学生开设的一门专业基础课，是培养本科西班牙语专业学生西汉和汉西笔译能力的核心课程。该门课主要使用的是赵士钰编著的《新编汉西翻译教程》（1999 年版）、盛力的《西汉翻译教程》（2011 年版），以及孟继成编著的《西汉互译教程（学生用书）》（2019 年版）。总的来说，这些教材注重从培养学生语言能力的基础上来提升其翻译技能，同时也加入了一些基础性的翻译理论知识、语言学知识和文化知识，以期构建一个完整的翻译教学框架。但笔者认为这些教材相对忽视了翻译史知识的介绍，尤其是翻译史中所蕴含的德育价值。"中国翻译史丰富的理论和实践资源，昭示了普适性和特色兼备的中国译学思想和理论的在场，增强了中国学者的文化自信"（段峰、罗金，2021：ⅶ），学习明末清初中西互译翻译史对于增强翻译课学生的文化自信，拓展其知识面，提高其思维层次的价值同样不可忽视。此外，以艾儒略为代表的明末译者群体熟练运用中西语言，熟悉双方思想文化，并在中国士人帮助、润色下完成中西典籍互译。单从他们使用非母语开展翻译实践来看，"所开创的以汉文写作的形式所达到的高度，除晚清时有些新教传教士外，以后西方汉学家从未达到过，直到今天"

（张西平，2012：174）。鉴于这类译著语言渊雅，且蕴含翻译理论和译者跨文化意识，笔者认为将这类译著融入西班牙语专业翻译课程是大有裨益的。本文将结合笔者的两次教学案例浅析明末中西互译典籍用于西班牙语笔译课程的价值。

1　西译中案例

本次课安排在学期第 14 周，选择的是上文提及的西班牙早期汉学家高母羡翻译的我国蒙学经典《明心宝鉴》。该译本题为 Beng sim po cam，Espejo rico del claro corazón，由高母羡于 1590 年左右译为西班牙语，1593 年由米格尔·德·贝纳维德斯（Miguel de Benavides）带回西班牙，并于 1595 年献给西班牙国王，被法国汉学家伯希和视为中国古代典籍最早的欧洲语言译本（Pelliot，1929：46）。

环节一，引入译本，讲解背景。课堂初始，教师通过"大家知道第一部被翻译成欧洲语言的中国典籍是哪本书吗？""它被译为欧洲哪一门语言？"等提问将《明心宝鉴》引入教学。进而结合相关历史文献简要介绍高母羡翻译该书的历史背景，让学生了解高母羡在抵达菲律宾后是为了研读汉语了解中国文化而选择"翻译中国典籍"的史实。而关于身处西班牙殖民地菲律宾的译者为何选择翻译这本书的问题，教师向学生展示《明心宝鉴》译本前言中贝纳维德斯写给西班牙国王的信件内容：

> 多明我教会向您献上中国这个伟大王国里众多财富的第一批果实。真正被中国人视作巨大财富的，不是金银丝绸，而是他们国家的书籍、智慧、美德和公正的政府。这些都是那里理性的人（数量很多）在谈话时所看重、所推崇、所赞扬的内容。为此，多明我教会向殿下敬献这本已经被翻译成卡斯蒂利亚语的中文书。书中收集并串联了许多中国哲学家的关于美德话题的格言警句，希望使人遵

守自然法则，趋向尽善尽美。①

让学生组织语言尝试翻译本段文字，以使学生了解当时西班牙人对于中国优秀传统文化的向往，从而引导和培养青年学生的文化自信与自觉意识。

环节二，回顾译之义，探讨译之难。在了解译本背景后，教师提出问题："为何高母羡选择翻译的方式来了解中国文化？"带领学生回顾前期课堂已学翻译实践的跨文化交流价值，并初步了解典籍翻译对于明末时期中西方第一次大规模文化交流的重要意义。

紧接着，教师介绍《明心宝鉴》是元末明初范立本从《尚书》《易经》《太上感应篇》等经典中辑录逾 700 条格言警句编辑而成，涉及儒释道的道德思想。然后提问："面对中西文化间的差异，高母羡在翻译《明心宝鉴》这本书时有哪些困难？"引导学生说出原书格言警句中蕴含的中华文明的核心价值是译者翻译的难点和重点。

环节三，动态翻译，译词推敲。结合学生讨论出的翻译难点，教师筛选一些例句让学生理解和翻译。本文选取其中一组涉及"德"概念的例子进行说明：

《论语》云："有德者必有言，有言者不必有德。"

---

① 该段由课程学生翻译，信件西班牙语原文：La religión de Santo Domingo ofrece a V. A. como en parias las primicias de las riquezas de aquel grande reino de la China. Juzgan los chinos por sus grandes y verdaderas riquezas, no el oro, ni la plata, ni las sedas, sino los libros, y la sabiduría, y las virtudes y el gobierno justo de su república: esto estiman, esto engrandecen, de esto se glorian y de esto tratan en sus conversaciones la gente bien compuesta (que es mucha). Ofrece, pués, a V. A. la religión de Santo Domingo este libro chino, traducido en lengua castellana, el cual es como una colección y cadena de muchas sentencias de filósofos chinos, todas de materias y virtudes morales; pretendiendo aquí ajustar al hombre con la ley de la naturaleza y guiarle a la perfección y entereza que la lumbre natural nos descubre. 见 COBO J. Beng Sim Po Cam ［EB/OL］. ［2022-12-10］. http：//bdh. bne. es/bnesearch/detalle/4175596.

展示例句，引导学生对该句进行深入理解，并鼓励他们用白话文将古文阐释出来。在学生阐释的同时，讨论文化负载词"德"字的内涵，使学生深入领会"德"概念所强调的道德品质，并明确该句意为：道德品质好的人一定有好的言论，但有好的言论的人不一定有德。在完成对关键词的思考与语内翻译后，静待学生完成西班牙语翻译，教师随后点评。接着展示高母羡的翻译：

Quien tiene la virtud necesariamente sabe hablar de ella, mas quien sabe hablar de ella no es necesario que la tenga.

教师鼓励学生通过查阅西班牙语字典讨论译者使用西语"virtud"一词翻译"德"的合理性：该词来源于拉丁语"virtus"，其意和例句中"德"的均指个人道德层面的优秀品质。

紧接着教师展示第二个例句：

老子曰："圣人积德不积财。"

按照上一句练习大致同样的步骤，让学生完成理解与翻译。然后展示高母羡的翻译：

Lo Uchu dice：los santos atesoran buenas obras y no atesoran dineros.

根据译句讨论译者为何不继续使用"virtud"一词而是换作"buenas obras"来翻译后一句的"德"。因为通过与"德"相搭配的"积"字可知老子此句的意思是：圣人积累德行不积累钱财。而这里的"德"正是西语"buenas obras"所指的"善行"。《明心宝鉴》收录此句意在强调道家所推崇的"善行善报"的思想。高母羡借助暗含西方基督教"行善赎罪"意味的"buenas obras"巧妙地表达出明末中国民间盛行的"行善积德"的劝善思想。

根据这组涉及"德"思想的译文，学生将自己的翻译与高母羡的译本进行对比，体会结合社会语境、上下文深入理解原句，梳理典籍的核心意旨对于翻译实践的重要性。此外，引导学生推敲不同词语用于翻译文化负载词的可行性，以此培养学生典籍复译的创新意识。将翻译实践与译语推敲、点评结合起来，可加深学生对相关翻译原则的理解，提高学生翻译能力，还可启发学生注重原典阅读，提升母语文化素养。

2　中译西案例

中译西译本的教学安排在学期第 15 周，选用的翻译素材取自上文提及的意大利汉学家艾儒略的《涤罪正规》。艾儒略是明末来华耶稣会士。《涤罪正规》于 1627 年在福州出版，是第一部详细论述西方忏悔实践的中文书籍。虽然该书扉页上只题"艾儒略述"，但明末耶稣会士刊刻书常常隐去欧语原著作者之名，使人难以察觉该书为翻译作品的事实（李奭学，2019：8-19）。笔者在研究中也发现艾儒略在书中翻译了许多欧洲教义文本中的经典论述，如西班牙萨拉曼卡学派的神哲学家马丁·阿斯皮利奎塔于 16 世纪上半叶所著 *Manual de Confessores y Penitentes*（《忏悔牧师与忏悔信徒手册》，简称《手册》）。

环节一，介绍中译西的历史背景。结合相关文献材料，向学生简要介绍明末中西互译的另一方面，即同一译者群体也将西方科技著作、西学文本译成汉语。讲解过程中列举利玛窦和徐光启合译欧几里得的《几何原本》、熊三拔（Sabatino de Ursis）同徐光启、李之藻共同翻译的第一部介绍西方农田水利技术的汉语著作《泰西水法》，传教士邓玉函（Johann Schreck）同明末士人毕拱辰翻译的解剖学著作《泰西人身说概》等作品，使学生了解在中西译者共同参与下明末翻译拉开了"西学东渐"的序幕，进一步了解明末翻译史对中西文化深入交流的重要影响。

然后介绍艾儒略《涤罪正规》和阿斯皮利奎塔的《手册》两部作品的历史背景，并提出问题："该忏悔手册为何盛行于近代早期欧洲天主教国家？"在学生思考与回答的同时，引导学生回顾在"西班牙社会文化概况"和"西班牙语阅读"（中级、高级）其他专业课程中所学的历史知识，着重了解在《手册》成书的 16 世纪，人文主义、宗教改革和地理大发现等事件在西班牙等天主教国家引发了一系列社会变革，个人面临着新世界观、道德观的冲击，以及经济困境等问题。在复习这些知识要点的基础上，教师讲解西班牙萨拉曼卡学派将神学与法学、经济学、逻辑学等学科结合起来为解决各类社会问题而著书，在当时欧洲学术界产生了巨大影响。作为该学派的代表阿斯皮利奎塔在这一历史背景下写作了《手册》。该书在彼时欧洲发挥着个人行为约束的社会效用，盛行一时，并被耶稣会士带到同样面临各类社会问题的晚明中国，成为艾儒略译述《涤罪正规》的参考书籍。

环节二，难点思考，译文批评。首先让学生思考艾儒略在翻译此类涉及个人道德修养主题的论述时面临什么样的困难。学生认为除了上个教学案例中讨论的文化负载词翻译，使用明末文人所看重的文言文论述西方哲学思想对于一个欧洲人来说是一大困难。顺着这一思路，教师列举《涤罪正规》翻译《手册》的一个素材：阿斯皮利奎塔连续使用 16 个形容词强调欧洲忏悔实践的丰富内涵，simple、humild、pura、fiel、frecuente、sin burla、discreta、voluntaria、avergonzada de corazón、íntegra、secreta、llorosa、pronta、determinada、acusadora y obediente（Azpilcueta，1556：20-21）。本文选取三则学生译文以示不同的翻译策略：

译文一：简而不略、谦恭、纯粹、诚实、频繁、避免玩笑和欺愚（消除虚伪的花言巧语）、谨慎合宜、自愿、怀愧疚之心、保证内容完整性、过程隐私性、因悔罪而眼含泪水、快速不拖沓、勇敢果决、自思己过、遵依顺从。

该生为完整表述西班牙语形容词所指内涵选用较为繁复的译语表达，未译出原著言简意赅的语言形式风格。

译文二：简明、谦卑、纯洁、诚实、直陈、谨慎、自愿、真诚、完整、守秘、痛悔、速即、坚定、罪己，顺从。

这则翻译从原著中凝练出每个形容词的核心要旨，翻译用语选用双音节词，形式工整、富有节奏感，但未翻译出"frecuente"（频繁忏悔），存在漏译情况，而且有的译语选择还需斟酌，如使用"诚实"和"真诚"意思相近的两个词语分别指代"fiel"（忠实）和"avergonzada de corazón"（羞愧）是不恰当的。

译文三：简单的、谦虚的、纯洁的、忠实的、经常的、毫不掩饰的、慎重的、自愿的、心中有愧的、正直的、秘密的、伤心的、迅速的、坚决的、指责的、服从的。

此段翻译同样做到形式工整，文意畅达，但是还未体现出文言文的"雅"。在逐一点评完学生译文后，教师展示艾儒略的翻译：

宜直、宜谦、宜纯、宜实、宜恒、宜去文饰、宜通达、宜发本情、宜羞愧、宜全、宜秘、宜哀切、宜速、宜刚、宜自责、宜顺命。（艾儒略，2002：499）

可以说艾儒略的此段翻译达到了中国译学界所称"化境"之标准，既没有因两个语言之间的差异而表现出生硬牵强的痕迹，又用富有美学韵味的古文展现出西班牙原文的结构与风味。通过"宜"字统领十六个汉语形容词，凸显了原著传递出的"道德修养"呼吁，选择的汉语译词也逐一准确表达出西班牙语形容词的内涵。

结　语

这些早期汉学家的中西互译典籍一方面印证西方对中国文化的向往，揭示出他们对中国思想价值和精神内涵的探索；另一方面也提供给我们一个认识西方、反观自己的渠道。有别于晚清中西交流时弥漫着硝烟与压迫，通过明末不同国别汉学家的翻译视角，东西方读者可以全面审视这类翻译典籍在中西交流史中的价值与影响。结合上文展示的教学案例，笔者认为将这类中西互译典籍融入西班牙语笔译课程中有以下几点价值。

首先，在教师指导下对文本及其历史背景进行赏析与思辨，讨论翻译实践为何及其如何成为明末中西思想文化交流的重要手段，进而在笔译课堂融入翻译史知识，让学生从真实的史料中体会译者对于原语文化和译入语文化的责任，深入体会不同文化间的差异对翻译带来的挑战，从其翻译策略中挖掘"会通中西""中西互鉴"的现代蕴涵。这样的思考与讨论可提升学生跨文化理解能力，增进民族认同和文化自信。

其次，结合译本的不同特点，教师设置各类问题逐步引导学生完成原文理解、语内翻译、语际翻译、译语推敲、译文生成的翻译环节，感受翻译的动态过程。采取翻译操练与译文点评相结合的方式，对译本的翻译体例、翻译策略、翻译用语进行客观理性的批评，对译语构建出的"他者形象"进行全方位的评析，帮助学生客观理性地对自己和他人的译本进行对比分析。在批评中发现翻译问题，改进翻译，同时体会翻译接受对于翻译实践的重要性，逐步让学生形成"为读者翻译"的意识。

最后，将这类中西互译典籍安排在课程后半程教学，借助此类文本主题广泛、译文水平高等特点帮助学生复习巩固课程前期所学，尤其是加深对初步接触的翻译原则和理论的理解，并认识到翻译实践的复杂性与艺术魅力。鼓励学生在课后进行经典复译和对此类译本开展学术研究，实现笔译课堂从传统的"精读课翻译练习"到系统的跨文化翻译实践，再到创新的翻译学术研究的过渡，促使学生真正实现翻译理论和实践的紧密结合，积极加入中华文化"走出去"的探索。

参考文献

艾儒略，2002. 涤罪正规［M］//钟鸣旦，杜鼎克. 耶稣会罗马档案馆明清天主教文献：第 4 册. 台北：利氏学社.

段峰，罗金，2021. 中国翻译史新发展研究［M］. 北京：清华大学出版社.

范立本，2007. 明心宝鉴［M］. 李朝全，点校译注. 北京：华艺出版社.

李奭学，2019. 首译之功：明末耶稣会翻译文学论［M］. 杭州：浙江大学出版社.

张西平，2012. 西方汉学的奠基人罗明坚［J］，国际汉学（2）.

AZPILCUETA M，1556. Manual de confessores e penitents［M］. Salamanca：en casa de Andrea de Portonarijs.

COBO J. Beng Sim Po Cam［EB/OL］. ［2022-12-10］. http：//bdh. bne. es/bnesearch/detalle/4175596.

PELLIOT P，1929. Notes sur quelques livres ou documents conservés en Espagne［J］. T'oung Pao（1）.

新时代背景下翻译人才的
外译能力培养研究
——以 MTI 核心课程"非文学翻译"的课程改革为例①

刘　佳

四川大学外国语学院

摘要：在国家深化对外发展的新时代背景下，国家文化软实力和中国文化国际影响力的提高都对对外翻译能力的质量和人才培养提出了新的要求。翻译专业硕士是高层次外译人才的重要来源，翻译人才培养应跟随时代的要求不断提高和拓展。本文通过核心课程"非文学翻译"的课程改革，围绕课改要求在课程理念、课程内容和外译能力的拓展等方面进行了尝试，以期超越传统的翻译能力培养，构建更加符合新时代要求的外译综合能力。

关键词：外译能力；"非文学翻译"课程；课程改革

2021 年 5 月，习近平总书记在中共中央政治局"加强我国国际传播能力建设"集体学习时强调，讲好中国故事，传播好中国声音，展示真实、立体、全面的中国，是加强我国国际传播能力建设的重要任务。要全面提升国际传播的质量就必须建立一支适应新时代国际传播需要的专门人才队伍，推进中国故事和中国声音的全球化表达、区域化表达、分众化表达，增强国际传播的亲和力和实效性。

自 2009 年翻译硕士学位点设立以来，翻译实践能力的培养一直是MTI 人才培养方案和课程设置所围绕的中心；《专业学位研究生核心课

---

① 本文系四川省 2021—2023 年高等教育人才培养质量和教学改革项目"服务国家对外战略的区域性'汉译外'高端翻译人才培养模式建构与研究"成果。

程指南（试行）》（简称《指南》）的"0551 翻译硕士专业学位研究生核心课程指南"明确"非文学翻译"是"MTI 教指委讨论确定的必修课"，"针对翻译硕士'应用型''职业化'培养目标，通过大量的各种非文学类文本的翻译实例展示和练习，旨在引导学生了解和掌握非文学类文本翻译的一般性原则和方法，通过具体的实践操作，提高学生的实际汉外/外汉翻译技能"。

在《指南》对此课程的概述中，实践性和职业性无疑是课程的核心内容和突出特点。除此之外，基于新时代的历史背景和社会阶段特点，对于翻译人才的培养还应有翻译实践能力之外的更高要求：在翻译能力的训练阶段应尽早激发译者的文化自觉和文化自信，培养其服务于国家对外传播的责任感，并在此宏观意识的观照下，课程内容需补充更具时代特点的典型案例；在外译能力的实践训练中，贯穿"翻译是一种文化现象"的翻译理念，让学生对翻译活动的理解从语言单位的转换层面，转向以有效的文化译介为目的，综合考量语言和文化的多重维度，在翻译技能训练的同时，以文化知识储备和文化自觉意识培养为先导，合理采用融通式的文化翻译策略；熟悉非文学翻译典型对象的文本特点，了解非文学翻译活动实际发生的社会场景和语用功能，训练学生在社会、经济和文化各类模拟场景中树立职业的语言服务意识，培养基本的翻译伦理素质；通过多元化的培养效果评价方式，多维度地反映学生的外译综合能力和素质，最终目标是为国家和地方培养可以参与语言服务、国际传播、国际组织事务的复合型高层次翻译人才。

1　课程理念

在以往的翻译实践类课程中，我们通常强调训练学生扎实的语言转换技能，培养学生从事语言服务和翻译职业的专业精神，以及参与国际交往和沟通的跨文化意识和能力。而作为外译方向的"非文学翻译"课程，把"翻译中国"纳入新的课程理念，强调在了解中国丰富的历史文化和当代社会特点的基础上，通过翻译向世界展示中国的历史文化和当下国情；让学生自觉建立"内知国情、外晓世界"的知识储备，认识到外译在社会经济生活各领域都是对外传播的重要保障。

作为和国际传播相关的重要行业和职业，翻译，特别是外译承担了更为重要的"翻译中国"的时代使命。通过翻译专业硕士培养的高层次、应用型翻译人才是我国承担国家和地方国际传播工作的核心力量。因此，需要在学生的职业素养准备阶段逐步培养学生兼具家国情怀和国际视野的语言服务和对外传播意识。自 2009 年开始，我国已举行七届全国对外传播理论研讨会，先后以"构建现代国际传播体系""世界新格局与中国国际传播""全球传播：新趋势、新媒体、新实践""构建融通中外的对外话语体系""讲好中国故事 传播好中国声音""构建新时代对外传播新格局""启航新时代国际传播新征程"为主题。每届会后由外文出版社出版的会议论文集汇集了近年来中国对外传播的理论建设和实践成果。这些成果既有基于传播学的研究，有关受众研究及传播策略、效果等的学术探索，也有来自传播媒体、国家和地方的对外传播实例。选读这些论文可以为本课程的学生提供来自学界和行业的政策解读和案例分析，为实践能力的培养打下夯实的理论和认知基础；还可以通过国家对外传播的相关政策解读和语言服务行业报告，让学生了解国家对外译高级人才能力需求和素质要求，明晰新时代的翻译和语言服务需要承担推进大国协调合作，深化同周边国家的关系，加强发展中国家的团结合作，以及积极发展全球伙伴关系的重要使命。

2 课程内容

作为翻译实践类课程，汉外双语的转换能力仍然是前提和基础。具体语境下对不同语言单位意义的正确理解、对复杂语言结构的恰当处理、对翻译工具和平行文本的有效使用等构成了外译能力训练的核心内容，也是构成外译综合素质的重要元素。在课堂讲授和学生练习的翻译材料上，选择真实语料和官方来源材料，尽量涵盖党政、时事、历史、文化、新闻、科技、旅游、法律、商务等主要领域的典型文本、文献和文章，通过阅读理解和文体分析，掌握相关类型文本的主要特点，以及翻译的重点和难点。

比如，在讲授"文化外译"版块时，本课程选用了有关中国文化的双语材料《中国文化读本》及其英文版 *Insights into Chinese Culture*。这套中英文读本通过介绍中国文化的特色内容和亮点，体现中国文化的内在意味和核心价值，同时也展示出中国人的心灵世界、文化性格、生活态度和审美情趣，并从中挖掘中国文化中的思想观念和文明成果；通过关注"中国思想文化术语"公众号，让学生集中了解中国古代哲学思想、人文精神、思维方式、价值观念之变化，乃至文学艺术、历史等各领域发展的核心内容。学生在阅读、赏析和自主翻译训练的过程中，能对国家和民族的文化有更加具象的了解。

又如，在讲授"政治话语外译"版块时，本课程通过对《习近平谈治国理政》（第1-4卷）中英文版本、《中国关键词》"一带一路篇""治国理政篇""新时代外交篇""十九大篇""精准脱贫篇"等系列双语或中英对照图书的阅读和分析，鼓励学生广泛了解、积极追踪当代中国的国情热点，掌握有关当代中国的权威解读和恰当表达，谋求对外传播在内容选择和表达形式上的视域融合，学习如何采取以国外受众易于阅读和理解的方式，去阐释中国理念，解读中国思想、中国政策和中国发展道路。

除了用于外译能力训练的翻译材料本身，课程还要求学生在课后阅读中了解和积累各类外译主题相关知识。熟悉翻译材料所涉及主题的知识，可以在一定程度上帮助译者在译文中合理地重构信息，让译文读者获得正确的意义事实和逻辑。

3　外译能力的新拓展

有效评估学生的外译能力既是对课程改革的检验，也是提高人才培养质量的重要保证。国内学者马会娟曾集中研究汉译英的翻译能力，通过对国内外构建的十几个翻译能力模式的研究，在西班牙PACTE专项研究小组提出的翻译能力模式的基础上，结合汉英翻译教学实践，构建了一个汉译英的翻译能力模式，包括双语交际能力、翻译专业知识、策略能力、语言外能力（包括主题知识、百科知识和文化能力）和实用查询工具的能力五个构成成分（马会娟，2013）。这些构成成分可以在具体的翻译实践和实际文本中得到比较具象和客观的体现，用于客观评价学生的外译综合能力和素养。然而，新时代对外传播的时代需求使外译人才的培养更具多元化和复合型的特点。这就对学生的外译能力提出了翻译实践能力之外的更高要求，包括国际化的语言服务能力、国际传播能力和参与国际组织事务的能力等。

比如，当下的翻译行业和职业属于更庞大的语言服务行业系统之内的一个分支，译者同时也是语言服务活动的参与者。语言服务需要在各个行业和领域服务于国家的对外发展，这就要求译者具备国际化的语言服务意识，发展基于翻译但超越翻译的多元化服务，如语言软件、语言大数据、本地化服务、人工智能翻译等；国际传播能力的培养是拓展外译能力的新方向，是在翻译的领域之外拓展对外传播的广度、深度和效度，以期为国家发展创造更好的国际环境，树立更好的国际形象。这就要求学生对对外传播的基本知识和当下特点具备全面和动态的把握，熟悉国际新闻事务、新闻传播、跨文化传播、数字传播、国际关系等重要版块，成为具备跨语言、跨文化和跨媒介沟通能力的国际传播人才；国际组织事务的参与程度是国家在国际社会和国际话语权中地位和作用的重要体现之一。服务于国家发展战略、致力于和平与发展的国际组织人才和全球治理的管理人才需要具备扎实的专业知识、实操能力和敏锐的政策分析能力，才能够在国际公共政策领域和国际组织中发挥更加积极的作用。这些新的人才培养发展方向也体现了新时代背景下对于外译人才的多元化需求。

参考文献

马会娟，2013. 汉译英翻译能力研究［M］. 北京：北京师范大学出版社.

科普翻译应力求再现作品的文学性
——兼议《基因传》中译之问题①

金学勤

四川大学外国语学院

摘要：随着信息技术的发展，科普作品的写作与传播成为知识生产的重要手段，科普作品翻译的节奏也越来越快。然而，科普翻译的质量并未大幅提高，尤其是作品的文学性再现没有得到足够重视。本文简要回顾了文学性的概念，探讨了科普作品文学性的具体表现，并以《基因传》这部科普作品的中译为例，指出译者在宏观、中观和微观层面采取的不当翻译措施，部分遮盖、扭曲和减损了原作的文学性。

关键词：科普翻译；文学性；《基因传》

1　文学性为何物？

首先说明，探讨"文学性"并非本文重点，况且文学批评界的相关研究可谓汗牛充栋。笔者在此仅简单回顾一下这个概念的定义和内涵。"文学性"最早由形式主义文论家雅各布森在 1919 年提出，他认为："文学科学的对象不是文学，而是文学性，即使得一部作品成其为文学作品的那种东西。"（雅各布森，2020）雅各布森的定义有些抽象，但也为后来的文学研究提供了更广的阐释空间。"使得一部作品成其为文学作品的那种东西"究竟是什么呢？中国学者钱佼汝（1989）明确

---

①　本文为四川省 2021—2023 年高等教育人才培养质量和教学改革项目"服务国家对外战略的区域性'汉译外'高端翻译人才培养模式建构与研究"成果。

指出：

> 文学性，正如雅各布森的解释所示，不可能是一个抽象的概念，而必须有十分具体的内容。它指的是区别文学和非文学的标志。显然，这种标志不在作品的作者和读者身上，也不在作品的内容里面。一部作品之所以是文学作品，并不是因为作者或读者富于想象力和文学才能，善于创造或领会文学意向，也不是因为有专门的文学主题，因为任何主题实际上都可以用文学或非文学的形式来表达。因此，在俄国形式主义者看来，文学性只能到作品的形式中去寻找，因为只有形式能使文学获得所谓的区别性特征。由于文学作品的形式是通过语言来表现的，因此，文学性说到底存在于语言之中，或者说存在于文学语言的特点之中。

简言之，文学性不是抽象概念，是看得见的具体之物。文学性不因主题和内容而存在，不是因为某一作品是"想象的作品"而自动成为文学，反之亦然。"《左传》《战国策》《史记》《汉书》中的许多篇章历来被作为文学作品来阅读，但这些史乘之作是严格地要求纪实而不容许丝毫想象虚构的。相反地，像柏拉图的《理想国》、托马斯莫尔的《乌托邦》、达尔文的《进化论》、马克思的《资本论》等文本充满了想象和幻想，但却从来没有人把它们当作文学作品。"（姚文放，2006）"文学性"存在于作品的表现形式，具体而言就是作品的语言表现"手法"。回到雅各布森的话："如果文学学科希望成为一门科学，它必须承认'手法'是其唯一的'主人公'。"（雅各布森，2020）

20世纪后期，人们普遍忧虑文学正走向衰亡之际，一些后现代理论家，包括大卫·辛普森（David Simpson）、乔纳森·卡勒（Jonathan Culler）、雅克·德里达（Jacques Derrida）等人，反其道而言之，认为"文学性"不独于文学领域，而是哲学、人类学、宗教、历史研究，甚至科学研究领域皆有的特质，大肆倡导无所不在的"文学性"（姚文放，2006）。纵使这种无限扩展的"文学性"在科普作品中更是无处不在，但是同样因为其无限扩展、没有边界，也就难以把握、难以进行可控的分析和研究。从可操作性出发，本文更倾向于20世纪早期形式主义者的定义，把"文学性"视为以语言为核心的作品的表现手法。

2　科普作品《基因传》之文学性

科普作品，顾名思义，是针对普通人的科学作品，旨在通过愉快的阅读普及科学知识，提高大众的科学素养。广义上说，科普作品也算是科技文献，但是科普作品显然有别于科学论文和学术专著。科学论文和学术专著的作者是针对学术同行证明、演示和发布自己的研究成果。而科普文章，用方梦之（1999）的话来说，"是内行写给外行看的。科普作者要把科学道理说清楚，要极尽其运用文学修辞手段之能"。一部科普作品如果只是一堆科学知识，不讲究用生动形象、深入浅出、幽默风趣、跌宕起伏的文学叙事方式讲故事，断然不能受到读者喜爱。"使文学作品有别于一般作品，就在于精神上取悦于人的声韵、感情、风格而已。"（林语堂，2012）正是这些"文学"的叙事特征和元素使得优秀的科普作品能给读者带来愉快的阅读体验，或许可以说，这便是科普作品的"文学性"。

2.1　《基因传》简介

《基因传》（*The Gene: An Intimate History*）是美国印度裔肿瘤病专家悉达多·穆克吉（Siddhartha Mukherjee）2016 年出版的作品，是他继 2011 年出版并获得普利策奖的《众病之王：癌症传》（*The Emperor of All Maladies: A Biography of Cancer*）之后又一部科普巨著。该书全面回顾了从古希腊到 21 世纪人类对"基因"这一问题的探索、思考和技术运用，叙述跌宕起伏，故事精彩纷呈。既有古代和中世纪科学家们在黑暗中的摸索，也有 20 世纪欧洲和美国对优生学的政治操控，流露出作者对基因与人类的过去、现在与未来的深刻关怀。作者在叙述"基因"的大历史中，不时穿插他对遗传性精神病给家族亲人带来的痛苦的述说。

《基因传》出版后连续数月位居《纽约时报》畅销书榜首，也被《华盛顿邮报》和《西雅图时报》评为 2016 年度最佳书籍（Best Book of the Year），足见它是一部受读者喜爱的"文学"作品。

2.2　《基因传》的文学性特征

"'文学性'的生成路径不是单一的，'文学性'在语言之中，也在语言之外。"（周启超，2021）为方便讨论起见，本文仅探讨"语言之中"的文学性，并简单将《基因传》的"文学性"概括为宏观、中观和微观三个层面：一是双主线、双主题叙事；二是丰富的篇（章）前引文，形成广阔的互文世界；三是书中大量隐喻、类比等修辞手段的运用。

双主线、双主题的叙事。作者常常使用倒叙、插叙，把基因的大传和家族遗传病的小史并联起来。一篇书评说："全书在建构基因之历史的过程中，不时穿插着作者对家人的回忆。一个堂兄和两个叔叔都'深受各种心理疾病之害'，已经在家族中遗传下来的，可能会继续遗传下去的精神病的幽灵，困扰着穆克吉的家人，无法从他心中抹去。"（Gleick，2016）穆克吉自己在《序言》中也说："本书用叙事的手法讲述了基因概念的历史演绎，而我也借此来追忆家族变迁的世事沧桑。遗传病给家人带来的痛苦不堪回首。"（穆吉克，2018）

广阔的互文世界。作者纵横驰骋，旁征博引，融科学、历史于一体，展现了深刻的人文关怀。《纽约时报》另一篇书评说，《基因传》是作者"融科学、历史和家族传记于一体的鸿篇巨制"（Zuger，2016）。全书仅篇（章）前引文就逾80处，涉及哲学、文学、科学、历史、主流媒体众多领域。这些引语和各篇章的内容有相互映衬的逻辑关联，合在一起又呈现为一场思想的盛宴，带给读者无尽的快乐。

全书语言简洁流畅，作者不时采用隐喻、类比、典故、成语等修辞手法，把抽象的理论和知识用具体、形象的方式呈现给读者，既帮助读者理解，又丰富了阅读体验。在此不一一列举，下文分析时再举例。

2.3　科普作品翻译之基本原则

如上所言，优秀的科普作品是科学性和文学性的完美结合。基于这一认识，科普翻译显然不容忽视作品的文学性特征。彼得·纽马克（Peter Newmark）曾在其《翻译的伦理》（"The Ethics of Translation"）一文中说："如果译者面对的源语文本合乎情理、表意清晰、言辞优美，则没有必要对文本做任何干预和调整，译者的唯一责任就是把原文的信

息准确、得体地传递到目的语，这是翻译通常的目的。"（Newmark，1996）

笔者认为，纽马克的伦理观完全适合科普作品翻译。简言之，科普作品的翻译要兼顾作品的科学性和文学性，即译者在准确呈现作品涉及的科学知识、历史事实的同时，也要尽可能再现（或创造性地再现）原作品的叙事手段、修辞风格、语言特点等文学表现形式。这应该是科普翻译的基本原则。

3　《基因传》中译本问题商榷

基于上述分析，本文从宏观、中观、微观三个层次探讨《基因传》译者在呈现作品文学性方面值得商榷的问题。即使在此三个层面，也只能选取某个具体的问题来探讨。所以，在宏观层面，仅讨论书名的翻译；中观层面，讨论篇（章）前引文的处理；在微观层面，主要针对译者对书中具体的修辞语言的处理方法。

3.1　书名翻译：遮蔽了原作的双主线叙事脉络

穆吉克的原著取名"The Gene：An Intimate History"，其中的intimate 这个词，在此应是隐私（private）或个人（personal）的意思。全书在勾画古希腊以来人类对基因这一遗传物质的追问、不断发现和技术化运用的历史的同时，也把作者"亲人的""家族的"（精神）病史穿插并贯穿于整个叙事过程。现在我们看到该书中译本取名"基因传：众生之源"。对照原书，译者显然省去了对"an intimate history"这个信息的翻译。但是这个改动却遮蔽了作者追忆家族病史的整个思路。从中文版书名来看，读者无法知道，在人类探索基因的大历史背后还有一部小历史，即作者关于家族中数代相传的精神分裂症和躁郁症的诉说和追忆。另外，英文标题中并无"众生之源"这样的字眼，那么"众生之源"这个表述从何而来呢？可能的解释是，译者或是希望承接穆吉克前一部作品的中译名——《众病之王：癌症传》（*The Emperor of All Maladies: A Biography of Cancer*）——而创造的表达。

书名翻译要讲究修辞，也要有创造性。译者当然有一定的创造性翻译的自由，包括对原作标题的处理，不过创造性的改写、信息的增删不宜遮盖原书标题自带的重要信息，而是应设法用某种方式将重要信息再现出来。

3.2 篇（章）前引文翻译：未能清晰呈现引文与正文的逻辑关系

《基因传》沿用了作者第一部书《众病之王：癌症传》的写作模式，各篇、章开头均引用名人名言。笔者统计，全书篇（章）首引文共计76条。作者笔力所及，纵横驰骋，上至古希腊，下到21世纪，既引用《圣经》、科学和科普著作（如《自私的基因》）和文学作品（如《哈姆雷特》），也涉及报刊（如《华盛顿邮报》）和大量科学家、诗人的名言，足见作者知识渊博、视野宽广。可以说，用"旁征博引"形容一点也不为过。从功能上看，这些引文用简练的言辞为读者预示了篇章的主题，很像中国古代章回小说的回前诗，"即每一回之前直接针对这一回所写内容的题诗，往往在一定程度上具有该回提纲的性质"（刘梦溪，1982）。唯一区别是回前诗为作者所创，而篇（章）首引文乃作者从他人的作品中选出。从文体和叙事的角度看，这些篇（章）首引文是整个作品的有机组成部分，自然是该书文学性的重要体现。

纽马克在其《翻译的伦理》一文中指出："译者应保存或再现原作的'五真'，即事实、审美、逻辑、伦理和语言之真。"（Newmark，1996）而其中的"逻辑之真"，正是指文理要通顺，便于读者理解。德国功能主义翻译理论家们更是明确指出，译者产出的文本要做到"语内连贯"（intratextual coherence），便于读者理解，也要达到"语际连贯"（intertextual coherence），即忠实于原文（Nord，2001）。二者言殊而意同，即一部翻译作品篇章之间和篇章之内的各部分，既不能毫无关联，也不可互相矛盾。那么，我们来看看《基因传》中译者是如何处理书中的篇（章）首引文的。

全书第一章"围墙花园"（"The Walled Garden"）章首的引文，出自G. K. 切斯特顿（G. K. Chesterton）的《优生学与其他罪恶》。穆吉克在第一章中从青年时代的格雷戈尔·约翰·孟德尔（Gregor Johann Mendel）对生物学的兴趣说起，简单勾勒出从古希腊到19世纪中期这一漫长时段内学者们对人类遗传问题的思考和探索，以及各个时代提出的今天看来十分荒诞的理论。一句话总结：两千年的探索中众说纷纭，但都没有找到遗传科学的实质。如前所言，章首引文正是正文内容的预示，与整章内容和作者想表达的思想形成紧密的逻辑关系。中译本的翻译如表 1 所示。

表 1　章前引文背离原文逻辑 1 例

The original quote (Mukherjee, 2016：17)	中译文（穆克吉，2018：3）
The students of heredity, especially, understand all of their subject except their subject. They were, I suppose, bred and born in that brier-patch, and have really explored it without coming to the end of it. That is, they have studied everything but the question of what they are studying. (G. K. Chesterton, *Eugenics and Other Evils*)	学生时代固有的缺点在于被动灌输和缺乏主见。我认为应该让他们接受艰苦的训练，并且养成严于律己的习惯。只有这样，他们才能在学习过程中找到努力的方向。（吉尔伯特·基思·切斯特顿：《优生学与其他罪恶》）

　　不难看出，译文表达的内容与引文没有丝毫关系。引文的基本意思是，遗传学的学者们（student 在此不是"学生"）了解与遗传学有关的知识，但是没能抓住遗传学的核心。他们在遗传学这块荆棘丛生的领地（that brier-patch）里探索了所有与遗传相关的问题，唯独没能抓住遗传学的本质。回头来看译文："学生时代固有的缺点在于被动灌输和缺乏主见。我认为应该让他们接受艰苦的训练，并且养成严于律己的习惯。只有这样，他们才能在学习过程中找到努力的方向。"译文中的"被动灌输、缺乏主见、接受艰苦的训练、养成严于律己的习惯"均非从原文翻译而来的，译者将原文本来十分清楚，而且与第一章正文内容和主题直接关联的内容进行了毫无根据的改写。

3.3　简化或删除修辞手段，失去原作的形象特征

　　形象化的语言是文学作品的重要特征。当然，这绝不是说严肃的科学著作就不能使用各种修辞手段。但是，科学著作和学术论文更重要的是语言的准确性和论证的逻辑性，自然也就决定了不能大量使用文学色彩较强的表现方法。《基因传》则不同。作为科普作品，作者为了帮助读者理解一些复杂的科学问题，也为了丰富阅读体验，适当采用隐喻、类比、典故、扩张的手法。这些语言表现手段显然是该书文学性在微观

层面的主要表现。下文举几例，看看译者是如何处理这些修辞方法的（见表 2）。

表 2　原文修辞手段与译者的处理 3 例

原文（附原著页码）	译文（附中译本页码）	商榷
The central quest of the study of heredity seemed *like an object perceived only through its shadows*, tantalizingly invisible to science.（p. 98）	遗传学研究的中心问题似乎只能通过间接证据得到印证，而这种尴尬的局面着实令人着急。（第 97 页）	原文采用明喻，译者省略了这个比喻。
Once again, we might return to *our analogy to an English sentence*.（p. 176）	我们在此将回顾性分析一下既往的研究成果。（第 187 页）	省去多次出现的类比，段内连贯受影响。
The most important conclusion of the most important biochemical paper of the decade was buried, *like a polite cough*, under a mound of dense text.（p. 114）	在 20 世纪 30 年代，这篇意义非凡的生物化学论文中最重要的结论就此埋没下去，即便是后人也只能对格里菲斯成果的境遇发出一声叹息。（第 116 页）	用不相关的语言改写。

显而易见，原书的明喻和类比在译文中不见了。译者或许以为，去掉原来的意象和比喻并不妨碍表达大意。的确，省去这些修辞，用直白的语言传达意思，译者少了挖空心思再现原文风格的麻烦，于读者而言似乎也没有什么不好。但是，如果我们认同这些生动、形象的手法是原著文学性的重要体现，是原著带给读者愉快阅读体验不可或缺的元素，我们还会认为中译本的读者没有被蒙蔽吗？实际上这些比喻的翻译并不难，比如"like an object perceived only through its shadows"何尝不可译作"捕风捉影""隔靴搔痒"这样的成语？而"a polite cough"指在别人面前咳嗽时严实地捂住嘴巴的动作，算是社交常识。译者应相信，通过适当方式再现之后，《基因传》的读者有能力理解原著丰富多彩的语言表现手法。

结　语

科普作品之文学性乃是它有别于科技文献的本质特征，在给读者带来愉快阅读体验中有着不可替代的作用。这就决定了科普作品翻译既要准确再现原作的科学知识和历史事实，也要发挥创造性，把原作丰富的语言表现方式呈现给译本的读者。简言之，科普翻译要兼顾作品的科学性和文学性。《基因传》的中译者并非完全忽略了作品的文学性特征，但确有许多地方遮掩、扭曲和减损了本该可以展现给读者的文学元素。这不仅关乎翻译的水平，更关乎译者的伦理，译者对读者的信任。希望这一认识能为科普作品翻译带来更多的思考。

参考文献

方梦之，1999. 科技翻译：科学与艺术同存［J］. 上海科技翻译（4）.

郭建忠，2007. 科普翻译的标准和译者的素养［J］. 中国翻译（6）.

林语堂，2012. 苏东坡传［M］. 张振玉，译. 长沙：湖南文艺出版社.

刘梦溪，1982. 红楼梦新论［M］. 北京：中国社会科学出版社.

穆吉克，2018. 基因传：众生之源［M］. 马向涛，译. 北京：中信出版社.

钱佼汝，1989. "文学性"与"陌生化"：俄国形式主义早期的两大理论支柱［J］. 外国文学评论（1）.

雅各布森，2020. 俄罗斯新诗［J］. 黄玫，译. 社会科学战线（3）.

姚文放，2006. "文学性"问题与文学本质再认识——以两种"文学性"为例［J］. 中国社会科学（5）.

周启超，2021. "文学性"理论源点溯源——论作为现代斯拉夫文论基本命题与轴心话语的"文学性"［J］. 社会科学战线（8）.

GLEICK J，2016. Review of "The Gene" by Siddhartha Mukherjee［N］. The New York Times（Book Review），2016-05-12.

MUKHERJEE S，2016. The Gene：An Intimate History［M］. New York：Scribner.

NEWMARK P，1996. The ethics of translation：diverging from the source language text［C］//LAUER A，GERZYMISCH-ARBOGAST H，HELLER J，et. al. Übersetzungswissenschaft im Umbruch. Festschrift für Wolfram Wilss zum 70. Geburtstag. Tübingen：Narr.

NORD C，2001. Translating as a Purposeful Activity：Functionalist Approaches Explained［M］. Shanghai：Shanghai Foreign Language Education Press.

ZUGER A，2016. Twin books on the genome, far from identical［N］. The New York Times（Science Section），2016-05-19.

英语专业本科翻译理论课程改革探究
——以四川大学"翻译理论与译品赏析"为例①

罗　金

四川大学外国语学院

摘要：高等院校英语专业本科的翻译理论课程由于学科发展、课程体系、课程难度等原因，长久以来存在不受重视、与翻译实践脱节、学生学习兴趣不足等问题。基于四川大学英语专业"翻译理论与译品赏析"课程近年遭遇的困境、改革尝试与初步成效，本文认为英语专业本科翻译理论课程应该在教学内容与方式上进行改革探索，融入当代中国翻译理论与非文学、汉译外题材，培育学生的家国情怀，将学生培养成新时代"输入+输出"与"理论+实践"的复合型翻译人才。

关键词：英语专业；翻译理论；改革；翻译人才

国内高等院校英语专业开设以实践为导向的口笔译必修课程已有多年，作为专业知识选修课的翻译理论相关课程②也被多所高校英语专业纳入教学大纲。然而翻译教学界对翻译课的教学是否需要翻译理论，以及翻译理论对于翻译人才的培养扮演怎样的角色，依然未能达成共识。巴黎释意派的学者玛丽安·勒代雷（Mary Lederer）曾指出，翻译是高度复杂的操作，仅靠大量练习无法培养出优秀的专业译员，理论的价值

① 本文系四川省2021—2023年高等教育人才培养质量和教学改革项目"服务国家对外战略的区域性'汉译外'高端翻译人才培养模式建构与研究"成果。

② 各高校对本科阶段翻译理论课程的命名及教学内容略有差异，有"翻译理论""翻译理论与实践""翻译研究导论"等不同命名，四川大学英语专业对此课程的命名为"翻译理论与译品赏析"。

在于将翻译过程中的问题予以类型化、系统化的处理，为译员在决策时提供思考的框架（Lederer，2007：15）。翻译理论的内涵并不完全在于指导翻译实践，还有帮助学生认识翻译的本质、内涵，思考不同翻译活动与现象背后反映的现实问题，培养学生的跨文化交流意识与能力。高等院校英语专业是培养我国翻译人才的摇篮，新时代的国家使命对新时代的翻译人才提出了新的要求，除了具备精湛的翻译技艺，成为合格的跨文化交际者，更好地传递中国声音，都是复合型的翻译人才应该具备的能力。本科阶段翻译理论课程的改革与探索，也须与时俱进，顺应时代要求，为新时代中译外人才的培养做出贡献。

1　英语专业本科翻译理论课程：问题与现状

通过研读《高等学校英语专业英语教学大纲》（2000）可发现，与文学文化专业选修课程（如英美社会与文化、英语诗歌、英语小说、英语戏剧）与语言学专业选修课程（如语音学、词汇学、语法学、教学法、修辞学）相比，翻译方向的专业选修课几乎完全缺位。以四川大学英语专业课程体系设置为例，与翻译相关的本科选修课程仅有"中国翻译简史"与"翻译理论与译品赏析"两门。由于笔者同时讲授以实践为主的必修课程"英汉笔译"和以理论为主的选修课程"翻译理论与译品赏析"，通过观察和与学生的交谈发现，绝大所多数学生对翻译理论课程持排斥、畏惧、逃避心态，热衷翻译实践或有意在翻译方向继续深造者却不在少数。

笔者认为翻译理论在教学中"遇冷"的主要原因有以下几点。一是翻译研究起步晚，学生了解不足。与文学文化研究、语言学研究相比，翻译研究本身便是一门新兴学科。国内当前翻译理论教学主要基于20世纪西方翻译理论，非专业人士知之甚少，本科学段的英语专业学生更是如此。二是翻译实践与理论教学脱节。不少高校的翻译课程师资并未受过翻译理论方面的学术训练，翻译实践课程是作为英语"听、说、读、写、译"技能中的一环融入教学中的，而语言学与文学类课程则更具专业性，理论教学也更容易开展。三是课程教学内容设置问题。基于学情分析，本科阶段的翻译理论课程常常融入翻译实践或译文赏析内容。若不注意理论与实践、赏析的比重平衡，课程或因纯理论教学过于枯燥而让学生失去学习兴趣，或变为对翻译方法与技巧的探讨，两种情况都使教师难以完成教学任务，无法达到教学目的。

英语专业本科阶段翻译理论教学目前存在趣味性不足、专业性不强、吸引力不足等问题，但同时学生对翻译理论知识的需求却与日俱增。随着国内外翻译专业硕士项目的快速发展，以及语言服务行业需求的增长，越来越多的英语专业本科生倾向选择翻译专业或翻译方向在研究生阶段进行深造。翻译理论知识的了解与储备，对于学生参加研究生入学考试、申请境外翻译硕士项目，以及硕博士阶段学术研究的入门与开展，都具有重要作用。曾有学生向笔者表示，本科阶段翻译理论课程的学习为自己研究生阶段的学术研究奠定了重要的理论基础，还有学生在笔译实践课程上意识到翻译理论有助于认识翻译、提高翻译实践能力，后悔此前未选修翻译理论课程。面对翻译理论教学的缺位与不足，如何针对新时代翻译人才培养对翻译理论教学课程进行改革，是高等院校英语专业本科教学过程中亟待解决的问题。

2　课程发展与改革：以"翻译理论与译品赏析"为例

四川大学外国语学院英语专业"翻译理论与译品赏析"课程为专业选修课，开设时间为本科三年级第一学期，每周 2 学时，共计 32 学时。学院为学生在二年级开设"中国翻译简史"选修课程，为本课程的前序课程。此学段的学生还未系统学习过口笔译实践专业课程，此前的翻译练习与知识主要来源于综合英语等读写课程。课程指定教材为 Basil Hatim 与 Jeremy Munday 合著的《高级译学原典读本》（*Translation: An Advanced Resource Book*，2010），教材主要介绍 20 世纪西方语言学派与文化学派翻译理论。课程另使用李明编著的《翻译批评与赏析》（2016）作为教辅，为学生提供各体裁文学经典的原作与译作选段，供批评赏析使用。该课程旨在让学生认识并了解 20 世纪西方翻译理论基本知识，培养学生结合翻译理论对不同类型的翻译作品进行批评的能力。笔者在该课程早期的教学工作中，鉴于课程内容难度及课时安排，主要以理论讲授、案例分析、学生展示、集体讨论等方式开展课堂教学，课程考核以开卷考试形式考查学生对翻译理论知识点的掌握，以及译作赏析的能力。

通过初期教学阶段的摸索，结合课堂任务及期末考试完成情况，学生课内及课后反馈，以及教学督导的建议与沟通，笔者发现该课程的教学主要存在两方面问题。第一，理论内容多、难度大，课堂容易变成"一言堂"。教材由 14 个理论章节组成，每个章节理论概念及内容庞杂。教师要求学生在课前预习理论内容，但教材章节阅读难度高、阅读量大，学生配合度及完成度较低。为完成教学内容安排，理论内容的讲解常常由教师独自完成，学生参与度不高，课堂氛围不够活跃，学习效果也不够理想。第二，翻译理论与赏析比例失衡、结合度低。理论内容比重过多，参与度较高、趣味性更强的译文赏析环节比重被动降低。教材中供赏析的译例多为英语与欧洲其他语言之间组成的语言对，学生接受效果差。教辅中的译文虽为英汉文学译文，但多为文学经典与年代久远的译文。在学生的平时作业与期末考核中发现，学生的批评赏析多为主观意识上对译文字词句的褒贬，难见翻译理论痕迹，教学目的未能实现。基于该课程开展存在的阻碍与问题，顺应国家对"汉译外"人才在新时代的迫切需求这一形势，笔者在对两年的课程安排与课堂教学进行了调适与改变。

第一，翻译理论教学内容调整。课程使用教材共 14 个单元，覆盖 20 世纪西方翻译理论的语言学与文化流派，包括翻译单位、翻译转换、形式对等与功能对等、关联理论、文本类型、语域分析、改写理论、女性主义等内容。由于每个单元涉及的理论概念与译例分析内容繁杂，对于尚未接触过语言学与文学批评理论的本科生具有一定难度，受限于教学时长，在课堂教学中难以面面俱到。有研究者发现，"本科翻译教材中的翻译理论的权重、难度大于 MTI 翻译教材"（何瑞清、张晓波，2015：35）。结合学生以往对不同理论内容的接受程度与效果反馈，笔者对教学大纲进行了调整，对于难度不高的理论内容，如翻译策略、翻译单位、翻译政策、翻译与技术等，交由学生在课外自主学习，或要求学生融入课堂展示，有效缓解了课时不足带来的压力。此外，鉴于教材时效与地域特征局限，笔者在理论教学中还向学生介绍了近年来较有影响力的中国翻译理论，如变译理论、生态翻译学、国家翻译实践、知识翻译学等，以提升学生的创新意识与前瞻性。

第二，翻译赏析教学内容调整。本课程课堂内外的翻译赏析练习此前主要基于教辅中的文学经典名篇译文对比，如《简·爱》《论读书》《尤利西斯》等，且以英译汉为主。尽管相较而言，文学翻译涉及的问题往往较为复杂，翻译方法、译者主体性方面的内容往往更能引发学生深入思考与讨论，但无法反映翻译活动的全貌，尤其是现实翻译世界中需求广泛的非文学翻译。就语言方向而言，国际翻译家联盟曾表示，职业译者应该从事译入母语的工作（Pavlovic，2007：7），但就我国的翻译市场而言，能够从事汉译外的外语母语译者数量远远无法满足我国的汉译外工作需求，因此本土汉译外人才培养是我国当下翻译教学工作的重中之重。基于此现状，课程对译作赏析内容进行了重新安排。首先，在保留部分文学经典译作的前提下，笔者选取了石黑一雄、门罗、毕飞宇、刘慈欣等现当代作家的作品及译作，凸显课程的当代特色。其次，提高非文学作品的比重，如纪录片解说词、学术论文、广告文案、法律文件等文本，深化学生对不同文本类型及相关翻译理论的认识。最后，为推进中宣部组织的《习近平谈治国理政》多语种版本进高校、进教材、进课堂（简称"三进"）工作的展开，满足汉译外人才的培养需求，课堂选取了《习近平谈治国理政》《习近平总书记教育重要论述讲义》汉英版本作为重要赏析材料，辅以《红星照耀中国》《1937，延安对话》等内容，引领学生从翻译的角度学习党史与党的先进理论，分析习近平治国理政思想内容的呈现方式，实现"从原语到目标语、再从目标语到原语的双向学习"（冯千、黄芳，2022：16）。

第三，课堂教学与考核方式改革。为激发学生学习的主动性与学习兴趣，同时应对理论教学中因信息密度高而导致教学时长不够的问题，教师将理论内容研读与译品赏析练习作为课前任务交给学生，课堂由教师讲解理论重难点、学生展示与师生共同赏析译作三部分构成。在学生课堂展示环节，教师要求学生结合教材中已学理论或自行选取恰当理论，对给定文本进行批评赏析，随后再由师生进行提问与集体讨论。为缓解学生压力，达到更好的呈现效果，教师鼓励学生用双语进行展示。在课程考核方式上，本课程由以往的平时考核与期末考试结合，转换成全过程多元化考核。学生的最终考评成绩包括学生的课堂展示、课程参与、课前与课后任务完成情况、课程论文，其中对课程参与的考核部分，尤其关注学生对其他同学课堂展示内容的提问、反馈与讨论。

3　课程改革成效

基于近两年对翻译理论与译品赏析课程的尝试性改革，课程目前在教学效果与教学产出上均已取得初步成效，也为相关课程进一步改革提供了思路与方向。

就课堂教学而言，课程改革在思想性、学术性、艺术性与学生满意度上都取得了良好进展。在此课程的前期教学摸索阶段，囿于对理论部分事无巨细的讲授，课程更倾向于通识性的传输、记忆与理解，学生的思考及师生互动受到严重阻碍。通过教学内容与方式的更新，课堂更具趣味与挑战性，学生学习的自发与自主能力得以调动。例如，在讨论翻译策略与方法时，学生在教师的引导下主动阅读韦努蒂对归化与异化的探讨（Venuti，1995），从而认识到翻译策略选择背后文化间的权力关系，进而思考中国文学文化外译过程中文化本真性与传播效果之间的矛盾。

在教学产出方面，学生经过本课程的学习，在课堂内外均取得了理想的效果。首先，最直观的效果体现在学生的课堂展示内容与课程论文上。教师在每位学生进行课堂展示前会针对每位学生的想法提出建议并进行交流，在展示完成后学生还需就报告内容进行修改并提交。观察发现，大多数学生均能高标准完成课堂展示任务，并体现出一定的学术创新思维。有学生借用文学课程中学习的叙事理论，对小说文本中的叙事视角转换、叙事声音干预进行讨论；有学生基于自己的兴趣，结合计算机游戏对游戏本地化等翻译研究中的前沿领域进行探索；还有学生在教师的指导下研读歌曲译配文献，就自己感兴趣的音乐剧选段翻译进行研究，尝试自我翻译后在课堂上演唱展示。多数学生能结合自己的兴趣与课堂学习的理论内容，在课程论文中进一步完善自己的学习与研究成果。

其次，课程的教学成果还体现在学生课堂之外的产出上。笔者近年指导的本科生中，多名学生均因选修本课程后对翻译研究产生兴趣，从而决定撰写翻译方向的毕业论文。这些论文不仅选题新颖、理论意识高、完成质量高，且均为汉译外的研究，在语言方向性上体现了课程内容改革的成果。

最后，学生基于本课程的学习，积极参与大学生创新创业训练计划项目的申报，并获得多项校级、院级立项，笔者指导的项目如"英语专业核心课与思政教学融合的探索""翻译传播学视角下博物馆外宣资料英译研究——以三星堆为例""国际体育赛事网页翻译质量研究：以2021年成都大运会为例"，均体现了学生从翻译的视野对当下现实问题的关注。针对课程学习中发现的问题，如翻译史概念辨析、合作翻译模式、翻译发生学下的译者笔记研究等议题，学生尝试开展研究并撰写论文。

中国文化"走出去"的需求逐渐扩大，"如何能有效培养本土翻译人才，更好地向世界表达中国成为一项重要课题"（吴赟，2015：148）。总体而言，在调整教学内容安排与教学考核方式后，本课程在教学效果与产出方面均取得了一定突破，由专业知识讲解向创新性、高阶性迈进，学生对汉译外实践与理论的关注度增高，对我国外宣工作与中国文化传播的使命感增强。

结　语

翻译理论课程作为高校英语专业的专业知识类课程，不应局限于理论知识的介绍及对翻译实践的指导。新时代的翻译人才应立足于"汉译外"的国家现实需求，实现翻译实践与理论上的齐头并进——既能讲好中国故事，又能在国际学术界发出中国声音。新的时代背景赋予了语言服务人才新的使命，翻译人才培养工作应"术""道"兼备，除了翻译实践技能的锤炼，还需着眼学生理论思维、创新意识与家国情怀的培育。翻译理论课程在实现这一目标中绝不能被忽视，而应通过不断的改革与融合，与翻译实践类课程一道，为"输入+输出"与"理论+实践"的复合型翻译人才培养做出贡献。

参考文献

冯千，黄芳，2022.《习近平谈治国理政》"三进"课程思政建设实证研究——以日语翻译鉴赏课程的"三进"导入为例 [J]. 外国语文（5）.

何瑞清，张晓波，2015. 翻译理论在英语本科与 MTI 翻译教材中的比例与布局 [J]. 北京第二外国语学院学报（2）.

李明，2016. 翻译批评与赏析 [M]. 北京：清华大学出版社.

吴赟，2015. 翻译能力建构与中译外人才培养 [J]. 外语学刊（1）.

BASIL H，MUNDAY J，2010. Translation：An Advanced Resource Book [M]. Shanghai：Shanghai Foreign Language Education Press.

LEDERER M，2007. Can theory help translator and interpreter trainers and trainees [J]. The Interpreter and Translator Trainer（1）.

PAVLOVIC N，2007. Directionality in Collaborative Translation Processes. A Study of Novice Translators [D]. Tarragona：Universitat Rovira i Virgili.

PICKEN C，1989. The Translator's Handbook [M]. London：Aslib.

VENUTI L，1995. The Translator's Invisibility：A History of Translation [M]. London：Routledge.

基于产学融合模式的翻译职业伦理教育目标与实现路径探索[①]

殷明月

四川大学外国语学院

摘要： 在新文科建设发展背景下，高水平翻译人才的培养须面向中国与世界交流的现实需求，这要求翻译专业既应注重翻译知识与技巧的传递，也应重视塑造学生的人文价值观和职业伦理观。因此，设置独立的翻译职业伦理课程势在必行。鉴于课程的价值观铸造和职业实操导向的性质和功能，以建设课程群、联合翻译业界为主要特征的产学融合教学模式能更有效地实现翻译职业伦理教育的目标，也能保障翻译职业伦理教育的体系化和可持续性发展。

关键词： 翻译职业伦理；产学融合；课程群；翻译行业

翻译是跨文化信息流通中不可或缺的环节，小到个人观念的交流，大到国家思想、政策的国际传播及国家形象的建立，都离不开翻译助力。中国深入参与全球化治理为中国的翻译服务行业发展注入新动力的同时，也对翻译人才培养提出了新的要求。有学者提出："培养具有全球视野、人文精神、国家意识、民族情怀、跨学科知识和专业素养的高水平翻译人才是高校义不容辞的责任。"（李春姬、姜文龙，2022：8）也就是说，翻译专业本科和硕士阶段在培养高水平翻译人才时，不仅要

① 本文系四川省 2021—2023 年高等教育人才培养质量和教学改革项目"服务国家对外战略的区域性'汉译外'高端翻译人才培养模式建构与研究"（JG2021-104）成果。

注重学生的语言能力与翻译技巧的进阶，还需要帮助学生建立完善的价值观和翻译职业伦理观，才能更好地服务中国国际话语体系的构建。然而，目前的翻译专业学位项目及行业培训课程大多专注于语言能力与翻译技巧的培养，虽然近年来有将职业价值观塑造以课程思政的方式嵌入知识类或技巧类课程的改革趋势，但缺少系统性的独立课程。据调研，截至 2019 年全国只有 6 所院校开设单独的翻译职业伦理类课程（赵田园、李雯、穆雷，2021：27）。无论从高水平翻译人才培养的需求还是规范保障翻译服务行业健康发展来说，翻译职业伦理教育都不可或缺。

1　翻译职业伦理教育产学融合模式的现实理论基础

2018 年，中共中央倡议高等教育要努力发展新工科、新医科、新农科、新文科。随后，教育部通过"六卓越一拔尖"计划等措施推进包括新文科在内的"四新"建设。由此，新文科这一概念在学界引起热议，也成为文科类专业改革的方向。中国高水平翻译人才培养的主要机构为外语类院校的翻译专业，从学科从属来说属于人文学科。因此，翻译专业也应结合自身专业特点思考改革的方向和路径，而现阶段较为缺乏的翻译职业伦理教育应被纳入其中。总的来说，翻译职业伦理教育的现实背景为全国高等教育体系中推行的新文科建设，其教育目标需要符合新文科建设的人才培养目标。

人才培养是新文科学科交叉融合的最终落脚点，改革人才培养模式需要通过改革教学内容、教学方法等促进学生知识层面向能力、素质层面递进和辐射；需要完善专业体系与课程体系建设，建立超学科课程体系，采用联合教学模式等打破单个学科在认识论、方法论层面的局限，提高学生解决问题的能力（马璨婧、马吟秋，2022：162）。换言之，与传统人文学科注重培养学生"小而精"地深挖细分领域不同，新文科人才培养模式提倡超学科知识层面的融会贯通，注重学生解决实际问题的能力与价值观的塑造，在人才培养中强调人的社会性，即个体与社会的关系、个体在社会分工中的定位及对社会的价值。有研究提出，超学科知识融合有三个层次：科学技术知识、层级知识结构与水平知识结构的融合，以及层级性话语结构内部学科之间的融合（张德禄、吴连春，2021：46-47）。

将新文科建设中提倡的超学科范式具体落实到翻译人才培养上来说，高水平的翻译人才不但需要拥有丰富的专业知识储备与过硬的翻译技能，还需要拥有良好的职业伦理操守及敏锐的洞察力，融合各学科知识，主动服务中国文化、思想、政策走向世界。翻译职业伦理教育作为翻译人才培养的一环，其教学理念、教学内容与教学方式也可依托于超学科范式。也就是说，翻译职业伦理教育应突破单学科的壁垒，引入大文科的文史哲知识作为学生价值塑造的基础；同时面向现阶段中国对外传播与聆听世界的需求，将传播学理论和信息技术纳入学生能力培养的范围；此外，还应与翻译行业对接，帮助学生丰富视野，完善内在价值评判系统，树立职业伦理意识以便尽快适应职业角色。

2　翻译职业伦理教育目标

职业伦理教育在医疗、法律、教育等行业中是从业者上岗必须接受的培训内容，在上述行业的部分从业资格考试中也设置有检验申请人的职业伦理观的考题。在语言服务行业发展历史较长且市场化程度较高的多语种移民国家与地区，翻译职业伦理教育普及较广，可获得性较高，在许多行业协会的成员认证体系中有相应的课时要求，需要学生在获得认证前学完相应的课程，并在获得认证后定期参与翻译职业伦理继续教育，例如，美国翻译者协会要求获得其认证的翻译人员在认证后的前三年内通过线上或线下的方式接受翻译职业伦理教育。同时，在部分地区或特定种类的翻译从业资格考试中也有针对翻译职业伦理的考试内容，如澳大利亚翻译资格认可局组织的执业资格考试、加州医疗口译员协会（California Healthcare Interpreters Association）的医疗口译认证考试等。此外，这些国家和地区在涉及为英语能力有限（Limited English Proficiency，简称 LEP）的人士提供公共服务的翻译细分领域（如法律、医疗、教育）对翻译从业人员有更为体系化、更为严格的翻译职业伦理规范要求。无论是翻译执业资格考试中的职业伦理考核还是翻译实践中的职业伦理要求都体现了这些国家及地区奉行的价值观（如 LEP 人士的信息可获得性权利体现了平等的价值观），都是高度现实语境导向的结果。

由此可推知，中国的翻译职业伦理教育也不能脱离中国的现实语境和中国的主流价值观与传统美德。中国翻译职业伦理教育应符合我国社会主义国家思想价值体系，以及我国经济、政治和社会发展的现实国情。因此，中国翻译职业伦理教育的目标可分为宏观纲领目标和微观实施目标两类。翻译职业伦理教育的宏观纲领目标为培养学生服务于人类文明交流互鉴伟大事业的职业理想，帮助学生明晰自身在推进中外交流中的职业定位，引导学生树立履行翻译职责所需的正确价值观，从而建立起翻译的职业认同感与荣誉感。翻译职业伦理教育的微观实施目标可分解为三个方面——填补学生翻译职业伦理相关知识的空缺，提升学生的职业伦理决策与判断能力，培养学生在履职中的情绪管理能力。

首先，填补学生翻译职业伦理相关知识的空缺，需要引导学生关注国家需求与发展目标，理解社会主义思想和文化价值内涵，熟悉翻译行业的职业规范及行业惯例。翻译在职业属性上从属于语言服务业。从服务中国走向服务世界的角度来说，翻译从业者需要了解中国的对外方针政策、国际定位等；从服务中国了解世界的角度来说，翻译从业者需要清楚中国的国情、人民的需求和文化价值取向，这是从事翻译工作所必备的文化语境知识及职业思想准备。通过上述知识的补充，学生在今后的职业发展中可以更好地回答"译什么""为何译""怎么译"这三个核心的翻译伦理问题，即选择符合中国"走出去"与"引进来"现实需求的译介任务，明确翻译的目的并在翻译过程中采取合理的翻译策略，如不能为了迎合海外读者而盲目地采取归化的策略。除此之外，作为中国翻译事业的后备人才，翻译专业本科和硕士阶段的学生应系统性地学习我国翻译行业的职业伦理规范和行业技术标准等，并主动了解翻译行业习惯与传统。这样才能更快地适应当前中国翻译市场的需求，并在今后的工作中明确自身的职责，维护翻译市场秩序，保证翻译行业健康有序的发展。

其次，提升学生的职业伦理决策与判断能力，需要训练学生独立识别和判断翻译伦理问题、伦理挑战及伦理困境的能力，并通过翻译这一行为实现社会主义核心价值观，在达成翻译目的时体现扬善求真的传统美德。此外，还需要训练学生评估翻译行为可能带来的影响或后果，以便在无法避免的利益冲突中做出正确的选择。以是否承担翻译任务为例，翻译职业伦理教育应让学生了解在考虑承担一项翻译任务时，应根据自身的能力，充分评估翻译行为的目的及后果等因素后再做决策，如该翻译任务由谁发起、为何发起、是否在自身能力范围内、是否损害他人利益、是否符合社会主义核心价值观等，不应将自身名利作为接受或拒绝一项翻译任务的唯一标准。蒙娜·贝克尔（Mona Baker）认为翻译职业伦理培养的核心在于培养学生独立做出符合伦理决策的能力而不是一味照搬雇主或者行业定下的职业伦理规则（Baker，2016：275）。因此，在培养学生的职业伦理决策和判断能力时应提醒学生避免照搬书本知识、行业规范条例、课堂案例的解决方法或者从业人员的过往经验，避免学生产生路径依赖，从而帮助学生做好从学生到职业译者或者译员的身份过渡准备。

最后，培养学生在履职中的情绪管理能力是保障学生在未来从业时的翻译质量的前提之一，良好的情绪管理能力也有利于翻译人才拥有健康的职业生涯、职业幸福感和持续提高自身专业能力的动力，进而有利于减少翻译行业的人才流失，保障行业的稳定性与可持续发展。情绪会影响人的判断，因为大脑在面对外界刺激时最先启动的是直觉感知，也就是基于个人先验性的经验所做出的反应，这种反应会触发相应的情绪，促使人产生做出判断和决策的冲动。在翻译工作中产生的问题通常是高度语境化的，由情绪启动的、依赖先验直觉的决策很可能不是具体问题的最优解，甚至有违规、违法或违背主流价值观的风险。合格的高水平翻译人才必须具备情绪管理的能力，让判断决策走向理性思辨。

3 翻译职业伦理教育的实现路径

达成上述翻译职业伦理教育目标离不开科学合理的、符合学情的、易于操作的路径规划与教学方法。加强课程群建设、加深学界与业界合作互动、建立细分领域和可持续的职业伦理知识循环体系是达成翻译职业伦理教育目标的有效保障。

3.1 课程群建设促知识互建

知识是价值观塑造的重要基石，现实中许多翻译职业伦理失范并非当事人故意为之，而是相应的知识缺位。以口译实践为例，在外交场合未识别具有争议性的问题而使用了不准确的词汇，或者在口译任务后将口译内容上传至社交媒体而导致机密泄露，都是由翻译职业伦理知识缺位导致的。前者可归因为缺乏对国家大政方针和立场的了解，而后者是由于对翻译行业中口译职业道德规范中保密条款的认识不足。因此，补充翻译人才的职业伦理知识不但需要独立的翻译职业伦理课程增强学生对行业规范的了解，还需要跨学科打造课程群来促成相关知识的互建，进而完善学生的价值体系。

　　翻译专业本科及硕士阶段均应该设置独立的、必修课性质的翻译职业伦理课程。该课程可作为选修课对外语类其他专业学生开放。翻译职业伦理课程建议每周 2 课时，共 17 周。其中前半学期为知识类课程，以任课教师讲解与课堂讨论的形式为主，增进学生对中国翻译需求、市场运行规则、行业规章制度及翻译职业伦理规范相关知识的了解。第 8 周或者第 9 周进行一次翻译职业伦理知识中期考核，以客观题检验知识掌握程度为主，辅以个别案例分析题以摸底学生解决翻译职业伦理问题的能力，为后半学期的教学提供参考。课程的后半学期以解决问题和知识运用为导向，提升学生的翻译职业伦理敏感度和决策判断力。这一阶段的学习可联合翻译业界人士以案例讨论、经验分享、情景再现、远程或实地观摩的形式，让学生对翻译职业中的伦理问题有更直观的、更真实的体验和思考。

　　除独立的翻译职业伦理课程以外，拥有翻译专业本科及硕士的高校可以在培养计划中引入本学院其他课程或者本校其他专业的课程，形成课程群，共同构建学生的知识价值体系，如与校内思政类平台课程、哲学专业的伦理学课程，以及中国哲学课程、新闻专业的传播学课程、心理学专业的情绪管理类课程等实现超学科互动合作。这实际上是一项耗时耗力的新文科教学改革的大工程，需要设立翻译专业的院校调动整合教学资源及人力资源，仔细研究后精心规划方能实现。同时，还需要学业导师认真履行学业顾问的职责，在学生选课及学习计划上给予个性化的指导。

3.2　翻译业界互动助力

新文科建设倡议下的翻译人才培养不但强调知识融通，更看重面向社会与现实之需，携手翻译业界，共促翻译职业伦理教育，是提升学生翻译职业伦理素养的有效途径。在翻译职业伦理教育上与翻译业界联手，不仅仅是指将专业翻译人员引进课堂分享经验或者带领学生走出课堂观摩口笔译实践等传统翻译技巧类课程常采取的模式，更应该注重在课堂上引入真实的翻译伦理困境案例分析，发挥校外行业导师和优秀毕业生"传帮带"的功能，帮助学生尽早获得职业翻译的心态与决策判断能力。

在翻译职业伦理课程的后半段学程中，可邀请行业导师及从事翻译工作的优秀毕业生带着真实的、涉及翻译伦理决策的案例走进课堂，引导学生用已学的知识分析真实案例，再分享个人经验供学生探讨。"使用案例教学法开展职业伦理教学的目的并不是要学生提前演练如何解决执业过程中面临的所有问题，而是培养学生做出符合情景的伦理判断并举一反三的能力。"（姚斌，2020：34）因此，课堂案例教学应强调学生识别翻译伦理问题和思考解决方案的职业伦理敏感度，避免学生照搬经验。任课教师从业经验丰富或者校外行业导师数量多的院校可升级案例教学法，不囿于案例重述，可适当重现真实场景。向学生展示真实的口笔译工作过程并向学生开放，让学生身临其境地体验职业翻译的伦理决策过程。比如，任课教师或校外行业导师可以重现自己的工作过程——口译导师可在取得口译活动参与方同意后将口译过程录制下来，笔译导师可提供译稿修改过程中不同的版本，挑选涉及翻译职业伦理决策的影音片段或节选译稿供学生课后观看或阅读并准备问题。随后，在课堂上接受学生的提问并分享决策的思维过程。同时，近期毕业的优秀毕业生可通过"传帮带"的模式与在校学生保持联络，从而协助在校学生过渡到职业口笔译从业者的心态，缓解职业焦虑情绪。

3.3 体系化与可持续化的内循环

翻译（包括口译）有诸多细分领域，如文学、法律、医疗、科技等，从事细分领域翻译工作的人员也应熟悉相关行业领域的职业伦理规范。此外，翻译职业伦理教育不是一劳永逸的工作，翻译从业人员需要结合现实发展进行知识更新。鉴于上述两点，翻译职业伦理教育须加强体系化建设，加大继续教育的力度，在学界和业界形成良性内循环。

从就业的角度来说，除了翻译公司，翻译专业院校培养的许多翻译人才选择了国际组织、政府外事机构、司法机关、社区服务组织、医疗机构、企业等单位的翻译或涉外岗位。这些细分领域的翻译职业伦理教育除了翻译专业院校，还需要多方加强合作，如在岗前培训中加入细分领域翻译职业伦理规范的内容。我们还需要看到，在高校翻译专业规模化发展之前，中国翻译市场上已经有大量的从业人员。同时，如引言所述，翻译职业伦理教育目前在翻译本科及硕士项目中并未普及。也就是说，目前活跃在翻译市场上的大部分从业人员并未接受过系统的职业伦理教育，那么在继续教育中加入翻译职业伦理相关内容就迫在眉睫了。在继续教育中，开设翻译专业的院校可发挥高校慕课的优势，引领知识更新与共享，实现高校服务社会的功能。

从翻译行业发展的角度来说，建立健全翻译语言服务行业通用及细分领域的职业伦理规范事关重大，是构筑语言共同体的重要一环（殷明月，2023：135）。按细分领域设置翻译从业资格考试并纳入翻译职业伦理相关内容，以此提高从业门槛是保障翻译行业健康发展的重要环节。有研究表明，从考试反拨作用看，在全国翻译专业资格考试（CATTI）中增加职业道德考评内容，有助于发挥职业道德在翻译教育、社会认知和行业发展等方面的积极作用（王巍巍、余怿，2020：30）。也有学者建议在法律翻译职业准入考核中纳入较为细致的职业伦理考试内容，如"对法律翻译职业道德知识的掌握情况、职业情感、职业意志水平以及职业道德实存状况"（张法连、李文龙，2021：111）。也就是说，将翻译职业伦理考核作为翻译市场准入门槛之一是中国翻译市场的下一步发展趋势，这在一定程度上对翻译职业伦理教育起到了推动作用。

结　语

高水平翻译人才的培养应面向中国的现实需要，也应与中国的翻译市场发展接轨。翻译职业伦理教育能够起到衔接翻译课堂和翻译行业的作用，并在此过程中塑造学生的价值观与职业伦理意识。在新文科建设的背景下，以超学科范式为理论基础的翻译职业伦理教育通过院校内的课程群建设及联合翻译业界的产学融合模式能有效地填补学生翻译职业伦理知识的空缺，提升学生的职业伦理决策与判断能力，培养学生在履职中的情绪管理能力。

参考文献

李春姬，姜文龙，2022. 培养具有国际传播能力的高素质翻译人才［N］. 中国社会科学报，2022-12-06（8）.

马璨婧，马吟秋，2022. 新文科学科交叉融合的体系建设与路径探索［J］. 南京社会科学（9）.

王巍巍，余怿，2020. 译员职业道德考核评价机制探索［J］. 山东外语教学（3）.

姚斌，2020. "口译职业与伦理"课程教学设计与实践［J］. 山东外语教学（3）.

殷明月，2023. 翻译与伦理的交互纵深性研究回顾与展望——《劳特里奇翻译与伦理手册》介评［J］. 外国语（1）.

张德禄，吴连春，2021. 超学科知识的融合模式及教学模式探索［J］. 中国外语（1）.

张法连，李文龙，2021. 法律翻译者职业伦理构建探索［J］. 中国翻译（1）.

赵田园，李雯，穆雷，2021. 翻译硕士"翻译职业伦理"课程构建研究：基于语言服务市场现状和 MTI 教学调研的反思［J］. 外语教育研究前沿（1）.

BAKER M，2011. In Other Words：A Coursebook on Translation［M］. Oxon：Routledge.

"中国语言文化"课程教学实践探索①

夏婉璐

四川大学外国语学院

摘要：本文总结了四川大学 MTI "中国语言文化"课程的教学实践。文章先介绍了国内院校翻译硕士专业学位点开设"中国语言文化"课程的情况，再从教学目标设定、教学流程设计及教学评价推进三方面介绍此课程的教学设计，进而探讨"翻译中国"背景下的翻译人才培养。

关键词：翻译硕士；人才培养；课程设置

党的二十大报告指出，加快构建中国话语和中国叙事体系，讲好中国故事，传播好中国声音，展现可信、可爱、可敬的中国形象。在国家宏观政策的指引下，我国的翻译事业正在经历由"翻译世界"向"翻译中国"的历史性转变。增强翻译能力，服务国家发展的需求是翻译学科建设及人才培养的目标。

2007 年 15 所院校试点开设翻译硕士专业学位点（MTI）以来，翻译硕士学位教育迅速发展。截至 2022 年 7 月，全国共有 316 所大学设置了翻译硕士学位点，覆盖了 11 个语对。同时，《翻译硕士专业学位基本要求》等一系列规范性文件使翻译硕士专业教育走上了规范化发展的道路。根据要求，翻译硕士学位应"培养德、智、体全面发展，能适应全球经济一体化及提高国家国际竞争力的需要，适应国家经济、文化、

①　本文为四川省 2021—2023 年高等教育人才培养质量和教学改革项目"服务国家对外战略的区域性'汉译外'高端翻译人才培养模式建构与研究"成果。

社会建设需要的高层次、应用型、专业性口笔译人才"。十多年来，全国翻译硕士学位点累计向社会输送了数以万计的毕业生。

翻译硕士学位教育在迅速发展的同时，出现的一些问题也引起了学者的广泛关注。问题之一便是"人才培养质量不高"（仲伟合，2017：8）。人才培养质量除了与生源质量密切相关，也深受培养方案的影响。翻译硕士专业学位的人才培养目标为培养高层次、应用型的专业化翻译人才，为中国文化走出去提供后备人才支持。在这一定位下，学生扎实的双语语言功底、深厚的人文素养及跨文化的交际能力应是课程设置及人才培养的重点。

1 国内院校 MTI"中国语言文化"相关课程开设情况

根据国内院校官方网站所公布的"人才培养方案"，就培养类别而言，国内院校开设的翻译硕士方向为笔译和口译两类，而且开设笔译方向的院校（91.3%）超过开设口译方向的院校（71.7%）。国内翻译硕士培养的课程设置由三部分组成：翻译专业理论课程、语言能力培养课程及人文教育课程。翻译专业理论课程主要包括翻译理论、翻译实践、翻译管理及职业素养等相关课程，语言能力培养课程主要包括英语听说和写作等相关课程，人文教育课程主要指语言文化及政治理论课程。其中，语言文化课程主要指中国文化课程。根据史兴松、牛一琳的统计，国内共有 24 所院校的 MTI 开设与中国文化相关的课程：中外语言对比分析（5 所）、中华优秀传统文化专题（3 所）、中西文化对比研究（3 所）、中国文化（2 所）。此外，相关的课程还包括中外文化专题、中国文化与美学专题、中国文化解说、中国语言与文化、中国国情讨论、中国古典文学名作导读、中国现当代文学译介与传播、中国古代文学专题、汉语名篇赏析、汉语文化学习等（史兴松、牛一琳，2020：67）。总的来说，翻译专业理论课程和语言能力培养课程是所有院校都开设的显性课程，而开设中国文化相关课程的院校数量相对较少。在语言能力的培养上，大部分院校侧重外语能力的训练，而中文能力及语际的跨文化交际能力却并未受到足够重视。

2 "中国语言文化"课程教学设计思路

笔者自 2015 年起承担四川大学 MTI "中国语言文化"课程的教学工作，该课程教学设计如图 1 所示。本课程为 MTI 笔译和口译方向学生的必修课，旨在增强学生的人文素养，培养学生的跨文化能力，授课语言为英语。本课程的教学设计主要回答三个问题，即"要去哪里"（教学目标）、"怎样到达"（教学流程）和"是否到达"（教学评价）（盛群力 等，2005：7）。

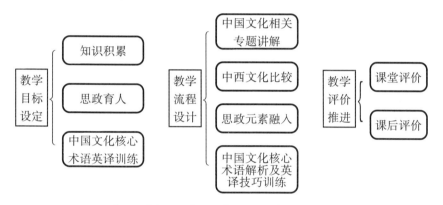

图 1 "中国语言文化"课程教学设计示意图

2.1 确定教学目标

本课程的教学目标为中国文化知识讲授、课堂思政与翻译技能训练的有机融合。程裕祯在《中国文化要略》一书中将文化分为四个层次：一是"物态文化层"，包括人们的衣、食、住、行；二是"制度文化层"，即规范人们行为及关系的准则制度；三是"行为文化层"，包括一个社会中经历史积淀下的风俗习惯；四是"心态文化层"，即某一社会、某一文化的文学文化作品。这些作品体现了这一社会的意识形态、思维方式、审美情趣和价值观念。在程裕祯看来，"心态文化层"是"文化的核心部分，也是文化的精华部分"（程裕祯，1998：3）。本课程所讲授的中国文化也是体现中国文化核心精神的"心态文化层"。本课程分为哲学、宗教、美学三大板块，通过对中国传统哲学思想、宗教思想及美学思想等中国文化精神内核的讲解及讨论，培养学生的人文素养，加深学生对中国传统文化的了解。

2017 年 2 月，中共中央、国务院印发了《关于加强和改进新形势下高校思想政治工作的意见》，明确提出加强高校思政工作的重要性。2020 年 6 月，教育部印发了《高等学校课程思政建设指导纲要》，要求把思政教育贯穿人才培养体系，发挥好课程的育人作用。作为国家翻译实践的后备力量，课程思政对于培养具有家国情怀的高层次、应用型翻译人才尤为重要。本课程的教学目标之一便是课程思政的自然融入。翻译硕士的生源大多数是人文学科特别是英语专业出身，在本科阶段学生接受了系统的外国语言及文学文化的教育。怎样引导学生客观地认识不同的文化，增强"文化自信"也是本课程的教学目标之一。

此外，在翻译技能培养层面，本课程在讲授中国文化知识的同时，也着重培养学生对中国文化核心术语及概念在意蕴内涵上的正确把握和用英语正确翻译这些术语的能力。在授课中，教师将重点解析这些反映中国文化精神特质的核心术语的内涵，引导学生采用恰当的翻译方法正确地表达这些术语和概念。

2.2 系统设计教学流程

"中国语言文化"的教学流程主要包括中国文化相关专题讲解、中西文化比较、思政元素融入、中国文化核心术语解析及英译技巧训练。本课程在哲学、宗教、美学三大板块下共分为 14 个专题：儒家思想、道家思想、先秦诸子思想（墨家、法家、名家、阴阳家）、程朱理学、阳明心学、儒教、道教、佛教、中国诗学及美学思想、中国传统建筑、中国传统绘画、中国书法、中国瓷器及中医。

本课程虽名为"中国语言文化"，但如果要深入了解中国文化，最好的方法是寻找一个参照物。因此，本课程采用的是比较的方法，通过中西文化对比让学生更深入、客观地了解中国文化。如在哲学板块，通过对在因果思维主导下的西方哲学在研究路径、研究对象等方面的介绍，让学生更为深入地了解在关联思维影响下的中国传统哲学思想在精神实质上与西方哲学的差异。

课程思政也是教学中的重要环节，旨在培养学生对中国传统文化的"文化自觉"。"文化自觉"是费孝通在《费孝通论文化与文化自觉》一书中提出的概念，是指对自我文化的一种理性和客观的认识。这种认识建立在对世界多元文化的了解之上。在本科四年英语语言文学专业的学习后，大部分学生对西方文学文化已经有了一定的系统、深入了解。如何客观地看待中国文化和西方文化是课程思政的重点。例如，中国哲学长期以来在西方处于"失语"的困境。哲学原意为爱智之学。在西方20世纪之前的大多数哲学家看来，"智慧"便是真理，是世界的客观规律。因此，西方哲学偏于认识论一隅，强调认识世界本源，认识自我的能力和方法。然而，中国哲学的"智慧"却在于对现实人生的指导，对人生价值及意义问题的关注。

中国文化核心术语是了解中国文化的门径和基础，也是译者在翻译中的难点。学生在英译这些核心术语时的突出问题在于套用西方现存的词汇，如用 heaven 翻译"天"，用 benevolence 翻译"仁"，用 human nature 翻译"人性"。中国文化有一套不同于西方文化的预设观念。超越的概念在西方文化传统中无处不在，是内含于西方文化的基本逻辑，如神与世界、存在和非存在等。然而，中国文化却建立在关联思维的基础之上。一切因素都相互依存，相互制约，并不存在二元对立的超越概念。如果在翻译时采用文化简化主义的方法，套用渗透西方文化内涵的语言，将有损中国文化的精神意涵。本课程在讲解中国文化相关专题的同时会对这些核心术语进行重点解析，厘清他们的意涵，并训练学生采用恰当的翻译方法英译这些核心术语。如，在翻译"君子"这一儒家思想核心概念时，大多数学生会选择 gentleman 一词。gentleman 源于中世纪的"骑士"一词，是西方贵族精神的体现。这一词与儒家的"君子"在精神实质上有较大的差异。儒家的君子是在道德上仁爱谦和的人，是好学深思、克己复礼的道德楷模。因此，在翻译"君子"时，应采用意译的方法，将其译为 morally superior man 或采取音译加注的方法。

2.3　积极推进教学评价

作为教学模式的核心组成部分，教学评价直接影响教学系统功能的整体优化（钟志贤，2008：210）。为达到以评价促教学的目的，"中国语言文化"课程采用课堂和课后评价相结合的方式。课堂评价主要采用学生小组报告的方式。每次课前会安排一到两个小组就当节课学习专题的内容查找相关资料，并在课堂上做小组报告。教师根据学生在报告中所反映出的问题调整教学内容。此外，课堂上教师会就知识难点及中国文化核心术语的理解和英译提问学生，并根据学生的回答对知识重点及相关翻译技巧进行强调。课后评价主要采用期末随堂测试加期末论文撰写的模式。教师通过学生在测试中的答题情况及期末论文写作情况评估学生对本学期知识的掌握情况和学习中存在的问题，进而反思教学中存在的不足及问题。

结　语

通过"中国语言文化"课程的教学探索，笔者认识到，在中国文化走出去的时代语境下，翻译专业硕士的教学与人才培养面临着许多新的问题和挑战。如何把握新时期翻译专业发展的新趋势，如何培养符合国家需求的翻译人才，如何培养具有扎实的语言功底和深厚人文底蕴的高层次翻译人才是翻译专业教师应重点思考和解决的问题。翻译专业教师应增强自身的专业素养及教研能力，强化立德树人的主体自觉，为国家对外传播和文化交流提供人才支持与服务。

参考文献

程裕祯，1998. 中国文化要略［M］. 北京：外语教学与研究出版社.

胡安江，2021. 翻译专业教学管理与人才培养：新趋势、新变局与新思路［J］. 中国翻译（1）.

秦和，2021. 翻译专业课程思政的认识理念、实践路径与发展展望［J］. 中国翻译（5）.

盛群力，等，2005. 教学设计［M］. 北京：高等教育出版社.

史兴松，牛一琳，2020. 国内外翻译硕士人才培养模式对比研究［J］. 中国翻译（5）.

张威，2022. 新时代服务国家战略需求的中国翻译研究：趋势与重点［J］. 中国翻译（1）.

钟志贤，2008. 大学教学模式革新：教学设计视域［M］. 北京：教育科学出版社.

仲伟合，2017. 十年扬帆，蓄势远航：MTI 教育十年回顾与展望［J］. 中国翻译（3）.

英 语 教 学

英语专业英文故事教学浅议
——以谭恩美《喜福会》之节选《两种》为例

邱惠林

四川大学外国语学院

摘要：本文以美国华裔女作家谭恩美作品《喜福会》之节选《两种》为例，指出讲授英文故事不仅要注重语言学习，还需深入探讨作家背景、故事五要素、故事讲述技巧、角色塑造及修辞手法，这对学生全方位地把握和理解故事非常重要，亦可为学生的英文写作提供有益的参考。

关键词：英语专业；英文故事教学；《两种》

在为英语专业学生开设的阅读课上，由于篇幅合适，英语故事是一种很恰当的教学材料。但是，在讲授英语故事时，容易陷入"学生读完就完，教师讲完了事"的简单化陷阱。如何充分利用英语故事素材，最大化地挖掘其背后的教学价值，是一个值得深思和研究的课题。本文以美国华裔女作家谭恩美（Amy Tan）的长篇小说《喜福会》（*The Joy Luck Club*）之节选《两种》（"Two Kinds"）为例，对英语专业英文故事的教学进行探讨。

1　作家背景

文学作品并非无源之水，无本之木。生活为文学创作提供了源头活水，文学创作是生活的艺术化再现。在讨论文学作品时，了解作家本人的背景对理解作品自身至关重要。有的文学作品甚至带有强烈的自传和半自传色彩。美国华裔女作家谭恩美的长篇小说《喜福会》就是基于作者原生家庭背景而创作的。

谭恩美 1952 年 2 月 19 日出生于美国加州奥克兰，曾就读于医学院，后获得语言学硕士学位。《喜福会》是谭恩美的处女作，同时也具有自传体小说的特征。1987 年，谭恩美根据外婆和母亲的经历，写成了小说《喜福会》，并于 1989 年出版。该书一出版就大获成功，连续 40 周登上《纽约时报》畅销书排行榜，销量达到 600 万册，并获得全美图书奖等一系列文学大奖，还被好莱坞拍成了电影，创造了极高的票房纪录。

《喜福会》讲述了 20 世纪 50 年代移民旧金山的四位中国女性的故事。"喜福会"是移民美国的母亲们为打麻将而取的聚会名，寄托了她们对美好生活的期许。小说以四对母女（Su-yuan Woo—Jing-mei June Woo, An-mei Hsu—Rose Hsu Jordan, Lindo Jong—Waverly Jong, Ying-ying St. Clair—Lena St. Clair）的故事为经纬，生动地描写了母女之间微妙的感情，奠定了谭恩美在文学界的地位。作家通过描写四对母女间的代沟和隔阂冲突，反映了华裔母族文化和异质文化相遇而产生的碰撞与兼容，以及主人公在两种文化碰撞中对自我文化身份的艰难求索。移民美国的华裔母亲们，背负着落叶离根的痛苦，艰难地挣扎于中西文化的冲突中。她们竭力把中国文化传递给她们的女儿们，以期守住她们的根。在美国长大的女儿们探寻着"我是谁"的命题，经过痛苦的反抗和挣扎后，曾经迷失的她们最终在中国传统文化中找到了心灵的归宿；她们终于明白，只有"母亲"才是自己的根。故事展示了处于边缘地带的两代女性面对的种种矛盾与困惑。四位母亲的女儿们从小接受西式教育和生活模式，母女之间似乎有着无法交流的鸿沟和难以解决的矛盾。但是，母亲和女儿之间固有的血缘和爱，促使双方努力解决彼此之间的矛盾，最终从互相不理解到理解，从不接受到接受，从针锋相对到和解。

小说主人公之一的吴静美（Jing-mei June Woo）原来跟母亲吴素媛（Su-yuan Woo）有很深的误会。当她代替去世的母亲回到中国探望当年在战乱中失散的孪生姐姐时，深深感受到上一代的苦难和割不断的亲情。故事娓娓道来，而又处处饱含深情，感人至深。而这个故事则源于晚年的母亲告诉谭恩美的一个秘密：谭恩美在中国有 3 个同母异父的姐姐。这个秘密深深震撼了谭恩美，成了她创作的灵感来源。《喜福会》的第二章《26 道凶门》（"The Twenty-Six Malignant Gates"）中关于 Su-yuan Woo—Jing-mei June Woo 这对母女的第四节 "Two Kinds：Jing-mei Woo" 被编入普通高等教育 "十一五" 国家级规划教材《现代大学英语 精读5》第二版（梅仁毅，2014），成为第二单元的课文，标题仍为《两种》，即本文的研究对象。

1999 年 11 月 21 日，谭恩美的母亲（Daisy Tan）因罹患阿尔茨海默症于 83 岁高龄去世。对于谭恩美来说，母亲是她灵感的源泉，她于 1989 年发表的处女作《喜福会》就是献给母亲的。在《喜福会》的题跋中有如下文字："给我的母亲/且谨以此纪念她的母亲/有一次您问过我/我将留下怎样的记忆/嗳，就是这本书，还有这以外的很多很多……"另外，她于 1991 年发表的小说《灶神之妻》（*The Kitchen God's Wife*）也取材于母亲离开虐待她的丈夫及 3 个女儿，于 1949 年从上海来到美国的故事。谭恩美在接受旧金山媒体访问时曾动情地回忆，母亲在 20 年前曾经问过她这样一个问题："如果我死了，你会记得什么呢？"她说："我明白自己其实并不知道会记得什么，以及什么是重要的。我的第一本书回答了她的这个问题。从某种方面说，她真的是我的缪斯女神。她并不是一位文学中人，她并不读小说，也不读我的绝大多数作品，但她依然是我的缪斯……"

由此可见，了解作家的背景对于理解故事的缘起、情节和创作风格，具有举足轻重的作用。

2 故事五要素

《两种》全文共计 4600 字左右，有 93 个自然段落。前面第 1—3 段为故事的引子，中间第 4—76 段为故事的主体，后面第 77—93 段为故事的结局。全文用第一人称的叙述角度，讲述华裔第二代美国移民女孩吴静美和华裔第一代美国移民母亲吴素媛之间的故事。故事中的主要人物就是这对母女。次要人物有静美的钢琴老师老钟（Old Chong）、静美母亲的朋友琳达阿姨（Auntie Lindo）、琳达阿姨的女儿也是静美的童年玩伴薇弗莉（Waverly）等。

在《两种》中，故事五要素 A（Activity 事件）、B（Background 背景）、C（Climax 高潮）、D（Development 发展）和 E（Ending 结局）清晰明了。若以时间先后顺序排列则为 BADCE。本文拟以 BADCE 的顺序展开讨论。

2.1　B（Background 背景）

故事背景在一开始的引子里第 1—3 段就有所提及。在第 1 段里，母亲中国化的美国梦表现为："我妈相信，在美国，任何梦想都能成为现实。"（My mother believed you could be anything you wanted to be in America.）第 2 段则具体到中国式望女成凤的期待："当然你也可以成为天才……你可以在任何方面做到最好。"（Of course you can be prodigy, too…You can be best anything.）第 3 段体现了母亲对美国的所有期许和乐观的态度："我妈将一切未遂的心愿和希望，都寄托在美国这片土地上。……有那么多的途径可以让事情变得更好。"（America was where all my mother's hopes lay…. There were so many ways for things to get better.）在第 15 段中，吴静美自述道："我所知道的只有加州的首府，因为萨克拉门托是我们住的唐人街的街道名称。"（All I knew was the capital of California, because Sacramento was the name of the street we lived on in Chinatown.）由此可见，这是一个生活在美国加州的华裔移民家庭。

2.2　A（Activity 事件）

这是一个典型的中国式望女成凤的故事。把女儿培养成天才，出人头地，是母亲不变的愿望。故事围绕着母亲的期许和女儿的叛逆展开，是一个改变和拒绝改变的轮回。母亲望女成凤的计划在不同时期有不同的版本。一开始是想让女儿成为中国版的天才童星秀兰·邓波儿（I could be a Chinese Shirley Temple.）后来又想让她成为钢琴家，最终这个计划也并未实现。用吴静美自己的话来说："多年来，我让她失望了好多次。为着我的执拗，我对自己权利的维护，我的分数达不到全 A，我当不上班长，我进不了斯坦福大学，我后来辍学了。"（I failed her so many times, each time asserting my own will, my right to fall short of expectations. I didn't get straight As. I didn't become class president. I didn't get into Stanford. I dropped out of college.）

2.3　D（Development 发展）

故事的发展分为 5 个阶段。在第 1 个阶段（第 4—11 段）中，一开始母亲一心想把女儿培养成中国版的天才童星秀兰·邓波儿，通过在电视上观看秀兰·邓波儿的老电影来对女儿加以培训。为此母亲专门把女儿带到美容培训班开办的理发店，但是学徒做的头发造型很失败，让静美的头发"成了一堆稀浓不均的鬈曲的乱草堆"（I emerged with an uneven mass of crinkly black fuzz.）。作为补救，美容培训班的指导老师不得不亲自出马，再拿起剪刀来修理静美头上那湿漉漉的一团，剪一个彼得·潘的式样。"我的头发，已剪成个男孩子样，前面留着浓密的直至眉毛的刘海。我挺喜欢这次理发，它令我确信，我将前途无量。"（I now had hair the length of a boy's, with straight-across bangs that hung at a slant two inches above my eyebrows. I liked the haircut and it made me actually look forward to my future fame.）中间吴静美还自己想象出不同的天才版本，如芭蕾舞者、扮演圣婴、灰姑娘等：I pictured this prodigy part of me as many different images, trying each one on for size. I was a dainty ballerina girl standing by the curtains, waiting to hear the right music that would send me floating on my tiptoes. I was like the Christ child lifted out of the straw manger, crying with holy indignity. I was Cinderella stepping from her pumpkin carriage with sparkly cartoon music filling the air. 最后，这个中国版秀兰·邓波儿的计划无果而终。第 2 个阶段（第 12—20 段），母亲想尽力把女儿培养为天才。母亲通过各种测试训练她，如心算，做倒立，记住各国首都名称，找出一副扑克牌里的红桃皇后，预测洛杉矶、纽约和伦敦的气温，记住《圣经》章节的内容等。测试越来越难，吴静美也望而生畏，失去信心和兴趣。第 3 个阶段（第 21—28 段），母亲在观看一个电视节目《艾德·沙利文秀》（The Ed Sullivan Show）时，台上一位和女儿年龄相近的弹钢琴的华裔小女孩让她有了新的目标，决意把女儿培养成钢琴家。第 4 个阶段（第 29—46 段），虽然家庭经济条件不好，母亲通过为老钟（Old Chong）提供清洁家政服务，换取老钟教女儿弹钢琴，并用老钟家的钢琴练习。吴静美并不乐意，在母亲的逼迫下心不在焉地练琴。第 5 个阶段（第 47—60 段），在母亲和老钟的共同密谋下，吴静美被迫参加教会的才艺秀（talent show），但是琴艺不精，把一首舒曼的名曲弹得七零八落，在大庭广众之下出丑，让父母颜面尽失。

2.4 C（Climax 高潮）

第61—76段是故事的高潮部分。经历了才艺秀的滑铁卢，吴静美满心以为母亲对她成才失望了，而自己再也不必练琴了。岂料两天后，母亲就一如既往地逼迫她练琴。在经历了几轮的逼迫和反抗后，吴静美的叛逆爆发到了极致，甚至不惜脱离母女关系，喊出："那么，我希望不做你的女儿，你也不是我的母亲！"（"Then I wish I wasn't your daughter. I wish you weren't my mother," I shouted.）而母亲尖叫回应道："可是，要改变既成的事实，你来不及了。"（"Too late change this," said my mother shrilly.）此时，吴静美再度提起母亲心中不可言说的往事："我感觉到，她的怒火已升至极限了，我要看着它爆炸。我一下子想到了她失散在中国的那对双胞胎。关于她们，我们谈话中，从来不提及的。这次，我却大声地对着她嚷嚷着：那么，我希望我没有出世，希望我已经死了，就跟那对双胞胎一样！"（And I could sense her anger rising to its breaking point. I wanted to see it spill over. And that's when I remembered the babies she had lost in China, the ones we never talked about. "Then I wish I'd never been born!" I shouted. "I wish I were dead! Like them."）此话一出，如同魔咒一般，母亲立马石化："好像我念了什么咒语似的，顿时，她呆住了，她放开了手，一言不发地，蹒跚着回到自己房里，就像秋天一片落叶，又薄又脆弱，没有一点生命的活力。"（It was as if I had said the magic words. Alakazam!—and her face went blank, her mouth closed, her arms went slack, and she backed out of the room, stunned, as if she were blowing away like a small brown leaf, thin, brittle, lifeless.）为练琴之事母女矛盾最终大爆发，让母亲放弃了继续培养女儿成为钢琴家的梦想，望女成凤计划终结，母女关系也降到了冰点。

2.5 E（Ending 结局）

第77—93段是结局部分。随着岁月的流逝，母女关系慢慢得以缓和。虽然不再谈及才艺秀的噩梦，母亲对女儿的钢琴天赋仍充满信心，只是指出女儿不努力，大有恨铁不成钢之感。在吴静美30岁生日时，母亲把家里为女儿儿时练琴而购置的二手钢琴作为生日礼物送给了女儿。吴静美对此感触良多："多年来，我碰都没碰过那架钢琴。现在，她却把它作为我的生日礼物。我想，这是一种原谅的表示，那长年压着我的负疚感，终于释然。"（I had not played in all those years. I saw the offer as a sign of forgiveness, a tremendous burden removed.）"打这以后每次看到它……总使我有一种自豪感，好像它是我曾经赢得的一个荣誉的奖品。"（And after that, every time I saw it…it made me feel proud, as if it were a shiny trophy I had won back.）最终的大和解出现在母亲去世以后。吴静美对旧钢琴和母亲留下的一切遗物进行了一系列处理，加倍感受和珍惜母亲的爱："上星期，我请了个调音师到我父母公寓去，那纯粹是出于一种感情寄托。数月前，妈去世了。一直以来，我都在一点一点地帮爸整理妈的遗物。我把首饰放在一只锦缎荷包里，还有，她自己编织的毛衣：有黄的、粉红的、橘黄的——恰恰都是我最不喜欢的颜色。我一一把它们放置在防蛀的箱子里。我还发现几件旧的绸旗袍，那种边上镶滚条两边开高叉的。我把它们挨到脸颊上轻轻摩挲着，心中有一阵温暖的触动，然后用软纸把它们小心包起来带回家去。"（Last week I sent a tuner over to my parents' apartment and had the piano reconditioned, for purely sentimental reasons. My mother had died a few months before and I had been getting things in order for my father, a little bit at a time. I put the jewelry in special silk pouches. The sweaters she had knitted in yellow, pink, bright orange—all the colors I hated—I put those in moth-proof boxes. I found some old Chinese silk dresses, the kind with little slits up the sides. I rubbed the old silk against my skin, then wrapped them in tissue and decided to take them home with me.）当吴静美重弹儿时才艺秀的那首旧曲时，才意识到自己童年一直只弹曲子前一半《祈求的孩子》（"Pleading Child"），却从未弹过曲子后一半《心满意足》（"Perfectly Contented"）。

3　故事讲述技巧

谭恩美是一个讲故事的高手。《两种》是一个扣人心弦的故事，作家熟练独到的讲述技巧，让读者兴趣盎然，不忍释卷。

3.1　第一人称的叙事角度

谭恩美并未使用全知全觉的第三人称叙事角度，而是采用了第一人称的叙事角度。故事通过女儿吴静美之口娓娓道来，缩短了读者与角色的距离，增加了共情，让读者感同身受，同悲欢，共喜乐。同时，人物的内心活动亦跃然纸上。然而天才本身对我，颇有点不耐烦了："你再不成才，我就走了，再也不来光顾你了，"它警告着，"这一来，你就什么也没有了。"（But sometimes the prodigy in me became impatient. "If you don't hurry up and get me out of here, I'm disappearing for good," it warned. "And then you'll always be nothing."）在故事高潮部分，当吴静美不惜与母亲脱离关系时："我哭着，当这些话从我嘴里吐出来时，我只觉得，癞蛤蟆、蜥蜴和蝎子这种令人作呕的东西，也从我胸里吐了出来。这样也好，令我看到了自己那可怕的一面。"（As I said these things I got scared. It felt like worms and toads and slimy things crawling out of my chest, but it also felt good, as if this awful side of me had surfaced, at last.）第一人称的叙事角度恰到好处，令故事更加流畅、真实和生动。

3.2 故事的自然进展

在故事发展过程中，谭恩美使用了时间标记和逻辑关系两种方式，使故事得以自然发展下去。整个故事是按时间先后顺序来讲述的，从中可以找出一系列时间标记词，环环紧扣，严丝合缝。第4段开头："至于我将成为哪方面的天才，我妈并不急于立时拍板定案。一开始我妈认为我可以成为中国版的秀兰·邓波儿。"（We didn't immediately pick the right kind of prodigy. At first my mother thought I could be a Chinese Shirley Temple.）第6段："当我妈有了秀兰·邓波儿这个想法后，她立马……"（Soon after my mother got this idea about Shirley Temple...）第9段："确实刚开始，我跟妈一样兴奋，或许要更兴奋。"（In fact, in the beginning, I was just as excited as my mother, maybe even more so.）第12段出现"每天晚饭后"（Every night after dinner）。第13段："开始这种测试的当晚，她就给我讲了一个三岁神童的故事……"（The first night she brought out a story about a three-year-old boy...）第29段："观看艾德·沙利文秀的三天后……"（Three days after watching The Ed Sullivan Show...）类似的例子不胜枚举。此外，谭恩美还借助自然逻辑关系，使故事一步步往下走。在第1段中，母亲的美国梦信念是一个基调："我妈相信，在美国，任何梦想都能成为现实。"第3段："我妈将一切未遂的心愿和希望，都寄托在美国这片土地上。"这里自然引出望女成凤的梦想。第 4 段："至于我将成为哪方面的天才，妈并不急于立时拍板定案。"第 61 段："我原以为，这次的惨败，从此可以让我从钢琴边解脱出来，我不用再练琴了。"（I assumed my talent-show fiasco meant I never had to play the piano again.）

3.3　顿悟（epiphany）的使用

故事的最后一段，即第 93 段，是顿悟所在，让故事的内涵和寓意呼之即出。吴静美在旧曲重弹时，从一首曲子上下章节不同的名称，突然悟出了真谛，了解到自己儿时的反叛和偏执，更加理解母亲对她深深的爱和期许。小时候被母亲逼迫练琴，心不甘情不愿；钢琴老师也无法监督她认真练琴。因此，同一首曲子，出于偷懒和敷衍，她只弹前一半《祈求的孩子》，而后一半《心满意足》却从未涉及。刚好这两个曲目如此契合吴静美的心境：儿时不愿弹琴，祈求母亲不要逼迫；成年后母亲故去，物是人非，在整理母亲遗物时体会到母亲的爱，感觉心满意足。

3.4　简单词语的妙用

第 52 段中，在吴静美的才艺秀现场，吴静美父母和琳达阿姨母女的面部表情，借由几个简单的词汇，传神地表达出各自的心境："我往观众席瞥了一眼，看到妈那张茫然的脸，我爸在打呵欠，琳达阿姨的有如刻上去的微笑，薇弗莉的拉长的脸。"（I looked out over the audience, at my mother's blank face, my father's yawn, Auntie Lindo's stiff-lipped smile, Waverly's sulky expression.）母亲想借女儿的钢琴秀为自己长脸，在静美与琳达阿姨的女儿薇弗莉才艺比拼时不落下风（薇弗莉是中国城里年龄最小的天才棋手）。然而，静美的母亲对此没有十足的把握，紧张和忐忑却要刻意掩饰，反而表现成"茫然"。父亲漠不关心和了无兴趣，却不得不出席，"打呵欠"就是明证。琳达阿姨和静美母亲心境类似，担心静美钢琴表演出色，自己的女儿薇弗莉在竞争中会落下风，心里也是紧张而忐忑；但出于礼貌又必须赏光捧场，社交微笑不是发自真心，虚伪做作的笑容显得僵硬，"有如刻上去"一般。薇弗莉是静美的直接竞争对手，是两个母亲各自的竞争利器，眼见对手可能风光无限，自己怎能淡然处之？"拉长"的脸就是内心的真实反映，喜怒写在脸上，并无大人的心机。以上四个简单词汇的妙用，足以体现谭恩美高超的叙述技巧。

4 角色塑造

在《两种》中，谭恩美对静美母亲、琳达阿姨和钢琴老师老钟都进行了成功的角色塑造。此处以静美母亲为例。作为第一代华人移民，母亲语言不通。她的不合语法的蹩脚英文（broken English）在文中处处可见。第 2 段："Of course you can be prodigy, too," my mother told me when I was nine. "You can be best anything. What does Auntie Lindo know? Her daughter, she is only best tricky." 第 27 段："Just like you," she said. "Not the best. Because you not trying." 第 32 段： "Who ask you be genius?" she shouted. "Only ask you be your best. For you sake. You think I want you be genius? Hnnh! What for! Who ask you!"不经意间，她还会用汉语夹杂英文来表达。第 23 段： "Ni kan," my mother said, calling me over with hurried hand gestures, "Look here." 第 33 段："So ungrateful," I heard her mutter in Chinese. "If she had as much talent as she has temper, she would be famous now." 同时，字里行间，第一代华人移民家庭的经济窘迫随处可见。第 12 段：Every night after dinner, my mother and I would sit at the Formica kitchen table. 在餐桌上铺上福米家塑料贴面加以保护，可见家庭并不富裕。My mother got these magazines from people whose houses she cleaned. And since she cleaned many houses each week, we had a great assortment. She would look through them all, searching for stories about remarkable children. 母亲同时为几户人家做清洁，搜罗旧杂志，获取培养女儿的素材。第 25 段：Our family had no piano and we couldn't afford to buy one, let alone reams of sheet music and piano lessons. 第 47 段：By then, my parents had saved up enough to buy me a secondhand piano, a black Wurlitzer spinet with a scarred bench. It was the showpiece of our living room. 母亲用清洁打扫服务换取女儿学琴练琴。在她身上处处可见母亲的隐忍和牺牲。第 29 段：She had talked to Mr. Chong, who lived on the first floor of our apartment building. Mr. Chong was a retired piano teacher and my mother had traded housecleaning services for weekly lessons and a piano for me to practice on every day, two hours a day, from four until six. 在母亲身上虚荣攀比自然也是不可或缺的。第 2 段："You can be best anything. What does Auntie Lindo know? Her daughter, she is only best tricky." 当琳达阿姨夸耀女儿时，静美母亲也予以对等的回应。第 43—45 段可见两人那一场没有硝烟的战争："She bring home too many trophy," lamented Auntie Lindo that Sunday. "All day she play chess. All day I have no time do nothing but dust off her winnings." She threw a scolding look at Waverly, who pretended not to see her. "You lucky you don't have this problem," said Auntie Lindo with a sigh to my mother. And my mother squared her shoulders and bragged："Our problem worser than yours. If we ask Jing-mei wash dish, she hear nothing but music. It's like you can't stop this natural talent." 谭恩美用以上细节，塑造了一个有血有肉的第一代华人移民母亲形象。

5 修辞手法

在《两种》中，谭恩美使用了许多修辞手法，让故事精彩生动。学生对这些修辞手法的深究学习，也可为英文写作提供有益的参考。

5.1 明喻（simile）

第 9 段：I was like the Christ child lifted out of the straw manger, crying with holy indignity.

5.2 暗喻（metaphor）

第 5 段："Ni kan," said my mother as Shirley's eyes flooded with tears. 第 9 段：I pictured this prodigy part of me as many different images, trying each one on for size. 第 75 段：And I could sense her anger rising to its breaking point. I wanted to see it spill over.

5.3 拟人（personification）

第 11 段：But sometimes the prodigy in me became impatient. "If you don't hurry up and get me out of here, I'm disappearing for good," it warned.

"And then you'll always be nothing."

5.4 排比（**parallel**）

第 10 段：<u>I would</u> be beyond reproach. <u>I would</u> never feel the need to sulk for anything.

5.5 饰词转移（**transferred epithet**）

第 18 段：And after seeing my mother's <u>disappointed face</u> once again, something inside of me began to die.

5.6 讳饰（**euphemism**）

第 34 段描述老钟几乎秃头：He <u>had lost most of the hair</u> on top of his head…

5.7 夸张（**hyperbole**）

第 34 段描述老钟过时守旧的形象：He looked <u>ancient</u> in my eyes. 第 43 段琳达阿姨夸耀女儿：<u>All day I have no time do nothing but dust off her winnings</u>.

5.8 头韵（**alliteration**）

第 42 段薇弗莉的称号：Waverly Jong had gained a certain amount of fame as "Chinatown's Littlest <u>Chinese Chess Champion</u>." 第 55 段：And the eleven-year-old boy who won first prize playing a tricky violin song that sounded like a <u>busy bee</u>.

5.9 借喻（**metonymy**）

第 4 段：At first my mother thought I could be a Chinese <u>Shirley Temple</u>.

5.10 矛盾修饰法（**oxymoron**）

第 9 段：I was like the Christ child lifted out of the straw manger, crying with <u>holy indignity</u>. 第 24 段：She was <u>proudly modest</u> like a proper Chinese child. 第 35 段：And he would start to conduct his frantic <u>silent sonatas</u>. 第 53 段：I heard a little boy <u>whisper loudly</u> to his mother, "That was awful," and the mother whispered back, "Well, she certainly tried." 第 57 段："Lots of talented kids," Auntie Lindo said vaguely, <u>smiling broadly</u>.

5.11　讽刺（**irony**）

第 5 段："Ni kan," said my mother as Shirley's eyes flooded with tears. "You already know how. Don't need talent for crying!"

5.12　双关语（**pun**）

标题《两种》可以有多种解读：华人第一代和第二代两种移民、中美两种文化、听话的女儿和叛逆的女儿，以及文末同一首钢琴曲上下两章的两种截然不同的标题。

结　语

综上所述，在讲授《两种》这篇英文故事时，除了强调基本的语言学习，还要从作家背景、故事五要素、故事讲述技巧、角色塑造及修辞手法五大方面，进行深入研究，以帮助学生对故事有全面深入的掌握，并鼓励学生在写作中加以模仿，活学活用。在课堂教学中可以分享与课文相关的电影片段，借助影像资料，进一步深化学生对课文的理解。

参考文献

梅仁毅，2014. 现代大学英语 精读 5〔M〕. 第 2 版. 北京：外语教学与研究出版社.

新文科背景下的大学英语写作教学实践探索①

方云军

四川大学外国语学院

摘要：《大学英语教学指南（2020版）》重申了大学英语课程的性质为"兼具工具性和人文性"，为了贯彻并实践这一根本任务，笔者在四川大学六个大学英语教学班对大学英语写作的教学方法和内容进行了改革实践，实施过程为两年。该教学实践所取得的效果表明，在大学英语课程教学延续的两年内充分培养学生的写作能力，将通用英语学习与专业学术写作有机结合是可行的。

关键词：《大学英语教学指南（2020版）》；大学英语写作；教学实践

2020年10月，教育部高等学校大学外语教学指导委员会发布的《大学英语教学指南（2020版）》（简称《指南》，教育部高等学校大学外语教学指导委员会，2020）强调指出，新文科背景下的大学外语课程应大力鼓励教师探索与实践，丰富课程内容，帮助学生增强创新精神、创业意识、家国情怀和融通中外的能力，提高思想道德修养、人文素质、科学精神、宪法法治意识、国家安全意识和认知能力。大学英语课程性质，要"兼具工具性和人文性"。大学英语教学"应主动融入学校课程思政教学体系，使之在高等学校落实立德树人根本任务中发挥重

① 基金项目：四川大学新世纪高等教育教学改革工程（第九期）"新文科背景下的大学英语写作教学实践探索"（SCU9080）。

要作用"，课程设置应该以立德树人为根本任务，以提高课程质量为抓手，对标一流课程建设的要求，体现高阶性、创新性和挑战度，将思政理念和内容有机融入课程。

在教学要求部分，《指南》对写作单项技能发展目标有这样的描述："能比较自如地表达个人的观点，且做到言之有物、言之有理、言之有序；能就广泛的社会、文化主题写出有一定思想深度的说明文和议论文，就专业话题撰写简短报告或论文，思想表达清楚，内容丰富，文章结构清晰，论证充分，逻辑性较强。"这实质上就是要求大学英语课程思考和探讨如何在新文科、大外语背景下对英语写作教学进行改革，鼓励学生用英语讲好中国故事，并培养突出的英语写作技能，具备积极参与全球各领域活动的英语书面表达能力，真正体现大学英语兼具工具性和人文性的课程性质。

2　对传统大学英语写作教学进行改革的可行性和必要性

2.1　可行性

对传统大学英语写作教学进行改革，其可行性至少在以下两个方面体现明显。

一是普通高中毕业生的英语能力储备。在全国高等院校入学考试中能脱颖而出，顺利进入大学就读的本科一年级新生已经具备不错的英语基本能力。《普通高中英语课程标准（2017版）》（简称《标准》，教育部，2017）要求普通高中毕业生要达到的"教学目标"为"具有一定的语言意识和英语语感，在常见的具体语境中整合性地运用已有语言知识，理解口头和书面语篇所表达的意义，识别其恰当表意所采用的手段，有效地使用口语和书面语表达意义和进行人际交流"。此外，《标准》的"词汇知识内容要求"部分明确规定，学生在高中英语学习阶段，必修词汇应达到 2000~2100 个，选择性必修词汇累计掌握 3000~3200 个，选修词汇累计达到 4000~4200 个。因此，理论上而言学生在高中毕业时已经掌握 2000~4200 个单词。这个词汇量虽然不足以让学生能自如地表达思想和观点，但已经打下了良好的基础。对于四川大学这样的"双一流"大学而言，大部分学生的高考英语成绩都在 120 分

（满分 150）以上，且四川大学是进行分层教学的，A 班学生的英语入学成绩更是达到 140 分左右，基本的听说读写能力已经具备。

二是现代信息技术为大学英语教学提供的技术支持。随着科技的进步和网络技术的迅速发展，信息技术在迅猛发展的同时，也更贴近人们的生活，教育信息化已经深入国内进行的全面教育改革。在信息技术的大背景下，大学英语教学改革应将现代信息技术与外语课程相融合，最终促进大学外语教育质量的提高。《指南》中也指出，"各高校应充分利用信息技术，实施基于课堂、慕课和翻转课堂的混合式教学模式"。对生活在互联网时代的现代大学生来说，他们非常熟悉并能灵活运用数字学习软件，具备较强的在线学习能力，运用智能移动终端来辅助学生的在线英语学习是可行的。

2.2　必要性

大学英语写作教学仍停留在传统的课堂教学模式。目前，全国范围内大学英语课程的教学时间都在缩短，包括写作教学。在听、说、读、写、译五大技能中，写作能力既能体现学习者运用语言的综合能力，又能反映学习者创造性思维的过程。写作在大学英语四级、六级、研究生考试中占有很大比重，在以后的国际交流中更为重要。然而，目前的大学写作教学是比较薄弱的环节。所以，如何改善大学英语写作教学现状是困扰广大教师的一个迫切的问题。

当前大学英语写作教学模式存在诸多问题。一方面，在多数高校里，大学英语课程的课堂教学都是听、说、读、写、译同时进行，没有细分各项技能的单项训练，英语写作的教学时间非常有限。传统的英语课堂写作模式往往采用课中理论教学+写作练习、课后写作练习+语言积累，总体而言是以教师为主导，将语言技能的培养放在首位，难以激发学生的学习兴趣。学生缺乏深度思考，缺乏人文知识，英语语言能力也与自己的专业知识脱钩，导致学生的写作练习"空有语言而缺乏文化性和逻辑性，很难适应国际学术交流活动和国际文化活动"（张玲，2020）。另一方面，多数教师认为英语写作教学时间不够，在课堂上没有足够时间为学生提供具体指导，现有的教学资源不能满足学生的学习需求。因此，学生和教师都渴望有新的写作教学模式，以改善目前的写作教学状况，提高学生的写作能力，这也是本文所报告的教学改革实践的初衷。

3 新文科背景下的大学英语写作的实践原则

本实践过程采用了过程体裁写作教学法（Badger and White，2000），在强调基本语言能力和体裁要求之外，更为注重对学生主体能力的培养，吸引学生积极主导从选题、讨论、拟定提纲、初稿、互评到最后定稿的整个写作过程。在具体的实践中，遵循的原则有三个。

首先，新文科背景下的大学英语写作应该与学生的专业相结合，与时代相结合。大学英语的人文性体现在对英语语言文化知识的了解，但更重要的是培养学生的跨文化交际能力，包括人文情操和批判思维能力。同时，在大学教育中，学习变得更为专业化，需要学生掌握相关学科知识和技能，培养其学科素养。学科素养不仅是学科知识本身，还涉及思维习惯、思考能力、阅读和写作策略等。作为学术研究的主要语言之一，英语是学生了解国外学科知识、获取文化思想的工具，大学英语写作教学最终要实现与学生具体学科的结合，而且"英语作为语言技能的工具性和英语作为人文学科的人文性之间存在着正相关性"（张立柱、唐书哲，2017）。

其次，思辨能力的培养应贯穿整个教学过程，通过过程性写作发挥学生的学习自主性和主体性，通过讨论式学习促进学生的情感建构。为了培养学生的思辨能力，采用半开放式的写作教学过程：第一步是学生自主选题，利用现有的各种网络和数字教学资源（如微课或课文主题小视频等）导入问题，或提前布置学生进行分组阅读，确保学生对所要展开的写作主题感兴趣，鼓励学生选取与各自专业相关的角度思考主题。后期往往由学生自由选择题目或研究方向。第二步是课堂上学生充分展示并讨论自己的观点。第三步是在教师引导下收集资料、撰写初稿，小组成员相互点评，在此基础之上完成定稿。因此，写作教学实践的改革与现行的大学英语教学并不矛盾，是在使用四川大学现有大学英语教材的基础上，借助在线平台，强调写作训练，充分调动学生对英语写作的积极性和主动性，将通用英语学习与学生的专业背景逐渐结合，使英语课程兼具工具性和人文性。

最后，思政元素成为写作教学的有机部分。不同课程在人才培养方案中都有其独特的作用，课程思政正是"在尊重课程自身建设规律的前提下，在实现课程的知识传授、能力培养等基本功能的基础上，挖掘并凸显其价值引领功能"（李国娟，2017）。因此，除了设定知识和能力目标，大学英语写作也应通过写前的阅读、讨论活动和多稿写作活动，充分挖掘每个写作话题的思政元素，将思想政治教育"含而不漏"地融入教学活动，提高大学生缘事析理、明辨是非的能力，提升学生的家国情怀。目前四川大学所选用的各类大学英语教材提供了很好的素材，可以帮助学生进行写作过程训练，使学生融入思政教育。

4   教学实践过程

该实践项目所设计的写作任务每学期有不同的具体要求。

第一、二学期强调思辨能力的培养，扩大学生的词汇量和阅读量，通过大量阅读准备小组讨论和课堂汇报。第一学期的写作往往是多篇300~500词的短文，第二学期是2篇左右1000词的文章，内容多为普通话题议论文或说明文。学生通过"课堂+QQ群"模式获取教学资源，保持与教师和小组成员的实时交流。写作训练采用过程写作和主题写作相结合的方式，前期主要利用大学英语课本的材料讲授写作基础知识和技能，后期主要进行议论文和说明文体裁的主题写作训练。写作主题可以与课本话题相关，也可以关注时事。此外，大一新生开始关注自己专业的基本情况，如最新研究动态或发展前景等。教师也要求学生能用英语以口头和书面形式介绍自己的专业概况或当前所学内容。无论是使用哪种话题，教师都可以通过明确思政目标、丰富教学资源、重视写作过程等途径有机融合课程思政，并将在线数字媒体与传统课堂方法相结合，组织混合式学习。

总体而言，第一、二学期的写作教学策略是"以读促写"，以通用英语学习为主，在完成课本教学任务的基础上，教师指导学生选择自己感兴趣的话题进行课外阅读，以激发学生对写作任务的兴趣，并缓解学生的畏难情绪（张蒄，2016）。

第三、四学期鼓励学生与自己的大创项目或专业学习相结合，撰写与本专业内容相关的英语论文。该阶段的话题选择开始弱化所用课本里的普通主题，更多鼓励学生转向专业方向的主题。此时的写作教学过程分为三个阶段。第一阶段为阅读与讨论。在教师引导下，学生先行阅读相关学科的主题文本，并与班级同学分享，其他同学评论提问，对重点问题集思广益。第二阶段为扩展阅读，教师鼓励学生对涉及的话题进行大量阅读并带入自己的思考。第三阶段为写作过程，学生可以从已经阅读过的文本中借用思想观点构建新文本，在语言使用方面进行模仿和创新。完成的初稿继续进行同学互评、教师评阅，并在此基础上修改为定稿。

在教学目标上，第三、四学期是介于通用英语写作和学术英语写作之间的过渡阶段，总体以进程取向为主，培养学生"在界定话题、甄选材料、研读文献、分析资料等方面的综合能力"，学生受专业知识的限制，不一定能真正产出有创新性的学术论文，但至少可以基本掌握学术论文写作的基本步骤和规范（杨柏艳、李欣，2022）。

5　实践效果

两年的实践期内，第一学期所授课班级包括四个理工科班、两个文科班，但由于选课变动，其后每学期学生都有变化，无法区分文科班和理工科班。但总体而言，理工科生人数远远大于文科生人数。两年结束，得出以下三点结论。

一是不同专业的学生写作教学效果不同。文科学生的写作能力总体上优于理工科学生，也更愿意选择论文的写作。约有三分之一的文科学生能在第三学期写出符合预期的与本专业相关的英语论文，而理工科学生更愿意接受普通话题的写作任务。这应该是由不同专业的学习特点所决定的·文科专业涉及人文社科内容，学生可以更多进行文献阅读选择话题；而理工科往往涉及实验，大一、大二学生专业知识的学习不够深入，不容易选题，即使有选题，论文写作涉及词汇也过于专业。

二是学生对论文的写作始终有畏难情绪。以 2022 年春季学期为例，这是本实践项目实施的第四学期。该学期笔者所任课的"大学英语（创意阅读）4"的六个班，共 168 名学生，其中 33 人免修，实际上课人数 135 人。该学期笔者将写作任务的选择权交给学生：批改网上小作文三篇或自拟题目的大论文一篇，二选一。这样自然就形成了对照组：135 名学生中，三分之二的学生选择小作文写作，只有三分之一选择论文。这表明学生对于论文写作心存畏惧，因为每一学期，作为学期任务之一，每名学生都要求去寻找自己感兴趣的话题，准备资料，在全班进行展示，并问答同学和教师提问。这意味着选择小作文写作的学生其实已经完成选题、收集和总结资料的步骤，未完成的就是跟教师讨论论文写作的细节并写出初稿，然后修改并定稿。

三是很多学生已经具备专业论文写作的能力。还是以 2022 年春季学期为例，对用电子版提交终稿的 21 份习作进行统计，得到以下结果（见表 1）。

表 1　2022 年春季学期学生习作情况统计

最少字数	最多字数	平均字数	本专业相关题目	非本专业相关题目
846	3284	1520	15	6

从上表可以看出，学生往往选择与本专业相关的题目，包括课程难度很大的化学和化工，有一名化学专业的学生甚至是将自己大创项目的结题报告进行翻译整理提交为大学英语的课程论文。文科专业学生几乎都选择了与自己专业相关的主题进行探讨，研究程度不够深入，但依然是大学英语从"通识必修课程"到"专业英语"过渡的有益尝试，为学生以后进行国际论文发表和参加国际交流会议等相关学术活动打下基础。

相比之下，对照组小作文中最优秀的习作一般也只在 350～400 英文单词，与托福雅思考试作文难度相当，总体而言，这些作文需要的课外阅读量远远小于大作文，在文章的结构和思路拓展方面不及大作文。

结　语

本实践项目的结果表明，对大学英语写作进行改革是必要的，也是可行的。学校应鼓励任课教师积极参与，尽量保持学生群体的稳定性，方便教师按从易到难、从普通话题到专业主题进行教学内容的安排。同时，在教学过程中真正践行"以教师为主导、以学生为主体"的教学理念，"形成以教师引导和启发、学生积极主动参与为主要特征的教学常态"（曾梅、鲍中举，2022）。这样两年的写作训练，可在大学英语课时减少的情况下，充分利用丰富的网络和数字教学资源，促进学生的批判性思维发展，让英语真正成为获取信息和进行学科学习、交流的工具，体现大学英语课程的人文性和工具性。

参考文献

教育部，2017. 普通高中英语课程标准（2017 年版）［M］. 北京：人民教育出版社.

教育部高等学校大学外语教学指导委员会，2020. 大学英语教学指南（2020 版）［M］. 北京：高等教育出版社.

李国娟，2017. 课程思政建设必须牢牢把握五个关键环节［J］. 中国高等教育（Z3）.

杨柏艳，李欣，2022. 学术英语写作课程多元主体形成性评价体系的构建分析［J］. 湖北开放职业学院学报（2）.

曾梅，鲍中举，2022. 大学英语教育教学困境及《大学英语教学指南》（2020 版）指导下的创新实践［J］. 吉林省教育学院学报（10）.

张菡，2016. 基于支架理论的"以读促写"的大学英语写作教学模式研究［J］. 内蒙古师范大学学报（教育科学版）（10）.

张立柱，唐书哲，2017. 大学英语工具性和人文性关系的实证研究［J］. 华北理工大学学报（社会科学版）（3）.

张玲，2020. 基于跨文化能力培养的英语写作教学策略研究［J］. 赤峰学院学报（汉文哲学社会科学版）（6）.

BADGER R，WHITE G，2000. A process genre approach to teaching writing［J］. ELT Journal（2）.

英语专业教学与培养学生
自主学习能力初探①

蒋红柳

四川大学外国语学院

摘要：本科新生在进入大学后，需要在原有基础上树立新的学习理念、形成新的学习习惯。本科一年级专业基础课教师的主要任务是在教学中既要注重学生学科性知识技能的获取和积累，又要重视学生综合人文素养的提升。将培养学生的思辨能力、认知能力、语言运用能力、跨文化交际能力和自主学习能力作为教学目标，在教学各环节助力学生逐步建构批判性思维和自主学习的意识和能力。"综合英语"课程因其综合性特征，在教学中能很好地实践上述教学理念。

关键词：英语专业教学；本科新生；自主学习能力

进入 21 世纪，我国在教育领域加大了对高校本科教学改革创新的力度，教育部在《关于进一步深化本科教学改革全面提高教学质量的若干意见》中强调："要采取各种措施，通过推进学分制、降低必修课比例、加大选修课比例、减少课堂讲授时数等，增加学生自主学习的时间和空间，拓宽学生知识面，增强学生学习兴趣，完善学生的知识结构，促进学生个性发展。"作为教师，我们应明确教育的最终目标是将学生培养成独立自主并拥有终身学习能力的个体。因此，我们的教学任务不仅是传授知识，更重要的是培养学生的综合学习能力，激发学生的主观

---

① 本文系四川大学外国语学院"2022 年度学院教学改革与管理研究课题"（2022 学院教改-11）教学改革研究课题成果。

能动性，使他们拥有自主学习能力，从而能自发自愿地去不断获取新知识，勇于探索并解决新问题。

石坚指出："我们外语类的课程设置需要考虑如何把语言的基本技能训练与教学生学会认知、学会做事和学会做人结合起来。通过课程培养学生的理智能力，形成学生合理的知识和能力结构。课程设置的价值取向应该考虑学生个性的发挥、能力的可持续性发展和心灵世界的完善。"（石坚，2006：4）高校英语专业教学如何让学生通过课堂学习更好地运用英语，在教师的引导下激发学习目的语的主观能动性，逐步培养自主学习能力，有意识地扩展知识范围、提升人文素养，是新时代高校教师需要不断探索并在课堂教学中努力去实践的课题。

1　自主学习的内涵定义简述

在究竟什么是自主学习的问题上，学界迄今尚未达成共识。李晓朋（2017：29）认为这种状况说明了自主学习研究的丰富性和诠释、阐述的个性化，也表明自主学习本身的重要意义已经引起了广泛的注意。在如何定义自主学习上，美国心理学家 J. H. 弗拉维尔（J. H. Flavell）认为，"自主学习实际上是元认知监控的学习，使学生根据自己的学习能力、学习任务的要求，积极主动地调整学习策略和努力程度的过程"（转引自李晓朋，2017：29）。

程晓堂认为自主学习有三方面含义：①自主学习是由学习者的态度、能力和学习策略等因素综合而成的一种主导学习的内在机制，就是学习者指导和控制自己学习的能力；②自主学习指学习者对自己的学习目标、学习内容、学习方法以及使用的学习材料的控制权，就是学习者在以上这些方面进行自由选择的程度；③自主学习是一种学习模式，即学习者在总体教学目标的宏观调控下，在教师的指导下，根据自身条件和需要制订并完成具体学习目标的学习模式（程晓堂，1999：33）。

此外，程晓堂还强调不能将自主学习与自学或独立学习相混淆。朱品一（2006：11）同样认为："自主学习就是指学习者在教师的指导下，依靠一定的网络设施和相关的媒体资源，通过多种途径，自主获取信息、构建自己知识体系的过程。它强调学习者要在总体教学目标的宏观调控下，结合教师的指导完成具体学习目标的过程，其中最重要的是学习者要具备自主学习的能力。"

综上，我们似可以归纳出自主学习的三个较为鲜明的特征：一是学习者具有内生动力的自发学习，表现为主动投入；二是能够自主掌控的学习，自主学习在如何选择适合自己的学习方法，充分利用各种学习资源上，有较强的选择性；三是不需要督促的自律学习，学习者能够自主设立学习目标，制订学习计划，并且能管控学习过程。明确了自主学习的关键内涵，教师便可据此制定有针对性的教学方案并在教学中进行实施。

2 教师在培养学生自主学习能力中的角色定位

本科一年级"综合英语"作为英语专业的基础课，主要通过语言基础训练与篇章讲解分析，使学生逐步提高语篇阅读理解能力，了解英语各种文体的表达方式与特点，扩大词汇量和运用英语常用句型等。在教学模式上，"综合英语课程以教师讲授、学生展示、小组研讨、翻转课堂等多种形式，引导学生理性、科学地评价西方文学作品中文化的深层结构，并注重在中西对比的视角中确立社会主义核心价值观"（王欣、陈凡、石坚，2021：66）。在培养学生综合语言运用能力和自主学习能力上，任课教师需要掌握有效培养学生建立良好的学习习惯、阅读习惯和文献资料检索习惯的路径方法，在教学过程中注重将语言和内容相结合，通过精选各类涉及英语国家政治、经济、文化、伦理、历史、地理、风土人情等英文名篇，让大学一年级新生在积累和提升其英语语言能力的同时，学会拓展独立思考的空间；在培养学生批判性思维能力的同时丰富人文知识、提高人文素养。

以培养学生自主学习能力和综合语言运用能力为目标的高校英语专业语言课程教学，要求在教学过程中转变以教师为中心的传统教学模式，构建以学生为中心的新型教学模式，注重课程内容的实用性和针对性，在教学实践中以学习者为中心，便是要"强调教学目标的双重性，即情感发展目标和认知发展目标"（程晓堂，1999：32），把有效实现这些目标作为确定教学内容的指引。按照以学生为中心的教学理念，教师应根据学生不同的心理、性格特质和差异性需求，实施有针对性的教学策略。在教学过程中，给学生设置与课文内容相关的问题情景，有意识地让学生把已有的知识经验与更广阔的国内外社会环境和现实生活相结合，激发学生的认知与情感体验，充分调动学生在知识技能学习上的主观能动性并对自己有更高的要求。

在"互联网＋"的时代，面对快速变化的社会环境和对人才的需求，传统的单一化教学模式已很难适应时代发展的要求。高校承担了为各行各业提供具有综合素养和能力的复合型人才的任务，这就需要我们改变传统上以教师讲授为主，学生被动吸收的教学方式。在教学创新过程中，教师首先要积极转变教学理念，构建新型教学模式，充分利用多媒体和网络的学习环境，用丰富的网络资源、多媒体影像等作为重要的教学辅助手段，为学生提供科学有效的学习平台，让学生能够在网络和多媒体辅助教学模式下，积极主动利用网络资源于课程学习中，锻炼和提高自主学习的能力。

在培养学生自主学习能力的过程中，教师要清楚自己的角色定位和职责所在。在新型教学模式下，教师的作用不仅是知识的传播者，更要成为学生的指导者和顾问。如程晓堂（1999：34）所述及的："培养自主学习能力要以学习者本身为主体；自主学习能力不是教师'教'出来的，而是学习者自己发展的。但是，发展自主学习能力不能没有教师的指导。"亦即"自主学习能力的培养和发展主要通过学习者自身来实现。教师在这一过程中起指导、辅导、顾问、合作、帮助的作用"（朱品一，2006：16）。

3 培养学生自主学习意识的方法举要

要培养学生自主学习能力，就需要在教学中贯彻"以学生为本、以学生自主学习能力发展为中心的现代教学理念，并能够将其付诸课堂教学实践"（束定芳，2013：44）。为此，应将课堂教学的重点放在教师与学生之间、同学之间的互动学习、讨论和分享上，适当减少教师课堂授课时间，增加学生自主学习时间，同时探索确定各项能力指标的评判标准、方法和手段，以此反映以自主学习能力培养为主要目标的教学结果。在具体的培养方法上，笔者提出以下的建议，以抛砖引玉。

3.1 积极引导

教师在课堂教学中积极引导是培养学生自主学习意识的最为有效的

手段。教师在教学活动中以多种形式引导学生转变观念，使学生认识到自主学习对培养自己学习能力的重要性。教师可以充分利用"任务型语言教学"的方式，来引导和激发学生的学习兴趣和动力。所谓任务型语言教学，"是指基于任务的一种教学途径，学生在教师的指导下开展各种各样的语言运用活动，在运用语言的过程之中接触语言、理解语言和学习语言……在完成任务的过程中培养运用语言的能力"（程晓堂、鲁子问、钟淑梅，2007：3）。如在综合英语课程教学中，让学生根据课程学习内容，通过查找与之相关的文献资料，在归纳总结的基础上，提炼形成展示文稿，在课堂上分享给学生。随着大一新生英语语言能力的进步，教师还可根据课程内容让学生组织小型课堂演讲比赛、辩论赛和戏剧表演等，持续开展任务型教学。通过引导学生积极参与课堂的各种语言交际活动及课后的各种任务准备，达成提高学生综合运用英语语言能力的教学目的，为接下来的相关专业知识课程学习奠定较为扎实的基础。教师在学期之初便引导学生改变传统的学习理念，在授课中始终围绕培养学生自主学习能力和综合语言运用能力等教学目标，是确保教学成效的关键。

3.2 有针对性地培养

束定芳（2013：45）指出："语言专业的综合课应该充分考虑主题知识、语言知识的学习和拓展以及语言技能、学习能力、创新思维能力培养之间的有机衔接与平衡。"基于此，教师应首先着力引导学生掌握有效的学习策略，在此基础上激发学生的学习兴趣，进而不断提高学生自主学习能力和学习效率。沟通能力是建立在语言知识、信息技术技能和对交流对象的态度等综合素养之上的。要让学生认识到，一旦拥有了自主学习能力，便可终生受益。

要有针对性地培养学生的自主学习意识，教师应在课堂教学中以学生为主体，营造平等交流的课堂教学氛围，如运用上述任务型教学方法，以构建思辨性思维、扩展和延伸教材知识内容范围为目的，让学生养成主动检索查找文献资料的习惯，并通过对文献资料的归纳总结、与课文内容进行对比分析、在课堂上展示呈现等方式来培养学生自主学习的能力。此外，在教学过程中还应留意学生的情感和学习态度，尽快明确自己的学习目标和适应新的学习方式，摆脱高中阶段过于依赖教师的心理和学习习惯。概言之，教师在教学过程中应充分利用各种机会，有针对性地强化学生自主学习的兴趣，使学生逐步养成独立自主的学习习惯。

3.3　充分利用互联网资源

通过教学模式创新，充分利用现代信息技术，依托网络平台，探索线上线下混合教学模式，将课堂延伸到网络空间中，在传统课堂教学的基础上，结合网上教学平台的课程资源并利用先进的教学工具，将网上异步 SPOC 教学作为线下课堂教学的补充和延伸。学生可以通过线上与线下课程混合学习模式，结合教学内容加大课后练习强度，借助线上课程培养学生的自主学习能力，实现个性化的学习目标。这种教学模式将进一步推进英语专业课程教学创新，帮助学生通过多维度的学习充分掌握英语语言和所承载的社会文化等方面的知识，进而培养学生综合运用英语来表达思想情感和跨文化交际能力。除混合式教学外，教师还应鼓励学生课后通过互联网检索查找与课文内容相关的资料，多维度理解和拓展课文的内容。在课后作业的设计中，要鼓励学生通过互联网查找合适的文献资料及影像资料，进行多模态学习，使学生在延伸学习课文内容的同时，进一步培养自主学习能力。

3.4　语言学习与文化知识学习相结合

就非母语的语言习得而言，通过外语和母语之间的比较学习，能让学生从不同语言在语音、词汇等语言使用的差异中，获得识别不同国家社会文化异同的能力，同时加深对本民族语言文化的理解。笔者在探讨高校外语专业语言教学课程思政的文章中有如下思考。

母语与非母语的语言习得，实质上都是在获得语言能力的同时了解该语言所表征的社会文化现象，也就是了解语言使用的社会作用，了解语言与社会文化的相关性和规约性关系，即通过规约性来理解语言的社会性，从而认识到人类在使用语言时会受到社会文化习俗的约束。正因为语言与文化具有如此紧密的相互影响关系，那么当我们学习承载不同文化的外语时，就应学习了解目的语所处的社会文化环境，以及目的语受其文化影响的状况（蒋红柳，2022：56）。

综合英语课程除让学生习得综合运用英语语言的能力外，还能依据课文内容，帮助学生了解并感受异域文化的总体风貌，增加学生对相对枯燥的语言学习的兴趣，激发自主学习的意愿。因而在课程教学中，教师在讲授语言知识的同时，将课程内容与英语所承载的社会文化知识相结合，不仅能扩展学生的知识范围，还能提升学生的人文素养，使其在跨文化交际中做到自由表意并避免跨文化交际误会与冲突。基于此，我们的语言教学就不只是讲授英语的语言形式及内部结构等静态关系，也不仅是对现实生活中的语言现象进行经验性的客观描述，更为关键的是要让学生理解产生这些语言现象的社会、历史和文化源流及民族属性等社会文化因素。在此基础上，还应将非母语的社会文化特质与本民族母语所属的社会文化特质、文明发展历程等加以比较分析，切实做到既尊重目的语所属历史文化及其文明，又对本民族的语言、历史文化及文明充满自信，海纳百川、博采众长以达至不同文明间的交流互鉴。程晓堂（2001：68）也指出："外语学习者不仅要了解外国文化，而且要注意本民族文化与外国文化的区别所在。这不仅有利于正确理解外语，更重要的是这有利于外语学习者恰当、得体地用外语进行交流。这就是我们经常说的跨文化交际意识和跨文化交际能力的问题。"

语言与文化相互影响，体现在综合英语教学中，是更多地让学生理解课文语篇中的语言使用细节，体会语言运用中或明示或隐含的社会习俗规约与文化表征现象，通过对不同语言与文化特征的比较，了解目的语与母语在语言使用上的异同；在习得英语语言文化的同时，加深对自己母语知识的掌握并强化对本民族文化的认知，提升文化自信，讲好中国故事。要让学生认识到，学好外语的前提是要对自己母语的语言文化有深刻的了解和掌握，让本科英语专业的学生有更明确的学习目标，增强其学习动能，逐步明晰自己未来的职业发展方向及达成目标的学习路径。

结　语

在培养学生自主学习能力的同时，我们需要明确，为更好地满足学生的差异化需求，学生的自主学习仍是在学校教育环境中在教师的引导和帮助下进行的。教师通过激发学生的学习动机，让学生扩展知识获取范围，提高学习效能。通过培养自主学习能力，使学生养成持续获取新知识的习惯，成为终身学习者和社会的可用之才。因此，"学校仍然是学习的主要场所，是学习资料的主要来源；教师仍然具有传道、授业、解惑的作用"（程晓堂，1999：35）。

　　英语专业本科一年级的综合英语课程既要训练学生的综合英语技能，更要培养学生批判性思维和扩展知识的能力，并为学生开启培养自主学习能力的大门。英语语言专业教师唯有与时俱进，通过不断学习开阔视野，提高自身的知识素养，才能胜任日新月异的教学工作，真正成为受学生欢迎，能培养全面发展的学生，践行为党育人、为国育才的初心使命的好教师。

参考文献

程晓堂，1999. 论自主学习［J］. 教育学报（9）.

程晓堂，2001. 外语教学中的文化主义思潮［J］. 山东外语教学（4）.

程晓堂，鲁子问，钟淑梅，2007. 任务型语言教学在英语教学中的应用［J］. 基础英语教育（6）.

蒋红柳，2022. 高校外语专业语言教学与文化自信［M］//张红伟. 培根固本　铸魂育人——四川大学课程思政探索与实践. 成都：四川大学出版社.

李晓朋，2017. "互联网＋"时代英语自主学习与课堂教学的整合模式探究［M］. 成都：电子科技大学出版社.

石坚，2006. 以人为本，避教育的急功近利——兼论外语学科的建设与发展［J］. 中国外语（4）.

束定芳，2013. 英语专业综合课目标与教师素质：第三届"外教社杯"全国高校外语教学大赛授课比赛述评［J］. 外语界（2）.

王欣，陈凡，石坚，2021. 价值引领下的英语专业课程群思政建设［J］. 中国外语（2）.

朱品一，2006. 自主学习论［M］. 北京：研究出版社.

研究生公共英语教学学术化初探

郎江涛

四川大学外国语学院

摘要：从高校研究生培养的角度看，研究生的主要任务是从事专业学术研究，但专业学术研究与研究生公共英语的学习是紧密相连的。以此为据，我们可以进一步得出，研究生公共英语的教学过程应该学术化。从理论上讲，教学过程的主要因素包括教学主体、教学内容及教学方法。因此，研究生公共英语教学学术化应是教学主体学术化、教学内容学术化及教学方法学术化。在这三个要素中，教学主体学术化是我们实施教学内容学术化的先决条件，而教学方法学术化则要求我们采取必要的手段以实现教学内容学术化，三者共同推进研究生公共英语教学学术化的实现。

关键词：研究生；公共英语；教学；学术化

根据《现代汉语词典》，"研究生"指的是"经考试录取在高等学校或科学研究机关里通过研究工作进修的人"（中国社会科学院语言研究所词典编辑室，1996：1447）。由此可以看出，研究生是获得了第一学位、经考试录取后在高等学校或科学研究机构进行研究工作的人。从生源上看，有的研究生是大学毕业后就进入研究生阶段学习，有的研究生是工作后才进入研究生阶段学习，而有的研究生是在国内或国外高校或科研机构取得了某一专业的硕士学位而又想获得另一专业的硕士学位；从学习方式上看，研究生可分为全日制研究生和非全日制研究生；

从培养方式上看，研究生有专业型研究生和学术型研究生，如此等等。这就是说，目前我国研究生的情况呈现多元化发展趋势，同时研究生是"一个年龄跨度较大、社会经验较多、知识水平教高、思想和心理趋于稳定，世界观和人生观已初步形成的学生群体；同时也是一个世界观、人生观面临新的思考、新的选择、新的分化的青年知识分子群体"（陆钦仪，1998：161），这一群体的主要任务是学术研究。而研究生公共英语的学习应是为研究生的学术研究服务的，换句话说，研究生公共英语教学的最终目的是提高研究生用英语进行学术研究、学术交流的能力，也就是说，研究生公共英语教学要学术化。

1　教学主体学术化

在哲学上，"主体"指的是"认识者"（辞海编辑委员会，1980：57），故教学主体指的是对教学这种客观现象的认识者。具体来讲，教学主体主要指两个方面的认识者：一方面是教，一方面是学，换句话说，教学主体指的是教师和学生。以此为据，我们可进一步说，在研究生公共英语教学中，教师与研究生同为教学主体，其地位是平等的。因此，在研究生公共英语的教学过程中，教学主体学术化应指教师与研究生两个方面的学术化，亦即教师学术化与研究生学术化。

1.1　教师学术化

"教师"指的是"受过专门教育和训练的，在学校中向学生传递人类科学文化知识和机能，发展学生的体质，对学生进行思想道德教育，培养学生高尚的审美情趣，把受教育者培养成社会需要的人才的专业人员"（伍新春，1999：43）。可见，教师在教学活动中有不同的身份，如教学活动的组织者、知识的传播者、灵魂的塑造者、监督者等。现代教育学研究表明，随着教育阶段、层次、教育对象等的不同，教师的身份也不一样。从这个层面上讲，这里"教师学术化"主要指的是教师身份学术化。从理论上讲，能够从事学术研究的人应是自身接受过严格的学术研究规范训练，具有从事某一专门研究领域所需的知识、技能等，同时具有较高的学术道德修养和正确的政治立场等。由此看来，在研究生公共英语教学活动中，教师不应是照本宣科的教书匠，而应是能够从事学术研究的人，这样的人应是学者或专家。根据《现代汉语词典》，"学者"指的是"在学术上有一定成就的人"（中国社会科学院语言研究所词典编辑室，1996：1430），"专家"指的是"对某一门学问有专门研究的人；擅长某项技术的人"（中国社会科学院语言研究所词典编辑室，1996：1649）。由此可以看出，专家一定是学者，但学者不一定都是专家。从目前我国高校的师资力量来看，大多数 985 高校和 211 高校的研究生公共英语教师具有硕士或博士学位，他们在学术上都有一定的成就；其中，他们中有的教师还是某一研究领域的专家，有的还有自己的团队，如此等等。这就是说，目前大多数 985 和 211 高校的研究生公共英语教师具有学者或专家的身份。

教学活动是随社会发展而发展的动态活动，因而教学活动应与时俱进，初等教育是这样，高等教育，尤其是研究生层面的教育更是如此。因此，具有学者或专家的身份只应是教师学术化的一个必备条件。从哲学上讲，学者或专家是主体的客观外在条件，但外因要通过内因才能起作用，也就是说，只有这个外在条件，而缺乏内在条件，主体的能动性就不能很好地发挥；换句话说，教师除了具有学者或专家这个外在条件，还应具有自身内在的必要条件。从哲学上看，这个内在的必要条件就是"意识"。在哲学上，"意识"指的是"人所特有的对客观现实的反映"（辞海编辑委员会，1980：57），但这种反映不是被动而是能动，也就是说，"意识使人能够用从客观现实中引出的概念、思想、计划等来指导自己的行动，使行动具有目的性、方向性和预见性"（辞海编辑委员会，1980：58）。可见，教师主体学术化就必然有一个教学意识的问题。从理论上讲，"教学意识"指的是教学主体对于教学现象的心理、观点、思想等各个方面的总和，其产生的条件是教学现实的需要。因此，教学意识学术化应指的是教学主体对一切教学现象的心理、观点、思想等都要深深打上学术的烙印。

从上可以看出，教师学术化应指的是教师身份学术化和教学意识学术化。在这两方面中，教师身份学术化和教学意识学术化互相影响、互相作用。一方面，教师身份学术化会促使教学意识学术化的形成和进一步发展从而最终形成教学学术化思想体系；另一方面，教学意识学术化是教师身份学术化的外在体现。

1.2 研究生学术化

从目前国家研究生培养方案来看，研究生的主要工作是进行学术研究和从事学术实践。虽然我们的学术研究和学术实践是在汉语为母语的前提下进行的，但我们必须与外界接触，吸取他人之长，补己之短，这样才能有利于学术的良性发展。因此，研究生公共英语的学习就显得十分重要了，从一定程度上讲，它是广大研究生进行学术研究和从事学术实践的必要手段。因此，研究生并不是我们日常生活中所称的广泛的学生，他们应有自己从事学术研究的身份，亦即学者。事实上，研究生在自己导师的指导下无时无刻不在从事与学术有关的活动，甚至有的研究生还在做国家或省部级课题，有的研究生还在所研究领域的权威核心期刊发表文章，有的研究生还获得科技进步奖，如此等等。从目前研究生的学习情况来看，研究生的这一学者身份并没有得到学界多数人公开正式的承认，甚至有些研究生自己也没有认可学者身份，这种现象无疑不利于研究生学术研究的发展。

现代教育研究表明，研究生对教学现象的心理、观点、思想等各方面的总和，亦即教学意识也会对研究生公共英语的教学活动产生重大的影响，也就是说，研究生只有学者身份还不能实现研究生学术化。像教师学术化一样，研究生学术化还需要另一必备条件，那就是教学意识学术化。换句话说，研究生只有主动地认识到英语学习要学术化，是为自己的学术研究和学术实践服务的，才能从学术层面正确地看待英语学习，同时还把在英语学习过程中所感受的学术研究方法用于专业研究领域。事实上也是这样，公共英语的学习者都有自己的专业背景，但如果研究生从意识上认识到了英语的学习不仅仅是语言的习得，而且还是学术修养、学术思维、学术行为等的训练过程，这是对自己专业研究的一个有益补充。

综上，研究生学术化应从两个方面来理解：一方面，研究生的身份要学术化，也就是说，研究生应具有学者的身份；另一方面，研究生的教学意识要学术化，也就是说，研究生不能把英语的学习简单地看成语言的学习，而应从学术的层面来看待英语的学习。当然，像教师学术化一样，研究生学术化这两方面是相互促进、相互作用的，共同处于教学主体学术化这个统一体中。

2 教学内容学术化

"教学是一种目的性、连续性、计划性、规范性极强的育人活动"（王道俊、郭文安，2009：163），而教学内容则是这种育人活动不可缺少的重要构成要素。从教学的角度看，教学内容指的是在教学活动中，教学主体按照教学大纲要求需要共同完成的理论知识体系。它主要包括教材、课程资料、课堂教学中教学主体达成的共同素材、课后教学主体所获得的与教材内容相关的素材等。因此，教学内容学术化主要指的是教材、课程资料、课堂教学中教学主体达成的共同素材、课后教学主体所获得的与教材内容相关的素材等问题的学术化。

2.1 教材与课程资料学术化

根据《现代汉语词典》，"教材"指的是"有关教授内容的材料，如书籍、讲义、图片、讲授提纲等"（中国社会科学院语言研究所词典编辑室，1996：639）。尽管教材有不同的体现形式，但在不同层次的教学活动中，教材都是教学活动所依赖的主要信息载体，它同时涉及教学主体的各个方面。对于教师来讲，教材是教师传授知识和教学考核等的主要依据；对于学生而言，教材是习得知识和应用知识等的主要手段。

研究生公共英语的教学因其教学主体学术化理应做到教材学术化，但事实并非如此。在 2000 年以前，虽然有学者把学术英语引入我国高校研究生公共英语教学，且推动了我国高校研究生公共英语教学的发展，也有强调学术的研究生公共英语教材问世，但真正直接以学术英语冠名的教材则是在 2000 年后才大量出现的，如蔡基刚主编的《学术英语》（理工），季佩英和张颖主编的《学术英语》（社科），季佩英和孔庆祥主编的《学术英语》（医学），季佩英、吴晓真和张颖主编的《学术英语》（管理），叶云屏主编的《理工专业通用学术英语》等。这些教材的特点是突出研究生公共英语的学术性，有的还明确规定了其使用的领域，如医学、管理、综合等。其中有的教材已有再版，如蔡基刚主编的《学术英语》（理工）、季佩英和张颖主编的《学术英语》（社科）等，这从一个侧面说明了研究生公共英语学术化应是研究生公共英语教学的主要发展趋势，符合我国高校研究生的培养方案。尽管教材在课程中的地位不可取代，但教学活动的动态性决定了课程资料的辅助必要性。从教学法上讲，课程资料指完成课程教学所采用的各种有用材料，其主要目的是补充、完善教材，便于研究生掌握和应用。课程资料有广义、狭义之分，广义的课程资料除了文字资料还包括现代技术下的影像资料、数字化资料等。狭义的课程资料指的是与教材内容相关的文字资料。在实际的教学过程中，课程资料有教师为完成本课程所准备的所有资料和研究生为完成本课程所准备的所有资料。

从上述可以看出，课程资料是为顺利完成本课程而准备的、有利于教材相关内容的学习，因此教材的学术化决定了课程资料的学术化。也就是说，教材学术化与课程资料学术化应是同步的，但两者并不是完全等同的，而是应有主次之分。具体地讲，教材学术化在研究生公共英语的教学活动中处于核心地位，而课程资料学术化是为教材学术化服务的，是推动教材学术化的重要手段，所以从一定程度上讲，教材学术化与课程资料学术化共同发展，相互作用。

2.2 共同素材与相关素材学术化

"教学过程既是特殊的认识过程，也是特殊的实践过程、特殊的创造价值的过程"（蔡克勇，1996：115），因而研究生公共英语的教学过程既是学术化的认识过程，又是学术化的实践过程，同时还是学术化的创造价值的过程。从埋论上讲，这一过程既指课堂的双向活动过程，即教与学，又指课后的双向活动过程，如课后答疑、课后指导、课后复习等。可见，无论是课堂的学术化过程还是课后的学术化过程，研究生公共英语的教学主体都在学术化过程中获得共同素材和与课程内容相关的素材。

根据《现代汉语词典》，"素材"指的是"文学、艺术的原始材料，就是未经总括和提炼的实际生活现象"（中国社会科学院语言研究所词典编辑室，1996：1204）。由此看来，教学中的素材指的应是教学中未经总结和提炼的原始材料，而共同素材则应是教学中教学主体共同探讨相关的学术论题所共同达成的原始材料的总结，也就是说，共同素材是经过总结和提炼的材料。例如，在探讨英文摘要的写作技巧时，教师与研究生经过课堂大量例证讨论与分析后至少会获得以下共同点：①人文学科文章的摘要与自然学科文章的摘要写法是不完全相同的；②摘要的笔调与口气要与文章保持一致；③要有关键词，且不宜太多。这些共同点就是我们所说的共同素材，这些共同素材共同作用于同一个学术论题——英文摘要的写作原则。如前所述，除了课堂，研究生公共英语教学主体还应有课后的学术化过程，这一过程是为课堂学术化过程服务的。例如，在课堂学习了英文摘要之后，研究生会收集相关专业期刊文章对摘要的不同要求，而获得写英文摘要的相关素材；同理，教师在给研究生指导、答疑等的课后学术化过程中也能获得相关学术问题的素材，且还可能与研究生一起共同获得相关素材。

从上述可以看出，研究生公共英语的教学过程应是一个广义的课程，也就是说，这一课程既指课堂学术化过程又指课后学术化过程。以此为据，我们进一步得出这样的结论：一方面，教学主体在课堂中可以获得共同素材；另一方面，教学主体在课后也可以获得相关素材。从理论上讲，这两种素材的基本性质是一样的，即都是学术化素材，但两者又有不同。具体而言，共同素材产生在课堂学术化过程中，而相关素材产生在课后的学术化过程中。同时，共同素材与教材紧密相连，而相关素材则与教材学术论题相关。最后，共同素材是教学主体的双向活动而相互作用的结果，而相关素材则是教学主体课后单向或双向活动的结果。尽管如此，共同素材与相关素材是相互作用、相互促进的。

3　教学方法学术化

教学方法"是为完成教学任务而采用的方法，它包括教师教的方法和学生学的方法，是教师引导学生掌握知识技能、获得身心发展而共同活动的方法"（王道俊、郭文安，2009：234）。由此可以看出，在研究生公共英语学术化教学过程中，教师和研究生都要采用相应的方法才能使学术化活动得以顺利完成。尽管从理论上讲教学方法因教学对象、教学内容、教学策略等的不同而不同，且种类繁多，但研究生公共英语教学活动因其学术化而使其所采用的方法具有学术化性质。

3.1　教法学术化

目前，我国多数高校研究生公共英语的课程为两个学分，也就是每周两小节课。同时，英语课往往安排在秋季入学这一阶段。这就是说，研究生公共英语的学习时间紧、任务重，且研究生刚完成本科学业，对研究生阶段的学习还不太了解；换句话说，多数研究生还没有养成学术意识。在研究生公共英语的教学过程中，教师具有学者或专家身份，因此教师身份的学术化推进了研究生公共英语教法的学术化。具体地讲，教师在备课阶段都要认真思考所讲内容的学术化程度，以及预测研究生对相关内容的学术反应，同时预先设定所采用的具体方法以加强对研究生学术素养的培养。在授课过程中教师应根据教学的具体情况进行必要的调整，其根本目的是让研究生在掌握基本知识的基础上培养自己良好的学术意识。

从教学的角度看，教师因学术背景、学术经历、学术成就等的不同而采取的教法也各不相同。例如，有的教师喜欢采用讲座法。讲座法指的是教师采取专题讲解的形式，把教室看成学术报告厅，把研究生看成听讲座的学者的教学方法。教师在这一过程中起主导作用，一步一步地把研究生引向自己预定的学术论题，且按照自己预设的研究路线进行学术思考从而达到教学目的。当然，教师有时会设定研究论题，让研究生担任讲授主体，自己则处于听众的位置，但后又成为评论者。也就是说，讲座法的讲授主体应是教师和研究生，有时是单一的，如教师或研究生，有时又是共同的，如教师和研究生互为讲授者。再如，有的教师喜欢采用探究法。探究法指的是"主要以教材中蕴涵的问题为探究对象，在教师的引导下进行，并为课堂所要进行的探究学习创设了一定条件"（王道俊、郭文安，2009：190）。从理论上讲，探究法并没有固定的模式，但"探究学习则是从引导学生参与提出和明确所要探究的问题开始"（王道俊、郭文安，2009：190）继而进行深入探究。在整个教学活动中，教师与研究生都可以是问题的设计者和探究者，所以多数教师采取课堂讨论的方式使这一方法得以有效实施。

从上述可以看出，教法学术化是研究生公共英语教学学术化的必然结果，这从理论上突破了对研究生公共英语教学的传统看法。传统的观点认为，研究生公共英语的教学应以传授语言技能为主，学术化为辅。事实上，随着研究生公共英语教学的发展，学术化已成为研究生公共英语教学的主旋律，而教法的学术化是实现研究生公共英语学术化的必要条件之一，甚至从一定程度上讲，教法的学术化是研究生公共英语学术化得以实现的重要保证。

3.2 学法学术化

学是教学活动的另一个方面，也是教学活动得以实现的体现，因而研究生如何学的问题是影响研究生公共英语教学顺利完成的关键问题。如前所述，研究生公共英语学时短、学分少，难以引起研究生的重视，所以很多高校把研究生公共英语列为必修。不仅如此，研究生进校后会发现其研究任务很重，例如，理科和工科的研究生，他们往往要完成各种实验，还要进行野外考察等；人文学科的研究生则忙于阅读、写读书报告等。同时，为了提高研究生的培养质量，目前多数高校，尤其是985或211高校大多实行了研究生中期分流制度，中期考核不合格者则不再进行下一阶段的研究任务。这就是说，研究生阶段学习任务重，学术化程度高，所以研究生必须转变原有的英语学习观念，真正实现英语学习为专业研究服务。

从理论上讲，研究生公共英语的学习方法是多种多样的，不同的研究生有不同的学习方法。尽管如此，多数研究生的学习方法还是具有共性，那就是学术性的问题。例如，有的研究生喜欢采用问题研究法，这种方法的重点在于问题的设计，其设计者为研究生本人，是完成研究生公共英语教学必不可少的重要手段。当然，问题的设计必须以教材为中心，也就是说，设计的问题不能脱离教材。在实际的使用过程中，问题研究法往往带有专业性的要求，这从一个层面上说，研究生公共英语的学习是不断专业化、学术化的学习；换句话说，研究生所设计的问题一定要有理论研究价值，甚至实际操作价值。再如，有的研究生喜欢讨论法，也就是说，研究生把自己懂的或不懂的内容都以讨论的形式与他人分享。在分享的过程中，自己会从他人的观点或者自己的思路中获得灵感，从而形成自己对某一问题的理论化、系统化的观点与看法。这是实现研究成果学术化的关键一步，有了这一步，研究生就会在教师的指导下，不断完善、修正自己的学术观点直到学术研究成果的公开问世。当然，像问题研究法、讨论法等学习方法往往不是孤立存在的，他们经常会与其他学习方法，如实践法、报告法、调查法等共同起作用。

从上可以看出，研究生公共英语的学习已超出了语言学习的范畴，是动态的学术化学习过程。因此，研究生必须要有正确的学习方法。从研究生本身的心理特征、知识结构、社会经历等方面的因素看，研究生公共英语的学习方法与教师教的方法相互影响。当然，不同的人对同一问题的看法是不尽相同的，也就是说，研究生学习公共英语的方法各有其法，但不管怎样，研究生学习方法的选用是为其学术服务的。

结　语

现在我国高校的研究生招生规模不断扩大，因而研究生培养的质量问题是当前主要热点问题之一。从表面上看，研究生的培养重在研究生导师，但实际上研究生培养的过程是多方合作的过程，虽然导师在研究生培养中起主导作用，但研究生的学术素养、学术意识等的培养则是导师与其他教师共同作用的结果，这就是说，研究生公共英语教师也要对研究生的学术修养、学术意识的培养、学术实践等起指导作用。如前所述，研究生的主要任务是从事学术研究和进行学术实践，因而研究生公共英语的学习是为研究生学术研究和学术实践服务的，这就是说，研究生公共英语的教学必须学术化。从教学过程来看，教学主体学术化应是实现研究生公共英语教学学术化的基本条件，这就是说，教学主体双方都应具有学者身份，离开了这个条件，研究生公共英语教学学术化就无从谈起。但这只是问题的一个方面，问题的另一方面是教学过程不仅仅涉及教学主体而且还涉及教学内容与教学方法。在教学内容方面，教材与课程资料要学术化，共同素材与相关素材也要学术化。这就是说，教学内容学术化应是研究生公共英语教学学术化的主要内容，这是培养研究生学术素养、学术意识、学术能力等学术问题的关键。但从逻辑上讲，教学内容学术化的实施还得依靠教学方法的学术化，这包括教法学术化和学法学术化，这两个方面是相统一的，涉及教学的两个平等主体。从这可以看出，研究生公共英语教学学术化是教学主体学术化、教学内容学术化和教学方法学术化共同作用的结果，其中教学主体学术化是基本条件，教学内容学术化是核心，而教学方法学术化是实现手段，三者相互联系、相互作用，共同推进研究生公共英语教学学术化的发展。

参考文献

蔡克勇，1996. 高等教育学引论 ［M］. 北京：首都师范大学出版社.

辞海编辑委员会，1980. 辞海（哲学分册）［M］. 上海：上海辞书出版社.

陆钦仪，1998. 大学德育工作通论 ［M］. 成都：四川教育出版社.

王道俊，郭文安，2009. 教育学 ［M］. 北京：人民教育出版社.

伍新春，1999. 高等教育心理学 ［M］. 北京：高等教育出版社.

中国社会科学院语言研究所词典编辑室，1996. 现代汉语词典 ［M］. 3 版. 北京：商务印书馆.

四川大学本科学生四、六级成绩分析与对策

马林兰　王　莲

四川大学外国语学院

摘要： 本文分析了四川大学 2011—2020 届本科生的大学英语四、六级考试成绩，揭示了该校本科生参加考试的总体情况和考试表现，并运用四、六级和中国英语能力等级量表和欧洲语言共同参考框架的对接研究成果，描述了该校学生学习大学英语后取得的成效。最后，文章分析了川大学生六级成绩不佳的原因，并据此提出改进教学组织活动的对策建议。

关键词： 四、六级考试；成绩分析；中国英语能力等级量表；欧洲语言共同参考框架

大学英语四、六级考试作为一项面向在校大学生的大规模标准化考试，自 1987 年开始四级考试以来，已经平稳运行了逾 30 年，得到了社会的普遍认同，对中国高校大学英语教学产生重要影响。考试促使全国各高等院校及有关教育主管部门进一步重视大学英语教学，调动了师生的积极性，促进了我国大学英语教学水平的提高（杨惠中，2003）。

多年以来，虽然四川大学（简称"川大"）毕业证书及学位证书与四、六级考试脱钩，但是出于学业深造和毕业求职需要，学生非常重视该项考试，参与考试的热情很高，很多学生甚至多次"刷分"提高成绩。因此，深入分析川大学生在四、六级考试中的具体表现，发现川大学生的优势和薄弱环节，并进一步调整或改进教学活动是非常有必要的。

本研究以 2011—2020 年共 10 届川大本科学生的四、六级考试成绩

为分析对象，数据起止时间为 2011 年 12 月至 2021 年 6 月，分析工具为 pandas。由于原始数据中包含了本科生以外的其他学生的成绩，首先进行数据整理，为每一届学生分别建立四级和六级成绩数据集。为方便研究，忽略学生降级、转学或退学等情况；医学 8 年制学生虽然在第 6 年进入研究生阶段学习，但依然视为本科生。本研究希望通过数据分析，回答以下 5 个问题：

（1）川大学生（特指本科生，下同）参加四、六级考试的总体情况如何？

（2）与四、六级常模对照，川大学生总体表现如何？

（3）如何描述川大学生经过两年大学英语学习后达到的英语水平？

（4）川大学生英语学习过程中存在哪些突出问题？

（5）如何调整和改进大学英语教学安排，提升川大学生英语能力？

1　川大学生参加四、六级考试总体情况

四、六级考试一般安排在每年的 6 月和 12 月，学生一般可以自由参加。四、六级考试委员会规定：四级达到 425 分才能报考六级。因此，每届新生入学后即可报名参加当年 12 月举行的考试，在校期间理论上有 8 次四级和 7 次六级考试机会（学制 5 年以上学生的理论参考次数更多）。

表 1　川大学生参加四级考试情况一览表（2011—2020）

年级	考试总人数	总人次	人均次数	首考人数	首考率（%）①	考试次数和人数②							
						1	2	3	4	5	6	7	>7
2011	10012	15922	1.59	9543	95.32	7317	1315	514	317	267	165	100	17
2012	9292	13450	1.45	8838	95.11	7507	747	408	249	164	129	71	17
2013	8729	12313	1.41	8369	95.88	7153	722	306	209	156	118	47	18
2014	9163	13141	1.43	8853	96.62	7469	700	385	236	160	131	70	12
2015	8679	11779	1.36	8425	97.07	7320	625	259	178	149	78	53	17
2016	8962	12177	1.36	8629	96.28	7425	745	342	202	129	64	43	12
2017	9053	11839	1.31	8131	89.82	7554	843	320	159	89	65	16	7

① 首考指新生入学后即参加第一次四级考试，首考率即首考人数/考试总人数。

② 只统计第一次考试人数。

续表 1

年级	考试总人数	总人次	人均次数	首考人数	首考率（%）	考试次数和人数							
						1	2	3	4	5	6	7	>7
2018	8953	10894	1.22	8135	90.86	7730	806	216	116	70	15		
2019	8729	9732	1.11	8183	93.74	8006	482	202	39				
2020	8750	9292	1.06	8230	94.06	8208	542						

从表 1 可以看出，川大 90% 以上的学生在入学当年参加四级考试，人均考试次数 1.59 次，中位数为 1.36 次。由表中数据计算可知，只考 1 次四级的学生比例约为 85%，参加 2 次及以上的约占 15%，表明参与四级"刷分"的学生比例较低。

表 2　川大学生参加六级考试情况一览表（2011—2020）

年级	考试总人数	总人次	人均次数	首考人数	首考率（%）	考试次数和人数①							
						1	2	3	4	5	6	7	>7
2011	8862	25988	2.93	5532	62.42	1546	2191	2164	1678	925	286	61	11
2012	8282	22847	2.76	5814	70.20	1753	2253	1946	1270	7481	264	39	9
2013	7820	21785	2.79	5791	74.05	1722	2038	1726	1264	736	276	50	8
2014	8266	23088	2.79	6044	73.12	1701	2209	1927	1343	765	267	44	10
2015	7894	21863	2.77	6039	76.50	1786	2037	1732	1277	743	258	53	8
2016	8169	22312	2.73	5798	70.98	1778	2190	1893	1354	707	212	28	7
2017	8181	20377	2.49	4931	60.27	2285	2296	1818	1087	500	167	28	
2018	8153	18751	2.3	4925	60.41	2346	2625	1885	987	308	2		
2019	7401	12991	1.76	5046	68.18	3032	3155	1207	7				
2020	4243	4280	1.01	4243	100.00	4206	37						

比较表 1、表 2 可知，川大参加六级考试的学生人数少于四级，且每个年级有近千人在校期间没有参加过六级考试；首考人数约占六级参考总人数的 70%，说明大部分学生在一年级第二学期参加六级考试，同时不少学生信心不足，选择在二年级参加。值得注意的是，六级人均考试次数约为 2.7 次。由表 2 数据计算可知，只考 1 次的学生比例约为

① 只统计第一次考试人数。

20%，参考多次的学生占比约为 80%，说明比起四级，学生更重视六级，"刷分"现象较为突出。

2 川大学生四级成绩分析

在分析川大学生四、六级成绩之前，有必要了解四、六级的分数报道方式。目前，全国大学英语四、六级考试分数解释如下：

> 全国大学英语四、六级考试的设计参照了《大学英语课程教学要求》（以下简称《教学要求》）。四级参照《教学要求》中规定的"一般要求"，六级参照《教学要求》中规定的"较高要求"。大学英语四、六级考试的分数报道采用常模参照方式，不设及格线。四级考试的常模群体选自全国 16 所高校的约三万名非英语专业的考生；六级常模群体选自全国五所重点大学的约五千名非英语专业的考生。

从这段描述可知，四、六级成绩报道采用了常模参照方式，换言之，四级是和全国 16 所高校的学生比，六级是和全国五所重点大学学生比。同时，考委会还解释了原始分数的转换过程，给出了报道分数的常模百分位对照表及分数解释。对照表从低到高，列出了分数对应的百分位。总分满分为 710，级距为 20；听力和阅读满分均为 249，级距为 10 分；翻译写作满分为 212，级距为 8 分。

为了方便计算优生比例，本研究把对照表从高到低排列，并重新计算了百分位，新百分位的解释也有所不同。比如，四级报道分 650 在原表中的百分位是 99%，表示该考生的英语成绩优于常模群体中 99% 的人；在新对照表中的百分位为 1%，表示处于常模群体前 1%。其余类推。

由于"优"是一个相对概念，本文根据二八法则，把一个群体中排在前 20% 的定义为"优等"，后 20% 的为"差等"，中间 60% 的为"中等"。但是常模对照表并没有列出 20% 和 80% 这两个百分位，本文选取距离这两个百分位的最近值作为替代。另外，本文选取学生在历次四、六级考试中的最高成绩进行计算。下面分析川大学生的四级成绩。

表 3 至表 6 列出了川大学生的四级总分及听力、阅读、写作三个单项和四级常模的对照比较情况。总分方面，常模优生比例为 17%，而川大优生比例从 2011 级的 6.36% 上升到 2020 级的 25.42%，可以看出川大优生比例提升明显；听力方面，常模优生比例为 18%，而川大 2011 级优生比例仅占 5.52%，直到近年才达到或略超常模水平，说明川大学生听力表现一般；阅读方面，常模优生比例为 18%，川大近年来优生比例达到约 38%，超过常模约 20 个百分点；写作方面，常模优生比例为 14%，川大优生比例最高达到 36.43%，也超过常模逾 20 个百分点。川大中等生比例均高于常模。这些数据说明川大新生的英语水平逐年提高，阅读和写作优势明显。

表 3 川大学生四级总分和常模对照

报道分	常模%	2011	2012	2013	2014	2015	2016	2017	2018	2019	2020
650	1	0.09	0.48	0.29	0.16	0.24	0.75	0.25	0.34	0.76	0.99
630	2	0.48	1.97	0.70	0.85	0.74	1.84	1.14	1.61	2.35	2.89
610	5	1.39	4.12	2.38	3.14	2.90	4.99	3.87	5.88	6.37	7.18
590	10	3.14	7.32	6.60	7.33	7.47	10.01	8.70	12.51	15.26	14.62
570	17	6.36	12.40	13.11	14.39	14.33	18.48	16.58	22.29	27.33	25.42
550	26	11.37	19.03	21.62	22.11	23.31	28.27	25.72	33.22	40.86	38.32
530	35	18.13	27.64	31.33	32.01	34.09	39.40	36.54	45.88	54.39	51.45
510	45	27.40	37.66	42.61	43.24	45.98	50.33	48.77	57.27	65.63	62.94
490	56	38.94	49.05	54.49	54.16	58.17	61.39	60.51	68.04	74.80	73.73
470	66	52.71	61.20	66.27	65.75	69.88	72.29	71.47	78.39	81.93	82.43
450	75	68.47	74.90	78.49	78.06	80.88	82.54	82.12	86.98	88.38	89.19
430	83	87.24	89.15	89.98	90.55	92.02	92.78	92.55	93.98	94.04	94.18
410	89	93.89	94.51	94.52	95.20	96.02	96.25	95.95	96.35	96.75	96.77
390	93	96.21	96.35	96.33	96.77	97.32	97.39	96.92	97.19	97.79	97.87
370	96	97.59	97.80	97.45	97.62	98.08	98.09	97.79	97.89	98.41	98.59
350	98	98.50	98.60	98.32	98.55	98.69	98.73	98.29	98.58	99.13	99.11
330	99	99.08	99.33	98.89	99.11	99.24	99.23	98.96	98.93	99.45	99.46

表4　川大学生四级听力成绩和常模对照

报道分	常模%	2011	2012	2013	2014	2015	2016	2017	2018	2019	2020
240	1	0.27	0.71	0.29	0.65	0.40	0.85	1.56	3.04	1.40	2.00
230	3	1.20	2.20	0.33	3.07	2.55	2.16	3.05	5.46	1.56	6.43
220	9	3.33	5.08	2.58	7.57	7.06	8.08	8.57	12.81	7.07	9.39
210	18	5.52	8.27	8.01	14.82	10.65	16.66	16.5	21.8	19.12	18.09
200	30	10.36	14.11	15.35	23.23	19.15	22.35	21.58	32.36	33.31	28.07
190	41	17.43	21.77	25.25	32.51	30.08	33.75	32.19	44.14	47.11	40.53
180	52	26.80	31.49	36.14	43.25	42.37	46.71	44.56	55.69	59.46	52.75
170	63	38.21	43.80	48.54	50.07	55.19	58.48	52.38	61.73	65.35	64.14
160	74	52.32	54.96	62.70	62.20	68.60	69.20	65.67	72.69	74.49	74.62
150	82	66.05	69.94	75.37	75.59	80.39	79.93	77.96	82.36	83.25	83.45
140	88	81.04	83.33	85.49	85.74	86.85	86.17	84.50	89.65	89.48	87.09
130	93	91.39	92.47	92.76	93.42	94.11	92.99	92.14	94.31	94.28	92.89
120	97	96.75	97.24	96.84	97.37	97.83	96.63	94.90	97.05	96.94	96.19
110	98	98.77	98.87	98.60	98.88	99.08	98.59	97.60	98.15	98.56	97.94
100	99	99.53	99.64	99.39	99.64	99.72	99.30	98.98	99.01	99.15	99.04

表5　川大学生四级阅读成绩和常模对照

报道分	常模%	2011	2012	2013	2014	2015	2016	2017	2018	2019	2020
240	1	0.01	0.05	0.64	0.23	0.50	2.39	0.51	0.39	2.42	2.56
230	2	0.13	0.57	0.80	0.23	0.50	2.40	0.53	0.52	2.43	2.61
220	4	1.44	3.80	2.73	1.28	1.34	2.61	1.33	2.26	3.76	4.85
210	10	5.06	8.76	10.61	6.94	6.63	7.54	7.38	9.13	17.76	17.77
200	18	11.94	17.59	22.64	17.99	18.77	23.44	20.41	21.69	38.87	37.39
190	28	22.49	29.79	39.79	32.29	33.84	39.24	38.89	39.63	55.99	54.69
180	38	36.55	43.83	55.10	48.31	50.87	55.27	54.48	56.56	69.50	69.46
170	52	54.10	61.60	70.13	65.22	64.37	70.02	68.07	71.67	79.87	80.51
160	63	75.17	76.88	81.77	77.90	78.36	81.13	80.36	81.62	87.27	87.81
150	74	87.59	88.02	89.61	87.78	88.19	88.95	88.41	89.76	92.60	93.28
140	83	94.76	94.93	94.72	93.23	93.63	94.3	93.94	94.37	95.97	96.18
130	91	97.78	97.77	97.00	96.50	96.88	97.05	96.49	97.07	97.80	97.90

续表5

报道分	常模%	2011	2012	2013	2014	2015	2016	2017	2018	2019	2020
120	96	98.93	99.10	98.34	98.01	98.41	98.27	97.82	98.19	98.80	98.91
110	98	99.47	99.66	98.92	98.92	99.09	99.00	98.67	98.89	99.34	99.37
100	99	99.76	99.88	99.44	99.37	99.52	99.50	99.28	99.41	99.68	99.75

表6　川大学生四级写作成绩和常模对照

报道分	常模%	2011	2012	2013	2014	2015	2016	2017	2018	2019	2020
191	1	0.33	2.27	1.43	1.48	1.51	2.27	2.11	1.85	2.21	2.02
183	2	1.58	6.23	4.97	5.01	5.18	7.59	7.41	7.82	7.56	7.09
175	6	4.66	13.61	9.98	10.75	12.28	16.40	14.77	17.74	18.34	17.45
167	14	10.28	24.27	21.14	20.00	24.43	28.80	29.46	32.98	36.43	32.72
159	28	20.74	38.26	33.86	33.82	40.21	44.06	47.38	50.30	52.32	50.67
151	42	37.74	52.37	47.12	51.48	57.46	60.10	61.16	68.30	70.29	68.71
143	58	58.01	68.52	66.20	67.78	75.03	76.53	77.78	81.82	83.49	84.14
135	73	76.94	82.34	81.14	84.12	87.10	89.01	89.37	91.19	93.08	92.86
127	84	90.45	91.75	90.87	92.68	94.70	95.17	95.35	96.12	96.90	97.23
119	92	96.15	96.42	95.96	96.37	97.88	97.98	97.87	97.83	98.56	98.95
111	96	98.14	98.07	98.25	98.31	98.92	98.87	98.78	98.73	99.40	99.42
103	98	98.92	99.05	98.91	99.18	99.39	99.33	99.32	99.10	99.66	99.66
95	99	99.40	99.46	99.32	99.52	99.60	99.58	99.55	99.51	99.79	99.81

值得注意的是，2020级的优生比例低于2019级，可能是因为他们只有两次四级考试机会，而2019级有4次机会（数据只统计到了2021年6月），具体原因需要另行分析。

3　川大学生六级成绩分析

表7至表10显示了川大学生六级总分和听力成绩、阅读成绩、写作成绩与常模的对照情况。表格显示：总分方面，常模优生比例占16%，川大2011级的优生比例仅占3.48%，随后逐年提升，2018级优生比例最高，略超10%，但仍然低于常模6个百分点，川大中等生以上百分比低于常模约15个百分点；听力方面，常模优生比例占22%，而川

大优生比例最高为 15.33%（2018 级），低于常模 7 个百分点左右，中等生以上比例低于常模约 15 个百分点；阅读方面，常模优生群体比例为 17%，而川大这一比例最高为 13.32%（2018 级），中等生以上比例和常模接近；写作方面，常模优生群体比例为 21%，川大优等生比例约为 30%，中等生以上比例也超过常模 5 个百分点左右。

表 7　川大学生六级总分和常模对照

报道分	常模%	2011	2012	2013	2014	2015	2016	2017	2018	2019	2020
650	1	0.02	0.07	0.04	0.01	0.04	0.18	0.10	0.33	0.30	0.71
630	2	0.18	0.27	0.22	0.15	0.38	0.60	0.56	1.04	1.00	1.77
610	5	0.63	1.04	0.79	0.81	1.25	1.68	1.63	2.61	2.53	3.65
590	10	1.58	2.16	2.54	2.31	3.22	4.22	4.11	5.70	4.54	6.60
570	16	3.48	4.55	5.36	4.81	6.69	7.74	8.65	10.20	8.15	10.89
550	24	6.51	8.20	9.14	9.06	11.19	12.83	14.55	16.39	12.98	16.52
530	34	10.75	13.50	14.63	14.43	17.67	19.81	22.04	24.05	18.98	23.33
510	47	17.06	20.26	21.42	22.39	25.70	28.01	30.93	33.29	26.42	30.78
490	58	25.50	28.93	30.42	31.33	35.71	37.53	40.74	43.66	35.27	39.10
470	67	35.82	39.41	41.39	42.27	46.96	48.57	51.60	53.59	45.55	48.31
450	77	48.82	52.93	54.48	55.41	60.16	61.44	63.71	65.52	56.45	57.81
430	84	64.40	66.84	69.00	70.60	73.38	75.26	76.32	77.21	67.06	67.26
410	90	73.94	76.37	77.24	78.64	80.99	82.80	83.25	84.09	75.45	75.89
390	94	80.44	82.53	82.40	84.48	85.98	87.51	87.78	88.78	82.73	82.25
370	96	86.13	87.85	87.34	89.23	90.44	91.17	91.80	92.29	87.97	87.79
350	98	91.36	92.18	91.69	93.07	93.65	94.12	94.62	94.93	91.76	92.51
330	99	94.78	95.16	95.01	95.49	96.09	96.44	96.53	96.92	95.24	95.69

表 8　川大学生六级听力成绩和常模对照

报道分	常模%	2011	2012	2013	2014	2015	2016	2017	2018	2019	2020
240	1	0.00	0.01	0.03	0.04	0.38	0.23	0.42	0.66	1.19	1.11
230	3	0.07	0.18	0.09	0.12	0.51	0.71	0.79	1.66	2.15	3.28
220	8	0.42	0.89	0.56	0.48	0.91	1.75	2.24	4.89	3.46	4.97
210	14	1.41	2.20	2.34	2.09	3.95	5.31	5.39	8.40	7.69	9.90

续表8

报道分	常模%	2011	2012	2013	2014	2015	2016	2017	2018	2019	2020
200	22	3.14	4.65	5.26	5.52	9.78	11.34	10.62	15.33	11.90	13.15
190	31	6.65	7.92	9.58	10.69	15.26	17.06	19.69	24.73	18.50	22.39
180	41	12.54	14.02	18.27	18.35	24.44	27.20	29.95	32.75	23.48	27.29
170	53	20.70	22.07	28.07	30.18	35.79	36.21	38.37	44.72	35.82	38.53
160	63	30.12	30.55	38.09	41.58	48.42	49.86	52.60	56.73	44.95	45.09
150	74	44.38	44.65	50.51	56.97	62.66	64.22	65.85	68.16	57.29	57.04
140	81	57.64	57.66	66.18	70.59	74.31	74.22	74.43	77.57	67.06	62.76
130	87	71.98	71.66	78.26	82.94	85.34	85.46	84.40	85.39	75.52	68.11
120	91	83.07	83.42	86.83	89.10	89.98	90.22	90.26	91.38	83.53	78.20
110	95	89.80	89.89	92.39	94.01	94.25	94.82	94.67	95.36	90.56	82.65
100	98	94.80	95.27	96.21	96.98	96.73	96.82	96.91	97.13	94.00	90.36

表9　川大学生六级阅读成绩和常模对照

报道分	常模%	2011	2012	2013	2014	2015	2016	2017	2018	2019	2020
240	2	1.28	1.01	0.74	0.87	1.43	1.31	1.00	1.46	0.91	1.44
230	7	3.81	3.73	3.25	2.81	4.02	5.20	4.80	5.70	4.23	5.07
220	17	9.28	9.68	9.21	7.73	10.70	12.58	12.79	13.32	9.62	11.45
210	31	19.09	20.39	18.79	15.84	20.90	23.31	24.80	24.56	18.35	19.70
200	46	31.17	33.01	31.05	28.43	33.58	35.70	36.62	37.16	28.23	29.58
190	60	45.79	47.80	44.81	43.12	47.44	49.82	51.25	50.79	42.24	41.50
180	72	60.22	61.60	58.45	56.86	60.82	62.61	63.68	62.17	53.03	51.03
170	78	72.09	73.10	69.71	68.72	72.17	73.66	74.81	73.38	63.40	62.20
160	86	81.29	81.66	78.75	78.45	80.86	81.99	82.74	81.55	72.86	72.47
150	91	87.90	87.58	85.75	85.43	87.27	88.19	88.41	87.56	80.16	79.24
140	95	91.74	91.56	90.33	90.04	91.34	92.26	91.99	91.95	86.20	85.46
130	97	94.71	94.59	93.47	93.27	94.51	95.05	94.77	94.74	90.57	90.29
120	98	96.81	96.56	95.60	95.58	96.39	96.69	96.71	96.50	94.01	93.991
110	99	98.00	97.92	97.24	97.23	97.72	97.97	97.82	97.94	96.11	96.21
100		98.98	98.74	98.47	98.25	98.68	98.71	98.63	98.80	97.69	97.60

表 10　川大学生六级写作成绩和常模对照

报道分	常模%	2011	2012	2013	2014	2015	2016	2017	2018	2019	2020
181	1	0.65	0.98	1.39	2.00	1.44	2.00	2.10	1.96	2.00	2.26
173	3	1.66	2.63	3.96	4.71	3.99	4.68	4.86	5.05	5.59	4.60
165	7	4.12	6.48	8.41	9.68	8.55	9.24	9.83	10.49	10.31	9.24
157	12	9.13	13.22	15.35	17.44	15.45	16.34	17.63	19.50	18.21	18.24
149	21	16.35	22.12	23.81	26.87	25.64	27.37	29.42	31.35	27.77	26.30
141	34	27.51	36.15	36.45	39.83	39.11	40.53	43.69	44.57	40.52	39.12
133	49	44.09	54.07	52.66	55.24	54.80	55.28	59.50	59.84	55.86	55.64
125	62	60.28	68.03	67.07	70.15	69.37	70.88	73.50	73.89	68.84	69.57
117	76	75.84	81.04	79.97	82.36	82.57	83.60	85.12	85.00	81.12	81.22
109	86	87.41	89.50	88.68	89.52	90.54	90.76	92.37	92.46	89.65	90.55
101	94	93.71	94.90	94.44	94.77	95.05	95.73	96.41	96.43	95.04	95.24
93	97	97.10	97.37	97.15	97.18	97.75	97.92	98.11	98.41	97.84	98.21
85	99	98.62	98.56	98.61	98.57	99.00	99.01	99.18	99.28	99.11	99.15

总体而言，川大学生六级总分、听力成绩和阅读成绩的优秀比例低于常模，只有写作的优秀比例略高于常模。单从数据上来看，川大学生在六级考试中的表现和四级差别很大，这背后的原因留在后面讨论。

4　川大学生英语学习成效分析

由于四、六级考试目标不同，考试难度不同，分数报道选取的常模群体不同，难以使用四、六级成绩来真实衡量学生的英语学习成效和取得的进步。要做到这一点，理论上，应该在学生入学时使用一套试卷来测量其初始状态，两年后，再使用同一套试卷或同等难度的试卷测量其学习成效。但现实中该方法并不可行。因此，有必要参照一个完整连续的英语能力量表，来衡量学生的英语学习成效。

目前，对外语测试界影响最大的英语能力量表有两个，一个是欧洲语言共同参考框架（CEFR），另一个是中国英语能力等级量表（CSE）。《大学英语四、六级考试与语言能力标准的对接研究》一文给出了四、六级笔试报道分和中国英语能力等级量表（CSE）及欧洲语言共同参考框架（CEFR）对接的分界值，这是国内关于大学英语四、六级考试和两大重要英语量表的对接研究的最新成果。原表（表11、表12）如下（金艳、揭薇、王伟，2022）。

表 11　四级笔试与 CSE、CEFR 对接的分界值（报道分）

	四级听力	四级阅读	四级写作和翻译	四级总分
CSE 5	173	161	112	446
CSE 6	202	192	174	568
CEFR B1	135	149	104	388
CEFR B2	197	194	158	549

表 12　六级笔试与 CSE、CEFR 对接的分界值（报道分）

	六级听力	六级阅读	六级写作和翻译	六级总分
CSE 6	166	160	117	443
CSE 7	206	205	174	585
CEFR B2	170	154	114	438
CEFR C1	219	209	168	596

论文作者对该表的解释如下：四级报道总分 446，可以认为学生的语言能力达到 CSE 5 级最低要求，568 分则达到 CSE 6 级最低要求；388 分达到 CEFR 的 B1 最低要求，549 分达到 B2 最低要求。各单项分及六级报道分分界值的解释类推。

由于大多数川大学生在第一学期期末参加四级考试，大学英语学习对于他们的影响比较有限，因此可以把四级成绩看作川大新生初始英语水平的参考指标。在校期间参加多次六级考试，可以把六级最高成绩看作学生学习大学英语之后达到新的英语水平的参考指标。本文尝试借助该研究结果，以两个表格共有的 CSE 6 和 CEFR B1 分界值为依据，重新计算川大学生在四级和六级中的达成比例，并以此来衡量川大学生英语学习效果。

表 13 列出了 2011—2020 届川大学生达到 CSE 6 级的比例。如果我们把四级看成初始英语水平，把六级看成学习大学英语后达到的新水平，那么从总分、听力、阅读和写作上看，分别提升了大约 40、10、

50 和 40 个百分点，阅读提升比较明显，而听力提升不太明显。从历届学生的初始英语水平来看，2011 届学生中达到 CSE 6 级的学生比例为 6.78%，近年来这一比例达到了 25% 左右，说明新生英语水平在逐年上升。

表 14 列出了 2011—2020 届川大学生达到 CEFR B2 的比例。总体趋势和表 13 相似，不再赘述。

表 13　川大学生 CSE 6 达成百分比

分数	CSE 6	2011	2012	2013	2014	2015	2016	2017	2018	2019	2020
总分	四级	6.78	12.99	13.95	15.14	15.11	19.26	17.42	23.24	28.69	26.61
	六级	53.93	57.75	59.27	60.78	64.85	66.12	68.07	69.73	60.06	61.18
听力	四级	8.94	12.55	15.23	19.02	19.14	22.26	21.42	27.64	26.45	28.07
	六级	23.94	24.20	31.08	34.08	40.37	42.10	45.16	49.46	37.83	38.54
阅读	四级	19.89	26.93	36.26	29.71	30.16	36.10	34.99	35.63	52.76	51.62
	六级	81.29	81.66	78.75	78.46	80.85	81.99	82.74	81.55	72.85	72.47
写作	四级	4.95	14.98	10.81	12.17	13.75	17.33	17.25	19.27	19.20	19.76
	六级	75.84	81.04	79.98	82.36	82.57	83.59	85.13	85.00	81.13	81.22

表 14　川大学生 CEFR B2 达成百分比

分数	CSE 6	2011	2012	2013	2014	2015	2016	2017	2018	2019	2020
总分	四级	11.56	19.41	22.04	22.43	23.91	28.78	26.12	33.89	41.60	38.96
	六级	57.79	61.14	63.11	64.71	68.48	69.89	71.17	72.64	62.72	63.54
听力	四级	11.92	15.80	20.14	23.37	24.37	27.81	26.07	32.95	33.43	34.40
	六级	20.70	22.07	28.07	30.19	35.79	36.21	38.37	44.72	35.82	38.53
阅读	四级	19.40	24.26	32.39	26.44	26.96	33.20	30.94	33.07	48.84	47.14
	六级	85.14	85.16	83.24	82.88	85.06	86.02	86.41	85.45	77.89	77.05
写作	四级	23.24	39.21	36.77	37.56	42.36	46.71	48.55	52.92	55.76	53.74
	六级	81.25	84.98	83.72	85.20	85.32	86.11	88.11	88.24	84.47	84.09

表 13 和表 14 可以充分说明大学英语的教学成效，学生在阅读和写作方面进步明显，但在听力方面进步较为有限。

5　讨论和分析

为什么川大学生在四级考试中比较亮眼，而在六级考试中成绩不够突出？笔者试对此问题进行分析。

5.1　四级和六级常模参照群体不同

根据四、六级考委会解释，大学英语四、六级考试属于常模参照型考试。四级常模从全国 16 所本科院校中分层抽取 3 万人组成，六级常模从 5 所中国重点院校抽取 5000 人组成。每次考试对分数进行等值化处理，考生分数反映了该生在常模群体中的位置。换言之，四级是和全国本科学生比较，而六级是和清北复交等学校学生比较。这与生源质量和数量密切相关。作为西部高校，川大主要服务西部地区社会经济发展，生源大多来自西部省份（以 2022 年为例，川大招录约 9500 人，四川约占 26%，其余西部省份约占 30%，合计 56%，中部和东部省份约占 33%，京津沪江浙粤等省份约占 10%，另有少量港澳台学生和外国留学生），生源质量和清北复交等中国头部高校存在差距。同时为了给西部学子提供更多的接受优质高等教育的机会，川大学生规模也远超这些头部高校。

5.2　大学英语课程安排不利于提升六级成绩

大学英语是面向全校的一门基础公共课程。川大毕业证书和学位证书和四、六级脱钩后，大学英语课程逐步从应试性转向思政性、人文性和工具性。教学课时压缩，目前大一课时为 3 小节（其中 1 节为口语），大二为 2 小节，这种课程安排导致课堂教学偏重读写，听力训练较少，基本需要由学生在课外进行。由于听力训练见效缓慢，非常考验学生的主动性和自觉性。大三、大四学生除了学习专业英语，主要精力转向专业课程学习。这样的课程安排本身不利于学生四、六级成绩的持续提升。

5.3　教师教学和学生学习不利于提升六级成绩

由于教学和科研负担较重，大学英语教师在完成教学之余，难以抽出时间深入研究四、六级考试，并为学生提供具有针对性的训练、监督和指导。而学生对于英语学习存在认识误区，学习时间减少，学习方法低效。在认识方面，部分学生认为英语学习多花时间感觉不到进步，少花时间感觉不到退步，但只有长期稳定的学习投入才可能明显提升英语水平。还有部分学生认为四、六级考到 425 分就算过级，却不了解 425

分仅仅表示比常模群体 15% 左右的人考得好。2018 年新时代全国高等学校本科教育工作会议后，全国高校普遍提升了所有课程的挑战性，导致学生更加繁忙，并把更多的时间用于应对专业课程学习，英语学习时间一再压缩。在学习方法上，部分学生花了很多时间背单词，却很少在课外主动利用英语获取信息，把静态的单词知识转化为英语应用能力。在准备四、六级过程中，学生更加看重做题，而不是切实提升听力水平，或者有意识地扩大英语阅读量，翻译写作练笔偏少。这些都不利于学生进一步提升英语水平。

6 对策和建议

笔者认为，本着学校为学生服务的原则，改变现状的关键在于改进和优化英语教学活动，重视并抓好学生课外英语学习指导和管理。

在课堂教学环节，在强调课程思政性、人文性和工具性的同时，大学英语教师可以考虑通过微课、专题或讲座等形式，引导学生树立正确的学习观念，帮助学生厘清中学英语和大学英语学习的区别，加强学生英语学习方法辅导，适度引入四、六级专项训练内容；开设高难度课程，满足优秀学生的英语学习需求；可以考虑抽调教师专门负责建设并开放四、六级培训课程。在课外英语学习环节，抽调资源，加强指导、引导、监督和管理，切实督促学生利用碎片时间进行听力、翻译和写作训练，训练成效纳入平时考核；针对高年级学生开展英语学习比赛活动，维持英语学习强度。

参考文献

金艳，揭薇，王伟，2022. 大学英语四、六级考试与语言能力标准的对接研究［J］.外语界（2）.

杨惠中，2003. 大学英语四、六级考试十五年回顾［J］. 外国语（上海外国语大学学报）（3）.

杨惠中，金艳，2001. 大学英语四、六级考试分数解释［J］. 外语界（1）.

四川大学大学英语分级教学管理研究

王少婷

四川大学外国语学院

摘要：分级教学是大学英语教学改革的一个显著趋势，为进一步促进大学英语课程高质量内涵式发展，四川大学提出从2023级本科新生开始，全面开展大学英语分级分类教学。届时，大学英语课程将包括"通用英语""跨文化交际""专门用途英语"三个模块，每个模块下开设若干课程。多元化的课程设计着力培养学生的英语综合应用能力、学术英语能力、人文素养及跨文化交流能力。依据新生入学英语测试成绩及其高考英语成绩，将其分为 C、B、A 三个层次，不同层级的学生将修读相应系列的大学英语课程。大学英语分级教学对教学管理工作提出了更高的要求。本文拟探讨新的大学英语课程体系下，教学管理所包含的主要环节，为 2023 年学校的大学英语分级教学改革做好相应准备。

关键词：四川大学；大学英语；分级教学；教学管理

大学英语课程是普通高等学校通识教育的一个重要组成部分，兼具工具性和人文性，而分级教学是大学英语教学改革的一个显著趋势。《大学英语教学指南（2020 版）》将大学英语教学目标分为基础、提高、发展三个等级，并指出："大学英语教学应贯彻分类指导、因材施教的原则，以适应个性化教学的实际需要。"（教育部高等学校大学外语教学指导委员会，2020）近年来，国内很多高校都在贯彻这一要求，积极开展大学英语分级教学改革的实验。实践证明，分级教学模式对于满足大学生接受高质量、多样化大学英语教育的需求具有很大的促进作用，也有助于培养具有世界眼光、宽广国际视野和跨文化交际能力的国家栋梁。

四川大学是一所综合型、研究型大学，学科门类齐全，覆盖文、理、工、医等 12 个门类。学校坚持"厚通识、宽视野、多交叉"的教育理念，确立了培养"具有崇高理想信念、深厚人文底蕴、扎实专业知识、强烈创新意识、宽广国际视野的国家栋梁和社会精英"的人才培养目标。以这种教育理念为指导方向，四川大学提出从 2023 级本科新生开始，实行大学英语课程改革，开展大学英语分级分类教学。届时，大学英语课程将包括"通用英语""跨文化交际""专门用途英语"三个模块，每个模块下开设若干课程。多元化的课程设计着力培养学生的英语综合应用能力、学术英语能力、人文素养及跨文化交流能力。依据新生入学英语测试成绩及其高考英语成绩，将学生分为 C、B、A 三个层次，不同层级的学生将修读相应系列的大学英语课程。课程设置充分体现多层次，考虑不同起点的学生。如此，既能照顾起点较低的学生，又能为基础较好的学生创造发展的空间；既能帮助学生打下扎实的语言基础，又能培养学生较强的英语实际应用能力，尤其是说写能力。

但是，大学英语分级教学是一项极为复杂的系统工程，对教学管理工作也提出了更高的要求。如何做好大学英语分级教学管理工作，发挥其优势，保障其科学性、合理性和可行性，是一个亟待解决的重大课题。因此，本文拟探讨新的大学英语课程体系下教学管理工作所包含的主要环节，考察大学英语分级教学管理工作中可能出现的问题，为2023 年学校的大学英语分级教学改革做好相应准备。

1　新的大学英语课程体系

依据 2020 年版《大学英语教学指南》的要求，在新的课程体系中，四川大学大学英语课程包含"通用英语""专门用途英语""跨文化交际"三个模块，每个模块下开设若干课程，每门课程均为 2 个学分，32个学时。其中，通用英语课程着力培养学生听、说、读、写、译等基本语言技能，增加学生在社会、文化、科学等领域的基础知识；跨文化交际课程旨在进行跨文化教育，帮助学生了解中外文化观念、思维方式等方面的差异，提高学生进行跨文化实用交际的技能；专门用途英语课程目的在于提高学生的学术英语能力和英语职业素养（教育部高等学校大学外语教学指导委员会，2020）。

具体而言，通用英语模块包括通用英语1、通用英语2、通用英语3、通用英语4四门课程，跨文化交际模块拟开设"跨文化实用交际""跨文化阅读""中国文化英语教程"等课程，专门用途英语模块拟开设学术英语写作、学术英语交流、医学英语等课程。其中，C层次的学生须在第一学年修读通用英语1和通用英语2两门课，在大二年级可在跨文化交际和专门用途英语两个模块的课程中各选一门来修读；B层次的学生须在第一学年修读通用英语3和通用英语4两门课，在大二学年可在跨文化交际和专门用途英语两个模块的课程中各选一门来修读；A层次的学生须在大一上学期修读通用英语4这门课，在之后的三个学期选择跨文化交际和专门用途英语两个模块中的三门课程来修读（见表1）。艺术类学生和英语民族班的学生只需达到基础目标的教学要求即可，因此他们在两个学年均修读通用英语的课程。最后，每个学生需要修完8个学分的大学英语课程。

表1　大学英语课程体系

	C	B	A
第1学期	通用英语1	通用英语3	通用英语4
第2学期	通用英语2	通用英语4	专门用途英语课程跨文化交际课程
第3学期	专门用途英语课程跨文化交际课程	专门用途英语课程跨文化交际课程	专门用途英语课程跨文化交际课程
第4学期	专门用途英语课程跨文化交际课程	专门用途英语课程跨文化交际课程	专门用途英语课程跨文化交际课程

如此，就能使新的大学英语课程体系兼顾不同起点的学生，充分体现个性化，有利于满足不同层次学生的不同需求。王守仁强调，要"着力构建多层次、多元化的大学外语课程体系"（王守仁，2017）。文秋芳也提出，面对学生外语水平两极分化和需求差异增大的形势，大学英语教学应做到"英语课程必修，技能目标可选，课程类型让挑；各学所需，各尽所能"（文秋芳，2012）。我们即将实施的新的大学英语课程

体系切实做到了这一点。

2　分级教学管理

教学管理是指学校为了"保证教学有序进行而实施的一系列决策、计划、组织、协调、控制和信息反馈的活动，是大学英语教学质量的重要保障机制"（教育部高等学校大学外语教学指导委员会，2020）。新的大学英语课程体系为教学管理工作带来了更多的挑战，下文将重点讨论如何在排课、教师管理和考试工作三个环节完善大学英语分级教学管理，保证2023年学校大学英语课程改革的顺利实施。

2.1　排课管理

大学英语分级教学为排课工作带来了更多的困难。排课要综合考虑选课学生人数、不同模块课程的上课教师情况等因素，充分利用现有的教学资源，确保学生得到高质量的大学英语教育。原则上，在大一上学期为新生开设通用英语课程，在大一下学期和大二学年开设通用英语、专门用途英语和跨文化交际模块的课程。在每学期中期，由教务人员依据排课系统中的班级数量、开课时间及相应课程的教师数量，综合考量和安排，将下学期的教学任务录入排课系统。就通用英语的排课工作而言，分级教学会打破原来以专业来确立的自然班的建制，原来属于同一个自然班的学生可能分属不同的大学英语教学班，因此就无法跟其他课程一样，通过在排课系统中录入自然班班号来预制学生名单。为了保证排课工作的顺利进行，可以沿用现有的固定时段排课法，继续将不同学院和专业的大学英语课程上课时间固定在特定的时间段，将不同级别的学生划分到不同的大学英语教学班，进而将不同教学班的学生名单预制到教务系统中。此外，还可借鉴其他学校的有益经验，如将跨专业、跨院系分级的班数限定在一个较小的范围内，为较大的院系专门配备一组英语教师等（郭晓暹，2012）。而跨文化交际和专门用途英语模块的课程将不再预制学生名单，而是在排课系统中，每个模块排出若干门平行的课程，由学生根据自身英语水平和学习兴趣自行选课。

2.2　教师管理

大学英语分级分类教学对任课教师提出了更高的要求，要充分考虑教师的授课特长和需求，对每个级别、每个模块的教师进行精心安排，充分调动任课教师的积极性，以利于每个学生得到优质又适用于自己的教学资源。为了帮助更多的教师熟悉整个大学英语分级教学的模式，也可采用轮岗制，每个教师首先要选择 1~2 门通用英语课程，同时至少选择跨文化交际模块和专门用途英语模块中的一门课程来讲授。为了确保大学英语分级教学的顺利开展，可以考虑将教师划分为不同的课程组，选择同一门课程的教师组建为一个课程小组，如"学术英语写作课程小组""跨文化实用交际课程小组"等。同一课程组内的教师将开展平行班教学，方便学生选修相应时间段的课程。同时，课程组可以定期组织开展一些教研活动，就该门课程的教学方法、教学内容、考核方案等问题互相学习交流，"通过团队成员互相启发和共同反思，实现教学与科研能力的协同提高"（胡杰辉，2014a）。新的大学英语课程实施方案有助于促进教师积极开展对大学外语教学模式、教学方法和教学内容的研究，不断提高自身的学科素养、教学素养、科研素养和信息素养，全方位提升大学外语教学质量。

2.3　考试管理

在新的课程体系下，大学英语课程主要采用形成性评价方法，由平时的过程考核和期末的终结性考核组成，以利于从多个维度对学生的英语综合能力进行评估，客观反映学生的英语水平。过程考核约占课程总成绩的 50%，主要包括课堂表现（课堂出勤、课堂活动参与度等）、自主学习（依据教学要求完成线上线下作业和学习任务）、平时测验（期中考试、单元检测等）。可以继续沿用现在的大学英语平时成绩记录表来客观记录学生的课堂表现，对学生学习的全过程进行观察、记录和分析。终结性考核主要通过期末课程考试的形式进行，考试试题要根据各级别的授课内容和学生的英语水平来设计，同一门课程的考试采用统一的试卷，不同级别的试卷要在题型、难易度上充分体现差异。"终结性评价重在规范，在实践中，校本大学英语课程评价涉及学生数量巨大，参与教师众多，属于高风险测试，因此需要以规范的命题流程保证评价测试的科学和公平。"（胡杰辉，2014b）可由多名教师组成的课程团队共同完成课程终结性考试的试题命制工作，再由课程组长汇总审核本门课程的试题，审核通过后再交由教研室主任进一步审核，最后由教学院长终审通过后，教务老师才能将试题送交教务处统一印制。学术英语交流、跨文化实用交际这些课程的评价方法应该主要基于课程内容和任务，重点考查学生的英语语言技能，可制定出清晰的、可量化的课程评价标准，确保课程目标的实现。

需要注意的是，因为四川大学每年要招收逾 8000 名本科新生，所以大学英语分级教学只能循序渐进地进行，不可能一蹴而就。而且大学英语分级教学应该依据实际情况进行动态调整，而非一成不变。在实践的过程中，可逐步出台相关的制度文件来完善大学英语分级教学管理工作，如分级实施办法、考试管理办法等，最后形成一个规范性的文件——《四川大学大学英语分级教学管理办法》。同时，要在 2023 级新生中广泛开展大学英语分级教学宣传，使学生充分了解分级教学的实施方法，以及各级别的教学目标、教学计划、考核方式、教材等方面的差异，以利于选择真正适合自己的大学英语课程系列。如此，才能有效提升教与学双方的积极性，进一步提高大学英语教学质量。

参考文献

郭晓遐，2012. 大学英语分级教学研究初探［J］. 语言与文化研究（10）.

胡杰辉，2014a. 建设校本学习共同体，推动外语教师职业化发展——"外语教师职业化发展研修班"综述［J］. 中国外语教育（2）.

胡杰辉，2014b. 目标导向的大学英语课程体系研究［J］. 中国外语（6）.

教育部高等学校大学外语教学指导委员会，2020. 大学英语教学指南（2020 版）［M］. 北京：高等教育出版社.

王守仁，2017. 转变观念　深化改革　促进大学外语教学新发展［J］. 中国大学教学（2）.

文秋芳，2012. 大学英语面临的挑战与对策：课程论视角［J］. 外语教学与研究（2）.

精读课教学中的异质文化
与民族文化自信研究

戴　姗　邓玉梅

四川大学外国语学院

摘要： 大学英语课除了培养学生听说读写方面的综合能力，还应重视学生跨文化交际能力的发展，使之适应新时代中国发展的人才需要。笔者将结合教学实例，针对大学英语教材某单元进行教学案例设计，通过引导学生感受异质文化，取其精华、去其糟粕，增强学生学习并丰富发展本民族文化的意识。

关键词： 跨文化交际；英语教学；民族文化

2015 年我国高等教育发展战略文件《统筹推进世界一流大学和一流学科建设总体方案》中首次提出"双一流"概念，由此开启了新时代我国高等教育双一流建设的时代序幕和崭新篇章（拓丹丹、严孟帅，2022）。在"双一流"背景下，我国大学外语教学势必要在坚持内涵发展的基础上与国际接轨，并争取在思想、知识等领域拥有一定的话语权。因此，切实有效的跨文化交际就显得格外重要。大学外语精读课教学不应只培养传统的语言技能，而更应注重对异国文化的普及与欣赏，逐步提升学生的人文素养，增强学生的文化意识。跨文化交际的双向性决定了文化交流不能仅停留在"输入"阶段，还需要有效"输出"。跨文化交流需要有中国声音、中国文化与民族精神。准确生动地讲述中国故事能潜移默化地增强学生的民族文化自信，同时比较两种文化的异同能引导学生感受异质文化，以客观的心态评价外国文化，进而取长补短，丰富和发展本民族文化。

1 大学外语教学中跨文化交际的重要性

1.1 理论层面

语言是人际交往时约定俗成的媒介与符号，用以传达人们的想法或情绪。语言不仅具备特定的"文化"属性（汪翔、赵爱国，2021），还作为载体承载并反映着一个社会特有的文化，是人类文明的表征。而文化既先于语言又渗透语言，是语言的支撑。如果缺乏对某一社会地区文化体系的认知与了解，就很难准确地深入理解与恰当运用此语言，还可能产生不必要的分歧与误会。因此，大学外语课堂除了培养学生基本的英语语言技能，还应深入挖掘课本背后蕴含的文化知识，方能有效地帮助学生合理并恰当地运用英语。

大学英语教学改革目标从培养学生的英语综合能力到强调学生实际的英语语言运用能力，从 1998 年颁布的《大学英语教学大纲》到 2015 年实施的《大学英语教学指南》，教学改革重点从教授英语语言技能转变为提升学生跨文化交流的能力，而这同时也契合通识教育的目标和模式。哈佛大学出版的《自由社会的通识教育》一书强调人文学科与自然学科和社会学科具有同等重要的地位（肖朗、王学璐，2021）。该书的出现标志着大学教学应回归对人文精神的重现，大学教育的根本目的是培养德智体美综合发展的学生，帮助学生其形成跨文化的知识视野与价值观念（谢鑫、蔡芬，2020）。

1.2 实践层面

目前，大学英语教学改革虽然成绩斐然，但在大学英语课堂中，师生仍通常将重点放在培养语言技能上，尤其是着重学习语法规则与词汇，往往狭隘地认为学好一门语言的捷径就是正确运用语法规则并积累大量词汇。例如，四六级考试的考试性特点使得学生需要将大量精力花在背语法、词汇和做大量模拟试题上，并且也更加看重答案的标准性与唯一性。语法知识固然重要，但获得外语的语感和掌握课文所涉及的文化知识同样重要，这就需要学生多背诵课文，在此基础上多理解课文，并在课堂上积极与教师或者同学讨论交流，挖掘自己尚未涉足的异质文化领域，保持对不同文化和风俗的好奇心，进而逐步拓宽视野，始终保持对英语学习的热情。

通过英语四六级考试的考生，在某种程度上不一定具有较高的文化交际素养。通常来说，大部分学生独立运用语言的能力较差，"高分低能"现象已不是什么新奇事件。长此以往，学生会出现知识结构失衡、人文知识和国际文化匮乏等问题。而当学生英语学习的投入时间与效果不成正比时，会倍感受挫，进而直接影响英语学习的兴趣。随着当前英语交际与表达应用不断成熟，教师在开展大学英语教学时，需要以文化交际为导向，关注实践应用，积极重构真正有利于学生英语学习的教学体系。

在大学英语教学改革中不乏高校勇于创新英语教学方式。受制于有限的社会实践及国外交换学习的机会，在线协作学习方式脱颖而出，成为提高学生跨文化能力的重要途径。四川大学与荷兰格罗宁根大学和瑞典乌普萨拉大学合作的在线跨文化交际项目通过网络教学平台、电子邮件等线上手段就特定话题进行了为期一年多的交流与讨论。结果显示，所有学生都认可在线跨文化交际项目对促进跨文化交际活动的意义，80%的学生能通过在不同文化视角下考察某一话题进而丰富自身看待问题的维度，90%的学生认为该项目是重要的课堂辅助手段，并能将课堂所学知识应用于小组话题讨论（段峰、陈莉，2019）。有学者借鉴纽约大学在线协作国际学习项目的做法，就一项中美虚拟协作项目展开了分析与讨论，从跨文化意识、认知、社交、情感四个维度对参与全英文课程的 37 名中、美学生跨文化交际能力的发展状况进行了深入调研（冷静、方文波、李玲玉，2021）。结果发现学生跨文化交际能力呈现"倒U"型上升趋势，为有效减缓异质文化冲击带来的情绪波动，教师应将跨文化交际的相关知识融入教学，系统地、循序渐进地培养学生的跨文化交际能力。

无论是理论层面还是实践层面，都明确强调了在大学英语课堂中培养学生跨文化交际能力的重要性。教师应尽量提供机会让大学生更多地接触多元的文化环境，并有效增强其在线协作能力，从而适应当下社会对复合型人才的需求。

2　跨文化交际中中国文化失语现象

国内对外汉语教学界对于什么是"跨文化交际"还处于各抒己见、各执一词的阶段，学者之间认识差别很大（朱芬、邵静，2019），但学者们大多认同这种交流是双向的。一方面中国的学习者需要学习与了解英语语言所负载的人文风俗知识，另一方面他们也有责任利用英语这一媒介传播中国文化，让世界了解一个真实的中国。

但在目前的大学英语课堂上却较少涉及对中国文化的讲授，语言学家的理论和实践研究均聚焦于如何在让英语走向世界的同时扩大英语文化的影响力，而较少涉及英语学习者对母语文化的表达和传播（翁晓红，2019）。当代大学生用英语讲述中国优秀文化及时事热点时，往往是想说说不出，抑或思考半天而支支吾吾吐露一些不地道的词句搭配，甚至有时还会闹出笑话。在近年的大学英语四六级考试中，考生在完成与中国文化相关的汉译英试题时，把"巧妇难为无米之炊"译为"no wife, no rice"，"皇宫"译为"yellow house"，"禾苗"译为"rice tree's home"等。有学者认为原因主要是高校没有严格按照国家颁布的英语教学大纲相关要求执行中国文化教学（肖龙福、肖迪、李岚，等，2010），也有学者认为是外语教育政策对中国文化失语制约外语教育发展的事实认识不足（张珊，2017）。

从大学课堂必备的教学资源——教材说起，以英美文化为主的西方文化相关文章通常占到教材内容的七到八成，而单独介绍中国文化的文章则较少。部分高校英语教师在讲解英美文化时较少延伸拓展与之相关的中国文化，通常讲解完课文即布置学生做课后练习并进行习题讲解，而较少使用线上平台，例如，与国外合作高校进行线上跨文化交流，或者通过电子邮件让学生有机会亲自与国外学生交流探讨等。若有交流机会，学生也不应只和国外学生探讨国外文化，多谈论中国的节日习俗或哲学思想等也可以有效地增强学生的民族自信心与自豪感，使学生在跨文化交流过程中愿意主动成为中国文化的传播者。

首先，笔者认为教材的内容设置应尽量做到中西平衡，适当增加中华优秀传统文化及近年国内重大新闻事件等，如中国历史、人文风情、社会治理等。此外，国内学界或海外华人等翻译的体现中国文化与社会现象的英语文章也是学生学习的优秀素材。学生能用英语讲好中国故事，既可以激发学生用英语表达中国文化的兴趣和自信，使之逐渐摆脱中国文化失语的尴尬，同时在与国外学生交流的过程中，也能逐步打破国外学生对于中国形象的固有偏见，从而让他们重新树立起对中国的友好印象。

其次，在教学的输入阶段，教师对于教材中涉及的英美文化背景及语言知识也不应视而不见，如教材中引用的经典寓言、圣经故事、希腊神话等。准确理解课文内容是学生有效进行跨文化交际的重要前提条件。此外，从英美文化中拓展延伸讲解中国文化，增进对不同文化的理解也是至关重要的。如从西方的情人节联想到中国的七夕节，从西方的个体主义延伸到中国的集体主义等，在了解目的语文化的同时联想与之对应的母语文化，使学生增强表达母语文化的意识。

在教学方式上，多利用线上平台与合作高校进行互动交流是单一文化背景下提升学生跨文化交际能力的一种合理又有效的方式。借助视频会议、电子邮件等都能够及时为学生补充教材内容的相关知识，开阔学生眼界，同时也为学生表述中国文化提供了一个良好的平台。

3　大学外语精读课教学实践

以上述理解作为背景和认知，笔者选取四川大学公共外语课堂教学使用的《全新版大学高阶英语综合教程（第三版）》（上海外语教育出版社）中第三册第二单元的内容"Security"，从美国与中国的枪支使用情况及居住环境的安全程度入手，探讨对比中美两国在个体自由及团体归属中的差异，在教师的引导下让学生自发感受并总结两种文化的不同，培养学生对异质文化的敏感性，择其长处去其短处，创造性地宣传本民族文化，增强学生的民族自信。

3.1　准备阶段

教师认真准备该课程的教学内容，选择真实地道且新颖的语言素材，引起学生兴趣的同时保证教学内容的高阶性。在设计教学任务时遵循由易到难、逐步过渡的原则，并按照学生的英语能力水平进行分组，尽量做到组内成员优势互补，组间英语实力悬殊较小，并通过组内自荐及匿名投票的方式选出小组长。之后教师给学生布置提前阅读课文及查找资料的任务，为课堂讨论与参与做好准备。

3.2　教学阶段

课堂教学活动应坚持以学生为中心的教学模式，教师可以利用质疑教学法激发学生思考并提出见解，同时结合任务型教学法，通过小组讨论、分组辩论及陈述报告等，深化并拓展学生对教学内容的理解。首先，教师在课堂上通过短视频等方式，与学生探讨美国枪支使用及管制问题，并介绍与课文相关的重点词汇和短语，使学生熟悉背景知识，减少认知负担。其次，通过设置阅读任务等帮助学生理清文章脉络并了解有关美国安全方面的知识。在完成对课文的大致讲解后，教师以提问的方式发起交流活动，如"美国是否能从根本上禁止枪支的使用？""美国每年因枪击死亡的人数与枪支的合理买卖有多大关系？"等，而后各小组就话题展开组内讨论并发表意见，教师则给予及时反馈。在课堂结束前，教师在多媒体上展示与该课文相关的一些话题，如"美国枪支使用的历史由来""美国居民住宅的安全程度"等，由小组长抽签决定其小组展示的主题。之后留时间给学生进行组内分工，为下一节课的课堂展示做好准备。

在第二堂课开始时，教师先就上节课内容进行简单复述，紧接着让学生依次上台进行小组展示，展示的小组需要在最开始时提出问题，展示结束后，学生针对问题发表自己的见解，教师给予及时鼓励与反馈。在小组展示结束后，教师可以通过网络教学辅助平台或视频会议与国外合作高校进行线上互动，以讲座的方式为学生补充美国安全方面的相关知识，每小组做好笔记。在讲座结束后，将双方参与此课堂的学生拉进一个交流群，就与此相关的话题展开自由辩论。但需注意，学生在跨文化交流中出现的问题及矛盾可能更多地产生在人际关系层面（Oberg，1960）。因此，针对文化冲击可能带来的困扰，教师应事先说明并在出现问题时及时引导与协调。课堂结束后，各小组根据笔记完善小组的课堂展示，并做一个关于中国安全的课堂演示稿，例如，选择"美国枪支使用的历史由来"的小组负责"中国枪支火药的历史由来"主题，其他小组根据各自主题进行拓展。

在第三堂课上，各小组依次进行线上课堂演示，向国外学生展示中国安全方面的内容，每展示完一组即可提问，学生回答国外学生提出的问题，教师进行补充。展示完毕后，教师留出时间让国内外学生进行自由讨论。

3.3　反思阶段

课后布置学生写作任务，针对中美两国安全及枪支使用方面的差异写下自己的感受，最后教师进行点评并在课堂上分享新颖观点。通过学习与比较中美两国的枪支使用情况及居住环境的安全程度，学生对异质文化能有更深刻的理解，而课后写作任务能更好地激励学生开拓思维，找寻异质文化中有益于本民族文化发展的创新点，进而增强学生的民族自信。

结　语

在"双一流"学科背景下大学英语教学中的跨文化交际元素毫无疑问是至关重要的，这不仅契合课标所要求的教学目标，更是有效提升学生跨文化交际能力的关键因素。如何有效地做好中国学生的国际交流，使学生通过英语语言与文化的输入实现中华文化与文明的宣传输出，是一门重要学问。教导学生以正确的心态对待异质文化、重视本民族文化的发展不应仅在理论层面生根发芽，更应在实践中开花结果。

参考文献

段峰，陈莉，2019. 在线跨文化交际（OIE）与本科生国际交际能力培养［M］//外国语言文学与文化论丛，成都：四川大学出版社.

冷静，方文波，李玲玉，2021. 在线环境中大学生的跨文化交际能力分析——后疫情时代下基于一项中美虚拟协作项目的思考［J］. 现代教育技术（11）.

拓丹丹，严孟帅，2022. "双一流"学科建设视域下中国教育学成长的逻辑与路径［J］.

教育理论与实践（13）.

汪翔，赵爱国，2021. 语言文化学视角的语言符号"文化性"浅论［J］. 中国俄语教学（2）.

翁晓红，2019. 大学英语课堂消解"中国文化失语症"初探［M］//外国语言文学与文化论丛，成都：四川大学出版社.

肖朗，王学璐，2021. 大学通识教育的科学取向与人文取向——杜威与赫钦斯之争综论［J］. 北京大学教育评论（1）.

肖龙福，肖迪，李岚，等，2010. 我国高校英语教育中的"中国文化失语"现状研究［J］. 外语教学理论与实践（1）.

谢鑫，蔡芬，2020. 美国一流大学通识课程结构的模式分析［J］. 教育研究（3）.

曾宏伟，2005. 大学英语教学与中国文化教育［J］. 中国大学教育（4）.

张珊，2017. 中国外语教育的文化自觉［J］. 外语教学（2）.

朱芬，邵静，2019. 基于跨文化交际的大学英语教学模式建构［M］. 成都：四川大学出版社.

OBERG K，1960. Cultural shock：adjustment to new cultural environments ［J］. Practical Anthropology（4）.

基于师生合作评价的英语议论文写作教学
——图尔敏论证模式视角①

钟悦欣[1]　徐晓燕[2]　邵子萌[1]

1 成都文理学院外国语学院；2 西南交通大学外国语学院

摘要：本文采用准实验研究法，实验组接受融入图尔敏模式的师生合作评价教学，控制组接受经教师培训的同伴互评教学，旨在对比两种评价教学对英语议论文论证质量的影响。研究发现，相比控制组，实验组的反方论点、反驳论点和反驳论据的论证质量更高。文章最后分析了师生合作评价教学对学生论证能力的影响，并对英语议论文教学的开展提出了建议。

关键词：师生合作评价；图尔敏模式；英语议论文写作教学

同伴互评一直是写作教学的重点研究领域（Cho and Macarthur, 2011）。为提升同伴互评的质量，学界提出了经教师培训的同伴互评模式（Trained Peer Review Assessment, 简称 TPRA），并进行了实证研究（Min, 2005；Yang and Meng, 2013）。但在二语环境中，同伴互评的效果受到了质疑（Memari Hanjani, 2013, 2016；文秋芳, 2016）。为解决单一评价和同伴互评的低效性，文秋芳（2016）提出了师生合作评价模式（Teacher-Student Collaborative Assessment, 简称 TSCA）。

已有研究多关注 TSCA 教学程序、教学策略或开展辩证研究（孙曙光, 2017, 2019, 2020），本研究则进一步将图尔敏论证模式（Toulmin, 1958, 2003）融入 TSCA 教学。基于图尔敏模式论证质量要

　① 本文系钟悦欣主持的第十一批中国外语教育基金一般项目"句法复杂性理念下'英语语法'课程 SPOC 混合式教学改革与实践"（ZGWYJYJJ11A142）阶段性成果。

求（Qin and Karabacak，2010；Stapleton and Wu，2015），本文采用准实验研究法对比 TSCA 和 TPRA 对英语议论文写作水平的影响。图尔敏论证模式是英语议论文的重要框架，开展师生合作评价对学生掌握图尔敏论证模式，对提升英语写作教学质量有积极意义。

1　同伴互评及师生合作评价相关研究

同伴互评，也称为同伴修改、同伴反馈或同伴评阅，是一种协作活动，要求学生阅读、评论同伴的写作文本，并提出修改意见（Tsui and Ng，2000）。研究发现，同伴互评有助于增强学习者的读者意识和思辨技能（Tsui and Ng，2000；蔡基刚，2011），提升文本质量和写作能力（Cho and Macarthur，2011；Gao，Schunn and Yu，2019；Li and Zhu，2017），并显著影响词频和句长（陈丹丹，2021）。但二语环境下的同伴互评面临着许多问题。例如，同伴互评主要关注语言，如单词拼写、语法错误等，未能提供涉及思想内容、篇章连贯等有价值的反馈（Memari Hanjani and Li，2014）。也有研究表明同伴反馈的有效性不如教师反馈，因为在二语环境中，学生对同伴的语言水平缺乏信心，认为教师是"权威"，更信任教师反馈（Tsui and Ng，2000：147；Zhao，2010）。

为了训练学生开展同伴互评，早在 20 世纪 90 年代初就出现了各类同伴互评培训模式（TPRA），以鼓励教师就同伴互评的步骤、策略等展开课堂培训。TPRA 呼吁教师教授写作修改策略，以此在同伴互评中提供专业帮助。例如，Min（2005）构建了四步互评法，其互评技巧包括澄清作者的意图、确定问题的来源、解释问题的性质和提出具体建议。结果表明，经过培训后，学生在修改稿中采纳了更多来自同伴的反馈建议。Yang 和 Meng（2013）实施了在线反馈培训计划，即计算机辅助协作学习（CSCL），以帮助学生识别作文的语法、拼写和篇章问题。实验包括四个修改步骤，即任务定义、评价、策略选择和文本修改，其结果表明写作能力较差的学生在纠正表面错误和篇章方面进步更大。而写作能力较好的学生进步并不明显，因为他们不信任自己的同伴，因此只修改了语法和拼写错误。TPRA 另一个典型的模式是 Memari Hanjani（2013）设计的合作修改模式，要求学生根据教师的注释和反馈共同修改作文。研究表明合作修改模式可以为学生提供分享观点的机会，提高了自我意识和自我监控能力，并避免无法识别错误、不信任同伴评论的有效性、习惯性地关注表面错误等问题（Memari Hanjani，2016）。

尽管 TPRA 的目的是在教师的专业指导下促进同伴互评，但二语语境面临的困境仍然对该教学法构成了挑战，如学习者英语基础薄弱、对教师的过度依赖、害怕批评等（Memari Hanjani，2016）。TPRA 中教师的培训试图涵盖写作的各个方面，使同伴互评没有关注点。此外，在大班化的英语学习中，如果要求教师对学生的每一篇文章进行评价，这将给教师造成巨大的负担。而 TSCA 作为一种同伴互评培训实践，是专门针对二语语境中同伴互评面临的挑战而设计的（文秋芳，2016；Wen，2016）。

目前，针对 TSCA 的实证研究分为两类。一类研究在探究产出导向法（POA）有效性的同时将 TSCA 引入教学干预中，结果表明 POA 对写作能力有积极影响（张文娟，2017）。另一类研究旨在探讨 TSCA 课堂评估的程序、选择评估内容的原则和策略（Sun，2020；孙曙光，2017，2020），以及对学生写作能力的影响（Tan，2017；孙曙光，2019）。孙曙光（2017）进行了选择评估焦点的课堂实践（Sun and Wen，2018）。选择评估焦点，进行课堂同伴互评是 TSCA 的核心。Tan（2017）比较了 TSCA 和 Memari Hanjani（2013，2016）提出的合作修改模式的有效性，结果显示，经过 5 周的培训，TSCA 组在论点、论据、反方论点、驳论论点和驳论论据方面的表现优于合作修改组。其研究表明，教师的专业训练的确能让学生对文章结构和论证质量有更清晰的认识。孙曙光（2019）在两轮辩证研究的基础上，以选择性学习（文秋芳，2016）和聚焦评价（Sheen，Wright and Moldawa，2009）为基础，探讨了聚焦评价教学的原则，其结果证明了聚焦评价的有效性。

从理论上讲，TSCA 在每次同伴互评中选择一到两个评价焦点，这种循序渐进的培训是符合课堂和学生实际的。这两种评价模式的本质区别在于，TSCA 实现了教师的支架作用到学生的独立修改的渐进过渡，而 TPRA 着力于同伴互评之前教师的"全面"点拨。已有研究只关注了词汇、句子、语法等表面的语言问题及整体写作水平，鲜有研究把图尔敏模式应用于 TSCA 教学中。为了弥补研究空白，本研究旨在回答：和经培训的同伴互评教学相比，一学期的师生合作评价教学对英语议论文图尔敏论证模式的论证质量有何影响？

2 研究方法

2.1 研究背景

本研究在一所 211 高校英语系进行。被试来自两个自然班，共 81 名英语专业大二学生。其中，实验组为 TSCA 组，共 41 人（男生 3 人、女生 38 人）；控制组为 TPRA 组，共 40 人（男生 3 人、女生 37 人）。两组学生在此之前均学过英语说明文写作。本研究历时 16 周，每周 2 个课时（90 分钟），所授课程为英语议论文写作，选用教材为外研社出版的《现代大学英语中级写作》（下册）。

2.2 教学过程对比

TSCA 和 TPRA 教学法的教学过程对比如表 1 所示。TPRA 与 TSCA 的不同之处在于，TPRA 没有教师设立的评价焦点。教师以教材中的文章为例，评论例文的语篇组织、论证内容和语言表达，以此教授修改策略。TPRA 的同伴互评环节也依据教师对例文的评析步骤展开。在整个同伴互评过程中，教师并没有真正地参与讨论，而是在学生有需要的时候给予帮助。

表 1 TSCA 和 TPRA 教学过程对比

变量	TSCA 组	TPRA 组
课堂学习（90 分钟）	讨论教材规定的议论文技巧； 讨论教材中的范文； 课后作业：根据教材规定的写作话题完成一稿。	同 TSCA 组
课堂评价和课后评价（90 分钟）	课前： 教师根据教材每单元规定的议论文技巧确定当周的评价焦点，如篇章主旨句等； 教师选择学生一稿中的典型样本，并仔细修改评价焦点涉及的段落。	课前： 教师根据教材范文总结修改策略； 无具体的评价焦点。
	课中： 教师根据评价焦点，并针对学生的典型样本设计讨论问题； 学生两两组队，讨论教师典型样本和教师的提问； 教师主导全班讨论典型样本并修改。	课中： 对教材范文进行显性分析，重点评价用词和思想的表达，要求学生学习范文的语言； 同伴互评，无教师主导。
	课后： 对一稿进行同伴互评和自主评价； 根据同伴反馈和自我反思修改一稿，上传二稿至 iWrite； 根据 iWrite 机器评阅，完成三稿。	课后： 同伴互评； 自主修改； 上传二稿至 iWrite。

TSCA 中，同伴互评是由教师课前根据当次课的评价焦点设计的讨论问题引导的。同伴互评结束之后进行全班讨论，讨论典型样本的优缺点，并提出修改意见。在这个环节，学生可以交流他们的修改意见；教师则分享课前的修改，并就学生的修改提供反馈。这种由教师引导的课堂讨论和修改可以成为学生在课后进行同伴互评的一种参考。

2.3 研究工具

本文的研究工具包括写作前测和后测。前测检验 TSCA 组和 TPRA 组的论证质量是否处于同一水平，以验证教学实验的合理性。前测写作话题为："Artificial intelligence is friendly or frightening?"，后测写作话题为："Are beauty contests harmful?"。后测结果代表 TSCA 和 TPRA 教学法的效果。每次测试被试需在课上 45 分钟内写一篇议论文（至少 350 字）。

2.4 图尔敏论证模式及论证质量赋分方法

图尔敏（Toulmin，1958，2003）提出的论证结构是议论文写作的重要框架，共包含六个要素，分别是论点（claim）、论据（grounds）、理由（warrant）、支援（backing）、限定词（qualifier）和反驳（rebuttal）。为更好地辨认各论证要素，相关研究对图尔敏模式进行了细化（Qin and Karabacak，2010；Stapleton and Wu，2015）。简化后的论证结构包括论点（claim）、论据（data）、反方论点（counterargument claim）、反方论据（counterargument data）、反驳论点（rebuttal claim）和反驳论据（rebuttal data），其中论点要素包括篇章主旨句、段落主题句和结论三个子要素（Coffin，2004；Tan，2017；徐晓燕，2017）；反方论点、反方论据、反驳论点、反驳论据四个要素共同构成反驳段。

本研究采用的是简化后的图尔敏模式，各要素论证质量的评分根据 Stapleton 和 Wu（2015：20）制定的评分表（Analytic Scoring Rubric for Argumentative Writing，ASRAW）进行。因为 ASRAW 不能对论点的三个子要素，即篇章主旨句、段落主题句和结论，进行独立评分，本文则进一步基于 Tan（2017：139）提出的包括篇章主旨句（0~2 分）、段落主题句（0~2 分）和结论（0~1 分）的框架对论点的质量进行评分（详见表 2）。在实际评分过程中，本文对反方论点和反驳论点要素的评分细则进行了修改（详见表 2）。

表2 论证内容质量评分方法和例子

结构要素	评分方法和例子
论点 （总分：5分）	评分方法：论点的质量从篇章主旨句（0~2分）、段落主题句（0~2分）和结论（0~1分）三个维度进行评分。
篇章主旨句	评分方法：①篇章主旨句同时包含作者的立场和预示点，计2分，而如果仅给出立场或预示点，则计1分。②评分方法依据吴婧（2003），标准的篇章主旨句应包含作者的立场或观点（opinion），以及预示点（predicators）。
	例子：However, I believe that beauty contests are harmful（立场/观点），which not only set a bad example for young people, but also ignore people's virtue.（两个预示点，计2分）
段落主题句	评分方法：①若段落主题句和预示点一致，计2分；若不一致，则计1分。②评分方法依据图尔敏模式，要求段落主题句需和篇章主旨句中的预示点一致。
	例子：However, I believe that beauty contests are harmful, which not only set a bad example for young people, but also ignore people's virtue.（篇章主旨句中包含两个预示点，与段落主题句一致） First, beauty contests leave a negative influence on young people.（段落主题句1） Second, beauty contests are superficial which ignore the beauty of virtue.（段落主题句2，计2分）
结论段	评分方法：①结论重述了篇章主旨，计1分；反之，不计分。②评分方法依据图尔敏模式，要求在结论段重述篇章主旨。
	例子：All in all, beauty contests let people experience true beauty, lead them to live a healthier life and show them the importance of optimism.（结论段重述了篇章主旨，计1分）
反方论点和驳论论点	评分方法：根据 ASRAW 的评分细则，反方论点和反驳论点需完全满足相关性才能得到10分，反之则为0分。但在实际评分时，本文发现，与下例2相比，例1中的反方论点没有为读者提供有效的指示性信息，作者仅使用 disadvantages 和 advantages 进行抽象论述。因此，评分员进一步修改了评分表，反方论点和反驳论点的评分分为三个维度，0分、5分和10分。
	例1：However, from another perspective, its disadvantages overweigh the advantages.（抽象论述，无有效信息，计5分） 例2：Admittedly, some people may argue that there are many corruptions in beauty contests.（有指示性信息，为有效论述，计10分）

2.5 数据收集与分析

两位评分员随机选取了 20 篇作文，总结了常用的"语义结构"（semantic structure）和"语言要素"（linguistic element），用以识别图尔敏结构要素（Qin and Karabacak，2010：449）。例如，in my view 通常用来引出篇章主旨句。根据修订后的赋分方法，两位评分员对随机选取的 10 篇作文的论证内容进行评分。各要素评分的相关系数 r 达到 1.000、1.000、1.000、1.000、0.911、0.954、1.000、0.965、1.000，评分信度较高。最后，两位评分员分别对所有作文的论证内容进行赋分，对赋分有争议的作文由两位评分员讨论达成一致。本文使用 SPSS 20.0 对各变量进行描述性统计。根据正态分布检验的结果，本文采用独立双样本检验来分析变量是否有组间差异。

3 论证质量评分统计结果

如表 3 所示，前测中，两组在论点（$p=0.798$）、论据（$p=0.362$）、反方论点（$p=0.472$）、反方论据（$p=0.795$）、反驳论点（$p=0.967$）及反驳论据（$p=0.684$）的论证质量上未呈现显著差异（$p>0.05$）。因此，在教学干预前，论证质量无显著组间差异（$p>0.05$）。

教学干预后，论点（$p=0.742$）、论据（$p=0.063$）及反方论据（$p=0.606$）的论证质量无显著性差异（$p>0.05$）。但反方论点（$p=0.004$）、反驳论点（$p=0.002$）和反驳论据（$p=0.000$）的论证质量有显著组间差异（$p<0.05$），TSCA 组这三个要素的论证质量更高（反方论点：$M_{TSCA}=7.07/M_{TPRA}=4.63$。反驳论点：$M_{TSCA}=6.22/M_{TPRA}=3.75$。反驳论据：$M_{TSCA}=6.59/M_{TPRA}=2.38$）。

表 3　前后测论证质量的描述性统计和独立双样本检验结果

	组别		论点	论据	反方论点	反方论据	反驳论点	反驳论据
前测	TPRA	M	3.68	11.75	2.13	1.75	0.88	1.00
		SD	1.185	4.606	3.560	3.848	2.503	2.819
	TSCA	M	3.59	12.68	1.71	1.71	0.85	0.73
		SD	1.204	4.623	3.466	3.970	2.475	2.388
		p	0.798	0.362	0.472	0.795	0.967	0.684

续表

	组别		论点	论据	反方论点	反方论据	反驳论点	反驳论据
后测	TPRA	M	4.45	15.25	4.63	3.75	3.75	2.38
		SD	0.714	4.662	3.821	3.536	3.152	2.993
	TSCA	M	4.32	17.32	7.07	4.02	6.22	6.59
		SD	0.934	5.256	3.157	3.004	3.497	3.781
		p	0.742	0.063	0.004	0.606	0.002	0.000

4　讨论

4.1　师生合作评价对反驳段撰写的有效影响

研究发现，一学期后 TSCA 组的反方论点、反驳论点和反驳论据的论证质量更高（$p<0.05$）。研究结果表明融入图尔敏模式显性教学的师生合作评价能有效指导反驳段的写作。

与先前研究结果一致（Bacha，2010；Nussbaum，Kardash and Graham，2005；Tan，2017），本文表明图尔敏模式的显性教学有助于提升议论文写作能力。在教学过程中，对图尔敏论证模式进行显性指导有助于鼓励学生构建反驳段四要素，即反方论点、反方论据、反驳论点和反驳论据（Nussbaum，Kardash and Graham，2005），引导学生改善议论文论证结构（Bacha，2010）。从而，学生可以避免"自我中心偏见"（myside bias）的结构，增强论点的说服力（Nussbaum，Kardash and Graham，2005；Wolfe，2012）。

此外，教师在师生合作评价中对同伴互评活动提供支架式教学或示范化教学对提升学生的写作和评价能力有积极影响。本研究证实了 Tan（2017）的实验结果，两者都表明教师干预能有效地帮助学生提高论证技能，特别是反驳技能。本研究遵循聚焦评价原则（Sheen，Wright and Moldawa，2009），把图尔敏论证要素作为师生合作评价教学的课堂评价焦点。在师生合作评价教学环境下，教师每周选取某一个图尔敏论证要素作为评价焦点，并挑选学生的写作样本，就同一论证要素进行修改。在课堂同伴互评时，教师引导学生讨论如何修改样本，之后学生进行同伴互评，并修改自己作文中的同一论证要素。由于反驳段的知识对学生来说是全新的，教师对同伴互评的示范让学生更好地了解反驳段的结构和反驳论点的写作技巧。与 TSCA 构建评价焦点的模式不同，TPRA 教学法试图让每一次的同伴互评都涵盖所有的论证要素。缺乏评价焦点，对反驳段写作和修改技巧阐释不足，如此较难培育学生构建反驳段的意识。

4.2 师生合作评价对论点、论据和反方论据撰写的影响

教学干预后，论点、论据和反方论据的质量没有显著的组间差异（$p>0.05$）。与 Tan（2017）的报告一致，TSCA 教学对论点的撰写没有显著影响。经过 16 周的教学，论点的论证质量接近满分，说明学生可以在教学指导下掌握论点的撰写技巧。且两组学生均已接受过说明文写作训练，对篇章主旨句等论点要素较熟悉。

TSCA 和 TPRA 对论据撰写的干预效果不理想，说明学生在论证论点时表现不佳，与先前研究结论一致（Qin and Karabacak，2010；刘应亮、陈愿，2016；刘应亮、李思琦，2017）。首先，写作能力的习得既有认知性，又有技能性，且论证质量的提升对学生的批判性思维能力有较大的挑战（Liu and Stapleton，2014），而仅靠一个学期的课堂学习难以提升这些能力。教学更多的是将英语写作知识系统化、显性化，将写作知识从无意识转向有意识状态，从而帮助学生有效重组大脑中的写作知识概念体系，但这些是陈述性知识。而写作技能的提升还包括程序性知识，需要持续训练，才能最终习得。

此外，大二的英语专业学生在接受了说明文写作教学后，已经具备了提供论据进行论证的意识（Qin and Karabacak，2010；刘应亮、陈愿，2016；刘应亮、李思琦，2017）。但论证质量评分结果显示，两组的论据平均分较低，表明论点缺乏多种具体论据的支撑。如下例中，论据没有清楚地阐述"这些活动"与"促进慈善事业"的联系，因而论据的相关性欠缺。基于刘东虹（2020b：92）的分类，此处的论据属于"描述分析性理由"，但作者省掉了"理由"和"依据"之间的推理，从而没能清楚地论证段落主题句。

例子：Second, beauty contests are promoting charities by asking these ladies to help the world. One of the most important parts in contest of Miss World is that the girls must contribute to activities that are good for the world. （依据） They are organized together to help poor children, and people suffering from illness and wars. Even if some of them pretending to do it, at least they have done something good. （理由）

与 TPRA 相比，虽然 TSCA 更有助于学生构建反驳段，但学生倾向于考虑反方的观点并立即构建反驳论点和反驳论据，而忽略了为反方论点提供论据。这可能是因为学生在概念化议论文的体裁特征时存在困难（Coffin，2004；Wingate，2012）。基于 Coffin（2004：236）提出的议论文论证结构，刘应亮和李思琦（2017）分析了中国学生偏爱使用阐述型和劝说式结构。在此类结构中，作者通常用典型的"三段式"进行写作，即中心论点、论据和建议，而忽略了反驳段。这一结果表明，写作教学应该努力让学生了解反驳段的功能和写作技巧，特别是反方论据的构建。

5 结论与教学启示

本研究以图尔敏要素论证质量作为观测变量，比较了 TSCA 和 TPRA 评价模式的教学效果。实验后，TSCA 组的反方论点、反驳论点和反驳论据的质量优于 TPRA 组（$p<0.05$）。结果表明 TSCA 组的进步在很大程度上归功于图尔敏模式显性教学，以及 TSCA 中教师对同伴互评的指导。在二语环境下，教师的权威角色对同伴互评的效果提出了极大的挑战（Memari Hanjani，2013，2016）。因此，教师指导和示范是学习者成功参与同伴互评活动不可或缺的一部分。

实验后，论点、论据和反方论据没有显著的组间差异（$p>0.05$）。结果表明，TSCA 和 TPRA 均有助于学生掌握论点要素的撰写技巧，但在论点论证时表现欠佳。论据不满足思辨技能的相关性、充分性等标准，就会造成论点薄弱、论述不明确等问题（刘应亮、陈愿，2016；刘应亮、李思琦，2017）。构建有效的论据，对学生来说是相当困难的（刘东虹，2020a），因此，本文建议在 TSCA 写作教学中引入 Stapleton 和 Wu（2015：20）设计的评估量表，以及刘东虹（2020b）对"理由"的分类，帮助学生构思、撰写和修改论据。

由于主客观条件的限制，本研究中 TSCA 教学设计还有待完善。且实验仅持续一学期，对于观察 TSCA 对写作能力的影响十分有限。建议未来研究采用延时后测等方法对学生的写作能力进行跟踪研究，以全面探讨 TSCA 的教学效果。同时，TSCA 对不同水平学习者的影响也有待进一步研究。

参考文献

蔡基刚，2011. 中国大学生英语写作在线同伴反馈和教师反馈对比研究［J］. 外语界（2）.

陈丹丹，2021. 动态评价视角下网络同伴互评对英语写作质量的影响［J］. 外语电化教学（2）.

刘东虹，2020a. 中国英语学习者论证图式的变化——基于 Toulmin 模式的纵向研究［J］. 现代外语（6）.

刘东虹，2020b. 图尔敏成分"理由"与现代汉语论证性语篇［J］. 当代修辞学（3）.

刘应亮，陈愿，2016. 中国学生英语议论文写作中的论证因素分析［J］. 外国语文研究（6）.

刘应亮，李思琦，2017. 英语学习者议论文论证结构特征研究［J］. 解放军外国语学院学报（1）.

孙曙光，2017. "师生合作评价"课堂反思性实践研究［J］. 现代外语（3）.

孙曙光，2019. "师生合作评价"的辩证研究［J］. 现代外语（3）.

孙曙光，2020. "产出导向法"中师生合作评价原则例析［J］. 外语教育研究前沿（2）.

文秋芳，2016. "师生合作评价"："产出导向法"创设的新评价形式［J］. 外语界（5）.

吴婧，2003. 大学生英语论说文语篇结构特征调查——篇章主题句和段落主题句的使用［J］. 国外外语教学（2）.

徐晓燕，2017. 中国大学生英语句法复杂性研究［M］. 成都：四川大学出版社.

张文娟，2017. "产出导向法"对大学英语写作影响的实验研究［J］. 现代外语（3）.

BACHA N N, 2010. Teaching the academic argument in a university EFL environment［J］. Journal of English for Academic Purposes（3）.

CHO K, MACARTHUR C, 2011. Learning by reviewing［J］. Journal of Educational Psychology（1）.

COFFIN C, 2004. Arguing about how the world is or how the world should be：the role of argument in IELTS tests［J］. Journal of English for Academic Purposes（3）.

GAO Y, SCHUNN C D, YU Q, 2019. The alignment of written peer feedback with draft problems and its impact on revision in peer assessment［J］. Assessment &

Evaluation in Higher Education（2）.

LI M, ZHU W, 2017. Good or bad collaborative wiki writing: exploring links between group interactions and writing products ［J］. Journal of Second Language Writing, 35.

LIU F, STAPLETON P, 2014. Counterargumentation and the cultivation of critical thinking in argumentative writing: investigating washback from a high-stakes test ［J］. System（1）.

MEMARI HANJANI A M, 2013. Peer review, collaborative revision and genre in L2 writing ［D］. Exeter: University of Exeter.

MEMARI HANJANI A M, 2016. Collaborative revision in L2 writing: learners' reflections ［J］. ELT Journal（3）.

MIN H T, 2005. Training students to become successful peer reviewers ［J］. System（2）.

NUSSBAUM E M, KARDASH C A M, GRAHAM S, 2005. The effects of goal instructions and text on the generation of counterarguments during writing ［J］. Journal of Educational Psychology（2）.

QIN J, KARABACAK E, 2010. The analysis of Toulmin elements in Chinese EFL university argumentative writing ［J］. System（3）.

SHEEN Y, WRIGHT D, MOLDAWA A, 2009. Differential effects of focused and unfocused written correction on the accurate use of grammatical forms by adult ESL learners ［J］. System（4）.

STAPLETON P, WU Y, 2015. Assessing the quality of arguments in students' persuasive writing: a case study analyzing the relationship between surface structure and substance ［J］. Journal of English for Academic Purposes, 17.

SUN S G, 2020. Optimizing teacher-student collaborative assessment in the production-oriented approach: a dialectical research ［J］. Chinese Journal of Applied Linguistics（3）.

SUN S G, WEN Q F, 2018. Teacher-student collaborative assessment（TSCA）in integrated language classrooms ［J］. Indonesian Journal of Applied Linguistics（2）.

TAN S, 2017. Teaching and learning second language argumentative writing in genre-based writing classes: comparing the effects of pedagogical treatments on L2 argumentation performance ［D］. London: University College London.

TOULMIN S E, 1958. The Uses of Argument ［M］. Cambridge: Cambridge University Press.

TOULMIN S E, 2003. The Uses of Argument ［M］. 2nd ed. Cambridge: Cambridge University Press.

TSUI A B M, NG M, 2000. Do secondary L2 writers benefit from peer comments? ［J］.

Journal of Second Language Writing（2）.

WEN Q F，2016. The production-oriented approach to teaching university students English in China［J］. Language Teaching，1.

WOLFE C R，2012. Individual differences in the "Myside Bias" in reasoning and written argumentation［J］. Written Communication（4）.

YANG Y F，MENG W T，2013. The effects of online feedback training on students' text revision［J］. Language Learning & Technology（2）.

ZHAO H，2010. Investigating learners' use and understanding of peer and teacher feedback on writing：a comparative study in a Chinese English writing classroom［J］. Assessing Writing（1）.

"产出导向法"下大学英语教学探析①

谭　倩

成都文理学院外国语学院

摘要： 在较长时期里，教师在大学英语教学中更为强调学习材料的输入而非输出。这使得大学英语学习者使用英语的能力难以提升。基于此情况，文秋芳教授提出了"产出导向法"，主张"学用结合"，极大地颠覆了传统教学。但"产出导向法"是如何应用于英语教学的？本文对此问题进行了解答。本文以《华时代大学英语》第二册第一单元为例，详细阐释大学英语课堂如何在"产出导向法"理论的指导下进行教学。通过具体的教学案例，展示教师在教学中如何借助教学软件，通过设计、引导和搭建脚手架帮助学生进行产出式学习。

关键词： 产出导向法；大学英语；驱动；促成；评价

"产出导向法"（Production-Oriented Approach，简称"POA"）是文秋芳（2015）提出的针对外语课堂的教学理论。该理论主张"学用结合"，提出外语教学应遵循"驱动—促成—评价"三个环节。与传统的教学模式相比，"POA"更注重学习者的输出能力，整个教学环节中，输入是为输出服务的。

成都文理学院外国语学院近年来一直在探索外语教学改革：从教学中引入"微课"，到采用翻转课堂的教学模式（谭倩，2018）。从教学

———————————

①　基金项目：成都文理学院校级科研项目"基于'POA'的大学英语个性化教学研究"（WLYB2022059）。

结果来看，确实在提升教学效果方面起到了一些作用。但目前的大学英语教学还面临一些问题：如学习完一篇课文后，学生不能很好地概括其所学内容；对所学的文章的词句能基本掌握，但如要写作，却又不知道该怎么下手。

针对这些问题，笔者采用"POA"教学理论指导教学实践并取得了一些效果。相比之前的教学手段，在"POA"指导的教学下，学生的语言输出能力有了明显提高。在这一过程中，笔者更加深刻地体会到教师在教学中起到的"中介"作用。本文将重点讨论，在"POA"教学理论指导下大学英语教师如何帮助学生内化所学知识并进行有效的输出。

1 "POA"教学的各个环节

在"POA"理论中，英语教学由驱动、促成和评价三个环节形成闭环。教师在整个教学过程中，则起到一个"中介"作用——作为一个"脚手架"供学生攀爬学习，即让学生获得较高水平的指导和协助（Wood，Bruner and Ross，1976）。具体到教学内容，师生在各个环节的任务如下。

1.1 驱动环节

在驱动环节中，教师应设计驱动场景，并基于此场景提出输出任务。设置这个环节的目的是让学生从输出中遇到的困难中发现自身的不足，从而激发他们的学习兴趣。场景应包含话题、目的、身份和场合四个要素（文秋芳，2017）。

设计驱动场景时，教师应考虑场景的真实性，这样才能提高学生的语用和语体意识，增强学以致用的效果。同时，教师在设计任务时，应该考虑学生能力的多层次性，为不同学习能力的学生设计不同的输出任务。

学生在这个阶段，应针对教师给出的任务，尝试进行输出练习，并在输出中发现自己的问题，针对自身的问题在接下来的学习中有意识地进行针对性的学习。学生需要从三个方面进行思考：要完成这个输出任务，自己需要表达什么内容？要表达这样的内容，需要用到什么样的语言形式？使用哪种话语结构能清晰地表达任务要求？

1.2 促成环节

促成环节是整个教学过程中最为重要的一个环节，学生在这个环节中获得知识的内化，并完成产出任务。在促成环节中，教师应帮助学生进行选择性学习。学生进行选择性学习要基于自身的学习能力。促成环节是帮助学生进行知识内化的重要环节。教师在这个环节中的作用即文秋芳（2017）提到的"脚手架"。教师的"脚手架"搭建，可以从纵向和横向两个方面进行。纵向方面，教师要进行任务分解，通过完成一个个子任务，帮助学生逐渐建立起语言技能；横向方面，教师在这个阶段需要对任务进行内容、语言和话语结构的分解。

学生在这个阶段应努力实现语言形式的内化，掌握完成输出任务所必要的内容和语言，在教师的帮助下，确定话语结构，并进行输出任务的产出。

1.3 评价环节

在评价环节中，教师应对学生的产出给予评价。评价可以是即时的，即在学生产出的当时进行评价，也可以延后，放在课后进行。

在即时评价中，教师要对学生的课堂产出进行检查，如有学生对概念掌握不清、知识结构未系统化的情况，教师应当立即指出问题，并帮助学生进行修正和进一步学习。

在延时评价这个环节中，教师应先与学生一起制定评价标准。评价标准必须清晰、易懂，能对照进行检查。学生在教师评价后，能了解自己的产出本应达到什么样的效果，目前不足的地方在哪里，以便进行修改。

课后，学生应结合教师评价对所学知识进行复盘。学生可利用自己熟悉的学习软件，对学习内容进行进一步内化，并对本次学习进行自我反思，取长补短，以期在接下来的学习中能有更好的学习体验和效果。

2 案例展示

2.1 任务设计

本环节教师的作用主要在于设计一个和即将学习的学习材料契合的场景。针对本课所学的内容，所设计的场景如下：

一个下雨天，你看见一个腿脚不便的老人正冒雨艰难地走向一辆来接他的客车。客车司机在车里默默地看着他，并未下车帮他。你见此情景，赶紧上前，将他扶上了车。

针对本院学生的实际水平，将本单元的输出任务设计为一般任务和较高任务两种。

一般任务：基于提供的情景，写出一篇不少于 200 字的文章，文章要简要呈现事件情节，并转述文中作者所提到的两个原因。

较高任务：写出一篇不少于 300 字的文章，文章要有情节，且情节应有细节描写，如事件发生的环境，人物的动作、语言、神情，事件的起因、经过、结果，并针对该事件提出自己的看法。

任务设计契合了该单元所学的文章材料：两项任务都复现了文章中所提到的事件。在一般任务中，要求学生能简要复述该事件，并将作者的观点进行概括并表达出来；在较高任务中，要求学生在原文事件基础上增加一些细节，并针对该事件，提出自己的看法。

2.2　脚手架搭建

曹巧珍（2017）将促成环节的脚手架分为纵向脚手架和横向脚手架，在实际操作中，应用如下。

2.2.1　纵向脚手架

纵向脚手架，指教师进行任务分解，将一个大的输出任务，分解为一个个子任务，以降低输出难度，帮助学生一步一步完成各个子任务，从而完成整个输出任务。

本单元的任务中，应首先帮助学生理清故事内容。一个故事涉及人物和情节两个大的元素，本故事中人物主要有三个。

子任务 1：理清故事元素。

分任务 1：人物——司机、作者、老人。

分任务 2：情节——下雨天，一位老人要上一辆停在路边接送他的车，司机看着老人艰难前行袖手旁观，我对他伸出援手。

其次，教师要帮助学生分析人物行为背后的原因。

子任务 2：提出问题——为什么司机不愿帮助老人？

分任务 1：分析司机不愿伸出援手的原因（文章中提及原因）。

分任务 2：分析司机不愿伸出援手的原因（自己分析得出的原因）。

2.2.2　横向脚手架

文秋芳（2017）提出：成功完成一项产出任务，至少需要内容（ideas）、语言形式（language）和话语结构（discourse structure）。横向脚手架主要就是针对这三个方面展开。

2.2.3　内容选择

在此环节中，教师首先要帮助学生了解学习内容，并在此基础上，选择自己所需的输出内容。帮助学生选择学习内容是非常重要的。该单元的学习，主要针对 Text A 的课文内容进行，通过对课文中提及的事件描述及对事件的思考，学习相应的语言表达。由于学生的英语能力差距较大，不同学生输出的任务层级也不一样，所以在材料学习中允许不同学生对所学内容进行选择性学习：基础差一点的同学，可以仅针对事件的大体框架进行学习；基础较好的同学，则除了框架，还需进行细节学习。

就本单元的内容而言，进行两项任务的同学，都需要清晰地复现"客车司机对于他的乘客（一名老人）无动于衷"这个情节，并分析原因；在此基础上，进行较高任务的同学，需要补充细节并结合自己的思考提出文中并未给出的原因。

教师应尽量帮助学生整合文章信息，从而选择他们需要的内容。

2.2.4　语言形式选择

语言形式涉及单词、短语和句型。这个部分，教师要帮助学生内化可以产出的重点语言形式。当然，基于自身的能力水平，不同学生选择不同的语言形式进行学习内化。就本单元的学习材料而言，对进行一般任务的同学而言，首先应掌握文中针对人物及其行为两方面的基础词汇和表达；其次，也应掌握文中所概括的原因表达方式。对于进行较高任务的同学而言，则应掌握文中涉及人物及其行为的高级词汇；同时，基于文中所提原因，思考并提出自己所认为的原因。

例如，同样是文中的老人，基础较差的同学可以直接用 old man 来表示；基础较好的同学则可以使用 man with a walker。对车的描绘，基础较差的同学可以一律概括为 car；而基础较好的同学则要用多样性的词汇，如 van、vehicle 等。

在确定需要重点学习的语言形式后，教师应进一步帮助学生内化这个部分的语言形式。因为本环节的重点，是让学生能掌握这些词句形式，从而在之后的输出中使用起来。内化语言形式可以通过课堂测试、课堂活动等形式进行。

在课堂测试中，教师借助教学软件，提前设计好测试题。课堂上学生可以用手机完成。课堂测试要短小精干，一般用于词汇测试。

课堂活动则针对短语和句子进行。针对本单元内容，要求学生掌握以下短语和句子类型。

内容大意	语言形式
Situation; people's appearance and action	1. the hood of my jacket pulled tight to keep the rain out 2. pouring rain 3. an old man with a walker 4. There was a van waiting for him. 5. struggle to descend the slippery stairs of his building 6. The driver was inside, warm and dry, as he watched me straining to help his passenger cross the sidewalk in the pouring rain.
Reasons for the driver not helping his passenger	1. The driver is simply a jerk. 2. For him, an old man struggling with a walker isn't a one-time thing. It happens every day, and the sight doesn't compel him to act. 3. The reason that the driver didn't help might be that he was not paid to.
How to colve it	We can stroke another person's internal motivation not with more money, but by understanding and supporting his story.

2.2.5 话语结构选择

产出不仅体现在内容语言上，述应考虑采用什么样的话语结构来呈现内容和语言。例如，在本课的学习中，不管是一般任务还是较高任务，学生最后产出的一篇文章，应有两个部分。第一，是对故事的复述。学生能较为清晰地将故事情节表达出来。在一般要求的任务中，学生能复述基本的故事情节；在较高要求的任务中，学生能复述故事情节和重要的细节。第二，是对人物行为的原因分析。在一般要求的任务中，学生能复述文中作者所概括的原因；在较高要求的任务中，学生能提出自己的观点，通过自己的分析，提出自己认为合理的原因。

教师可以提供事件框架，帮助学生理清叙述逻辑。事件逻辑框架如下：

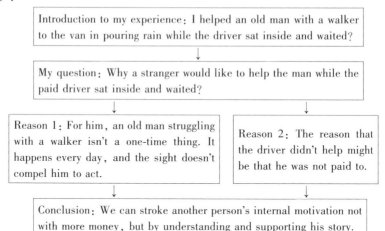

Introduction to my experience：I helped an old man with a walker to the van in pouring rain while the driver sat inside and waited？

My question：Why a stranger would like to help the man while the paid driver sat inside and waited？

Reason 1：For him, an old man struggling with a walker isn't a one-time thing. It happens every day, and the sight doesn't compel him to act.

Reason 2：The reason that the driver didn't help might be that he was not paid to.

Conclusion：We can stroke another person's internal motivation not with more money, but by understanding and supporting his story.

2.3　问题及对策

2.3.1　教师评价

在评价环节中，教师首先需要对学生在各个子任务中的学习成果进行评价。在此环节中，教师使用云班课作为教学工具，根据学习内容设计测试内容（词汇、语法知识点、句型等）；该测试会从以下几个维度对学生的成绩进行分析：①每位学生的成绩；②平均成绩；③平均用时；④百分制区间人数分布图；⑤单题分析。其中单题分析一项，又会从正确率、选项分布（各选项所选学生比例）及学生答题情况进行分析。测试结果在一定程度上可以反映学生的学习效果，并且能让教师很直观地了解全班同学的学习效果。据此，教师就能有针对性地指导每位学生。

此外，教师还要针对学生最后提交的文章进行点评。总体而言，经过前期的教学，学生对本单元的词句和内容能有较好的把握，能基本正确使用文中的重点词句，并能对发生的事件进行较好的分析，部分同学能够形成自己的观点。

但是，在同学的输出反馈中，还是能发现一些问题。在子任务的输出练习中，教师发现学生的单词和句子结构使用有误，并给予了即时的纠正。学生在之后递交的文章中，也出现了一些问题。例如，对故事情节描述混乱。有学生先写"司机对老人不管不顾"，然后才是"我看见一个老人"；有学生对司机不提供帮助的原因分析颇为勉强，不足以形成因果关系。

2.3.2　学生自评

除了教师给予评价，还应要求学生进行自评。学习的最终目的是有所收获，学有所成。在课后，学生可以利用学习软件完成额外的学习，并获得有效评估。如某款语音纠正软件，通过录入学习者的语音发音，对其语音发音进行评估，选择适合该生的课程进行推送。在这些课程里，有专业的发音教师进行发音讲解。同时，发音需要动用唇、齿、舌等器官，为确定学习者是否掌握有效发音方法（唇、齿、舌的位置），该软件提供面部识别功能，识别学习者在发出某个音时，口型是否到位。借助这些先进的科技手段，学习者完全可以实现有效自评。

结　语

"POA"教学理论强调，语言学习的输入是以输出为导向的（文秋芳，2014），只有"学用结合"，才能使学习成为一件有意义的事。从整个教学环节来看，基于"POA"的大学英语教学过程为：学生尝试输出，意识到自己的不足—根据自身的不足，进行选择性学习—完成知识内化，进行输出练习—教师指出问题，提出改善方案—学生再次学习，并进行输出练习。后两个过程是反复进行的。这与Schmitt（2008）提出的"参与"概念符合，体现了英语学习的循序渐进的过程：语言是在反复的训练中逐步建立起来的。

纵观中国几十年来的英语教学史，可以说，在外语学习上，我们走了一些弯路。但幸好，在这个信息时代，一批优秀的学者在总结前人经验的基础上，提出了适合我国国情的独特的教学方法（邱琳，2017）。

作为大学英语课程教师，除了课堂教学，还需要关注两点。①必须督促学生利用课后时间进行学习。大学英语课程有其学科特殊性，英语学习在于点滴，在于平时的循序渐进。学生要掌握所学，关键在于学习的时间量。②必须协助学生进行知识内化，即在教学过程中，学生必须要有输出练习。大学英语是工具性学科，要求学习者能勤练。并且，通过学生的输出练习，教师能更好地了解学生的学习效果，据此进行有效的指导（谭倩，2021）。

参考文献

曹巧珍，2017."产出导向法"之教师中介作用探析——以《新一代大学英语》第二册第四单元为例［J］. 中国外语教育（1）.

邱琳，2017."产出导向法"语言促成环节过程化设计研究［J］. 现代外语（3）.

谭倩，2018. 大学英语翻转课堂教学模式的问题与对策研究［J］. 海外英语（7）.

谭倩，2021. 大学英语个性化学习模式探究［J］. 海外英语（19）.

文秋芳，2017."产出导向法"的中国特色［J］. 现代外语（3）.

文秋芳，2017."产出导向法"教学材料使用与评价理论框架［J］. 中国外语教育（2）.

文秋芳，2014."输出驱动—输入促成假设"：构建大学外语课堂教学理论的尝试［J］. 中国外语教育（2）.

文秋芳，2015. 构建"产出导向法"理论体系［J］. 外语教学与研究（4）.

SCHMITT N，2008. Instructed second language vocabulary learning ［J］. Language Teaching Research（3）.

WOOD D，BRUNER J S，ROSS G，1976. The role of tutoring in problem-solving ［J］. Journal of Child Psychology and Psychiatry and Allied Disciplines（2）.

"新国标"下新时代英语专业教育的理性维度与本体特征^①

车向前

西北工业大学外国语学院

摘要：本文基于《高等学校英语专业本科教学质量国家标准》与学者孙有中提出的英语专业教学质量国家标准的"十项原则"，梳理其要旨后提出：新时代英语专业教育的内在逻辑建立于对语言教育的工具理性、价值理性与交往理性旨趣的多重关照。同时，本文从"语言观"与"外语教育观"入手，反思英语专业教育的本体特征。最后，突出"新国标"作为"能力特征和特性总和"的特点和可行性。

关键词：英语专业本科教学质量国家标准；内在逻辑；本体反思

　　我国英语专业教育正处在改革的关键时期。经济科技一体化、文化多元化及信息网络化的时代洪流为外语教育带来了机遇，也对根深蒂固的传统观念提出了挑战。在此背景下，2017 年我国颁布实施《高等学校英语专业本科教学质量国家标准》（简称"新国标"），为各高校英语专业制定学校标准、改进人才培养方案、完善课程体系提供了根本指引。进入新时代以来，社会发展对英语专业的人才培养提出了更高、更新的要求，亟待外语从业者、研究者对相关核心问题进行反思。基于

————————

　　①　基金项目：教育部首批新文科建设项目"西部国防院校跨学科交叉融合型英语一流专业建设新模式研究"（22GZ13131），2020 年度陕西省教育科学"十三五"规划课题青年项目"'双一流'背景下陕西省高校国际组织人才培养创新路径研究"（SGH20Q201）。

此，本文回归"新国标"与学者孙有中提出的英语专业国标"十项原则"，以期对目前的英语专业教育改革有更为深入的认识，同时为"新国标"下新时代的英语专业教学提供可能的参考。

1 英语专业教育改革的内在关系逻辑与理性维度

学者孙有中在《英语教育十大关系》（2014）一文中提纲挈领地提出了英语专业教学质量国家标准的十大基本原则，其文兼权尚计，其思深惟重虑。总体看来，该文系统地覆盖了下述四个维度和七个焦点（见表1），这实质上是对长期以来外语教育教学备受困扰的几个疑惑和争论进行的整理：如人文性与工具性之争（人本主义与实用主义之争）、知识与能力之争、师生主体之争等。厘清其中的"十大关系"，一来能对这些争论做出更妥帖的回答，二来更能基于这些"关系"延伸出更新、更具体的思考。

表 1 《英语教育十大关系》一文中英语专业教学改革的"十大关系"

探讨维度	焦点	关涉的"十大关系"
教育本质	工具性与人文性	（1）促进人的全面发展与适应社会需要的关系 （3）应用型/复合型人才与学术型/专业型人才的关系 （4）专业教育与通识教育的关系
人才培养模式	知识与能力	（1）促进人的全面发展与适应社会需要的关系 （7）知识传授与能力培养的关系 （8）语言技能训练与专业知识学习的关系
	共性与个性	（2）国家标准的规范化与人才培养的多元化的关系
	专与泛/精与博	（3）应用型/复合型人才与学术型/专业型人才的关系 （5）大众教育与精英教育的关系
教学内容	土与洋	（6）外国文化与中国文化的关系
教学主体及关系	师生地位及角色	（9）以学生为主体与以教师为主导的关系
	改革与发展	（10）教学改革与教师发展的关系

由表1可见，对英语专业教育探讨的根本点之一就在于对其定位，即教育本质的理解上。"新国标"对此有非常明确的界定："英语专业主要以英语语言、英语文学和英语国家的社会文化等为学习和研究对象，教学过程强调实践和应用，人才培养突出人文素质教育，注重开阔

学生的国际视野。"由此可见，英语专业教育兼具人文性（人文素质教育、社会文化）、工具性（英语语言）与交往理性（语言的实践和应用）。

工具性与人文性指向外语教育的工具理性与价值理性。就显性的能力而言，前者指英语听、说、读、写、译的能力，而后者则是了解国内外的社会历史与文化，增进对不同文化的理解、对中外文化异同的意识，以人为本，弘扬人的价值，注重人的综合素质培养和全面发展。戴炜栋（2013：1）认为，"外语专业与历史、文学、哲学等相关专业关系密切，具有一定的人文性质和内涵；外语作为一种跨文化交际的媒介，也有一定的工具性"。新时代的中国社会绝非仅需要有很强的工具理性的人，同时也需要有价值理性的人，后者不但能更好地满足社会需要，而且对于社会的发展更为重要，这是英语专业作为文科专业而非理工类学科的要旨和意义所在。如刘再复（2013）所言："从教育学上说，工具理性是指知识，指数据，指逻辑，指人之外的物理、业理、原理，等等；而价值理性则是指'人'本身的真、善、美等主体价值。两种理性都很重要，但价值理性应该是第一位的。"原因有三。其一，事实上，西方忽略了"人"本身的工具理性的泛滥、现代化造成的社会病态已经被反复地深入反思。而当前中国社会，科学技术的高速发展提醒我们要提防落入工具理性的陷阱。20世纪40年代初，面对"习艺愈勤去修养愈远"的实用主义大学风气，时任西南联大校长的梅贻琦先生（1941）在《大学一解》中更是明确提出"通专虽应兼顾，而重心所寄，应在通而不在专"。明德修身，培养学生自由主义、宏观主义之精神，是大学教育尤其是文科专业教育的应有之义。谋生的技能不通，会导致"身不得出"，但如果没有通识之准备，恐怕难以"取得参加社会事业之资格"。这些论断离我们所处的时代也远矣，但时代的发展却恰恰在印证着这一思想的光辉。其二，基于国家"构建人类命运共同体"、文化"走出去"战略，培养技艺娴熟精湛的高层次人才是关键，在"全方位围绕课程进行课程思政实践，实现价值判断和价值引领"（王欣、陈凡、石坚，2021）的同时学习好中外文化特别是理解好他者文化、心智健康、富有人文精神、有独立思考能力、对真善美有追求、对世界发展有正确认识、有国家战略意识和国际化视野，恐怕才能真正不负高层次之名，才能为文化"走出去"真正做出大贡献。其三，英语学习的较高境界，应该是达到跨文化交际的高境界。外语教育显然不仅仅指语言的联通，更强调得体、完善地完成在生活、学习、科研等各种语境下的跨文化沟通任务。质言之，促进人的全面发展、弘扬价值理性与适应社会需要二者并不矛盾，双方关系及最终目标并无二致，英语专业教育的工具理性取向与价值理性取向应统一发展。

同时，还应认识到交往理性的建立是英语教育的内在逻辑。哈贝马斯认为，交往行动是一种主体间性的行动，主体与主体之间的相互作用的行动。而交往需要通过语言、符号等媒介来呈现和表达，英语作为国际通用语更具有建立主体间关系的重要功能与特质。"新国标"中，"英语国家的社会文化"和"教学过程强调实践和应用"的功能也在于此：一是社会文化、文学文本等本身是生活世界的凝练，具有哈贝马斯所言"生活世界"的根本特征，即生活积淀在语言中的各种背景知识和行为规范的综合体现，透过英语语言认识世界与社会，就是认识社会共同体的集体行为期待，不但能够熟知个体的经验和行为准则，更能谙熟社会的行为准则；二是语言的实践与应用本身就是强调沟通的"真"的过程，这就是哈贝马斯通过对生活世界和以语言为媒介的人际交往活动进行语用学分析后提出的交往行为的三大有效性要求——真实性、正确性和真诚性。这种交往理性建立在语言的基础之上，它的目的是要增进人与人之间的了解，以有效的对话达成共识。用对象能听得懂的话（英语）与其交流，便于理解；充分保障内容真实，交流才有意义；态度真诚，才能被对方接受；而方式的正确则强调了英语教育中文化礼仪、跨文化准则的重要性。这在当前"百年未有之大变局"下尤其重要，语言作为交往理性的载体，能够从根本上助推个人与集体、集体与集体，乃至国与国之间和谐关系的建立。

2 英语专业教育改革的根本理据与本体反思

语言教育的成熟标准应该体现出对语言的本质、语言的作用和语言教育的核心及发展规律的认识。正如束定芳（2005：131）指出的，以往的外语教学大纲缺乏对语言和语言学习，尤其是对外语学习本质的描述。马瑞香（2010：88）也认为，中国外语教学改革中的阻碍来源于"语言哲学、认知语言学和语言本体论三种理论营养的缺失"，受到了

"二元论、逻辑实证主义、西方客观主义、理性主义等传统哲学思想的束缚"。的确，对于英语教育特别是英语专业教育的讨论，仅仅拘泥于传统和长期形成的这些教育教学内容，只会令我们走入经验主义漩涡及认识的圆环之中，难以在认识上有新的、本质的提高；而过于局限于传统的二元论反思方法，很容易忽略概念变化的历史演进过程及现实的复杂性和丰富性。如何从烦恼不断的思维和纷繁的现实论争中走出来，达到对英语专业教育本质的思考，从本体论层面进行讨论就显得十分必要。根据 Stern（1983），外语教学研究可分为具体实践层次、教育教学理论层次及本体论层次（如图 1）。借助前文提到的"十大关系"切实提高英语专业改革的力度，深挖"十大关系"的语言学、教育学乃至哲学理据，从外语教学的重要主体——语言本身出发，对外语教学特点进行描述，应是制定教学原则和教学评估标准的根本依据。

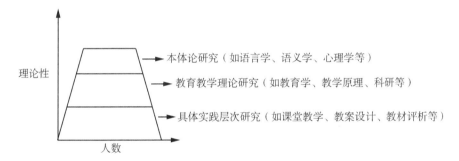

图 1　外语教学研究三层次

本体论层面的探讨可以分两类进行。其一，从语言学角度对外语教学的语言观及其与应用语言学的衔接进行讨论，使标准体现出科学的"语言观"。积极参与理论语言学应用的研究与尝试，也是目前学界研究的重点之一。目前，除却经典的重视语言规则系统的结构主义语言观与重视社会文化体系的功能主义语言观，语言学研究的动向有三条进路特别引人注目，一是以乔姆斯基（Noam Chomsky）为代表的转换生成语法进路，二是以奥斯汀（John Austin）的言语行为理论为代表的语用学分析进路，三是以兰考夫（George Lakoff）的体验观为代表的认知分析进路。后两条路子突破了注重考察语言规则本身的局限，或将交往职能引入语言分析，重视言说者和听者之间相互理解，挖掘交往的合理性对于异质文化间的沟通作用，或将认知的体验性、隐喻性引入语言分析，对语言的本质属性予以解释，能帮助我们关照语言习得主体的意义建构、范畴化差异及学习过程的体验（Littlemore，2009）。虽然并非每一种语言观及对应理论都对教育教学有直接指导意义，但外语教学国家标准的制定，应顺教育教学之规律，从一定程度上反映出学科相关领域，如语言学、心理学的最新研究成果。特别是二语习得本身的科研传统已经由行为主义路径（behaviorist）历经认知路径（cognitive）转向了对话交互路径（dialogical）（Johnson，2003），这更需引起我们关注。

其二，从语言哲学、教育哲学乃至哲学中汲取养分，探索语言本体，厘清相关基本概念及其关系（如语言与思维、语言与存在、语言与文化、语言与认知等），还原外语教育的本真属性，回答诸如外语教育的本体论承诺是什么、学生主体如何自由成长的根本性问题，使标准体现出深刻的"外语教育观"。事实上，哲学发生语言论转向以来，"语言""理解"都已经成为关键词。比如，以巴赫金为代表的超语言学，以伽达默尔、利科为代表的哲学解释学，以布伯、雅斯贝尔斯为代表的存在主义，以哈贝马斯为代表的理想的语言环境和批判理论等，都能让我们反思，我们对语言、文化乃至人类本身的理解。我们还是以工具理性与价值理性的争论为例。哈贝马斯在《知识与旨趣》（*Knowledge and Human Interests*）一书中提出了人类存在的三种基本旨趣向度，即技术旨趣、实践旨趣和解放旨趣。中国的英语教育传统正是基于一种"技术旨趣"的外语教育观，将外语课程当作产品，产出个体的工具技巧，这远远不够，因为"实践旨趣"的教育观启示我们要重视语言的交流和实践特质（Carr & Kemmis，1986），因为语言不仅是交往的基本工具，而且是交往的存在方式。"语言是主体通性的基础和大地；任何人都必须立足于语言这块大地上。语言是媒介，借助这种媒介，诸种意义可以得到表达，不仅在认知的意义上，而且在包罗万象的重大感情和规范方面的意义上得到表达"（哈贝马斯，1999），而解放旨趣则启示我们注意创新与反思能力的培养，在突破思维限制中完成学习，这也是"建立理性和民主社会的基础"（孙有中，2014）。再如争议不断的"师生关系以谁为中心"的问题。哲学社会学的批判理论倡导一种师生关系的民主化，强调一种走出主客二分，到达双方平等、合作、互动的"主体间"关系（存在主义教育也立足于"我—你"的教育关系，强调对师生关系边界跨越的处理），教师是学习的促进者、启发者和合作者，学生是合作者、知识的主动建构者（Palmer，2001：569）。而哲学中关于人与技术的关系的探讨则倡导主动发现知识和问题，培养创新意识和解决实际问题的能力，使学生能够自定义学习步长（step），确定发现学习路径（path），在教师帮助下深化对知识的理解和把握，完成知识和意义的建构。这不仅对提高外语教学质量和效果具有重要作用，更有利于促进跨文化交际能力的习得，有利于学生终身学习理念的养成，而且也有助于专业化英语教师的发展。诸如此类，哲学理解维度下的英语专业教育理应能加深我们对教育本身"使人成为人"的理解，进一步推动规则制定中对"语言"与"人"本身的关注。

3　作为"能力特征特性总和"的"新国标"的可行性

"新国标"的实施立足于对国家标准内涵和学校标准要素的理解，同时兼顾人才培养质量和特色。国际标准化组织（ISO）对质量的定义为"反映产品或服务满足明确或隐含需要能力的特征和特性总和"（江彦桥、赵伟建、付克阳，2002：8），映射到英语专业教育上，就是指国家标准要保证教师教与学生学满足既定教学目标的设定，衡量人才培养规格的整体结构，将国家标准看成一个满足社会对人才需求、外国语学院（系）适应社会需求程度的信息综合体，具有"国家标准（目标）—学校培养目标（任务）—课程计划（专业及课程结构）—质量规格目标（学生综合能力与素质的达标程度）"这样一个有可行性和科学性的系统形成过程。对于这样一个重要的标准，首先要保证建立的体系针对性、适应性强。在明确英语专业教育定位的基础上，需要制定一个统一的、提纲式的总标准。同时，"人才培养国家标准应……给多元化人才培养留下足够的空间"（孙有中，2014：7），也就意味着应为多层次的校级标准、多元化课程内容、模式和分类施教留足空间。我国招收英语专业的院校之多、人数之大决定了不同院校教学能力有高低、教学水平有差异、学生基本能力有强弱。国标应有门槛、有标尺、有原则，同时各个不同性质的大学（综合类院校、专业类院校、师范类院校等）可以根据自己的学科建设现状、专业特色、地区的不同对标准和教学方案进行适当的调整，形成校级标准和有特色的培养方式，以更加适应自身发展，提高专业教育的质量，这也保证了英语专业教育发展的多元化和可操作性（张文忠、韩子钰、冯光武，2017）。当然，国标的建设也可直接结合不同性质的院校形成更为明确和细致的标准体系，使校级标准有标可查、评估体系有据可查，防止全局与局部的关系、专业发展的共性和个性失衡。其次，外语教育改革要尊重科学规律，决策要科学化、民主化，因此一来在质量保证体系推进的过程中要避免学校、学生等主体处于被动位置，在内审、外审，在外语教学评价中尤其应如此，最好避免自上而下的外部评价模式，提高被评对象如师生的主动参与度；强调过程控制，重视过程性评价、形成性评价，结合终结性评价，避免"学考脱节""一考定成绩"等现象发生。二来在形成基本的框架后，特别注意要在各级各类院校、社会单位进行调研考察，咨诹善道、察纳雅言，确保论证扎实，决策民主、有效。再次，应有一个自适应的控制机制，能够使国家英语教育政策、学校的教育工作不断适应社会需求和国家战略，不断调整、规范、完善。

结　语

如何让"新国标"体现出的教育理念本固枝荣、与时俱进，需要我们追根溯源，明晰其概念，突破传统，重视与外语教育有关的本质性问题的思考，为常规的传统讨论寻找根基，为新的改革提供理据；也需要紧跟时代之潮流，不断更新方法论上的考察，思考标准自身的构建逻辑，保证其系统性、社会性及可行性。唯如此，建立起"为国家未来全方位参与国际竞争提供多元化的外语人才保障"（孙有中，2014：10）的标准才不会成为一句空谈。

参考文献

戴炜栋，2013. 我国外语专业教育的定位、布局与发展［J］. 当代外语研究（7）.

哈贝马斯，1999. 认知与兴趣［M］. 郭官义，李黎，译. 上海：学林出版社.

江彦桥，赵伟建，付克阳，2001. 高等学校教学质量保证体系的研究与实践［M］.
　　上海：上海外语教育出版社.

刘再复，2013. 从工具理性到价值理性的省思［N］. 中国教育报，2013-05-06（11）.

马瑞香，2010. 论外语教学改革的三种理论营养［J］. 外语学刊（5）.

梅贻琦，1941. 大学一解 [J]. 清华学报（1）.

束定芳，2005. 外语教学改革：问题与对策 [M]. 上海：上海外语教育出版社.

孙有中，2014. 英语教育十大关系——英语专业教学质量国家标准的基本原则初探 [J]. 中国外语教育（1）.

王欣，陈凡，石坚，2021. 价值引领下的英语专业课程群思政建设 [J]. 中国外语（2）.

王银泉，2013. 从国家战略高度审视我国外语教育的若干问题 [J]. 中国外语（2）.

张文忠，韩子钰，冯光武，2017. 英语类专业人才培养质量"校标"的能力结构树设想 [J]. 中国外语（4）.

庄智象，刘华初，谢宇，等，2013. 试论国际化创新型外语人才的培养 [J]. 外语界（5）.

CARR W，KEMMIS S，1986. Becoming Critical—Education，Knowledge and Action Research [M]. Philadelphia：Falmer.

JOHNSON M，2003. A Philosophy of Second Language Acquisition [M]. New Haven：Yale University Press.

PALMER J，2001. Fifty Modern Thinkers on Education：From Piaget to the Present [M]. London：Taylor & Francis Group.

STERN H H，1983. Fundamental Concepts of Language Teaching [M]. London：Oxford University Press.

他 语 教 学

中波双语人才需求与培养刍议①

苏德华　余　淼　潘颖子

四川大学外国语学院

摘要：随着中国"一带一路"倡议的提出和"中欧班列"的开通，中波两国近年来交往日益密切，特别是经贸方面的交流相当活跃。中波两国交往需要足够数量的高质量双语人才作为沟通的桥梁。中国和波兰两国的部分高校都在培养中波双语人才，但传统聚焦于语言文学的双语人才有其局限性，中波友好交往更需要既精通语言又精通专业知识的复合型人才。鉴于此，本文提出中国高校应更加注重复合型双语人才的培养，教育管理部门应在研判国家战略及市场需求的基础上统筹规划人才培养的设计与规模，以免造成教育资源的浪费。

关键词：波兰语；人才需求与培养；专业建设

　　新时代中国提出的"一带一路"倡议为众多沿线国家的发展提供了机会，得到了众多国家的支持和响应。在各方共同努力及相关政策的支持下，倡议构想正在稳步推进。对倡议沿线国家语言进行学习和了解对倡议的实践具有重要作用，也对掌握沿线国家语言的人才培养提出了新要求。波兰作为中国进入欧洲各国的一个重要窗口国，对于倡议的高

①　基金项目：2022 年度四川大学外国语学院教学改革与管理研究课题"中国高校波兰语专业人才培养模式及人才供需研究"，2021 年四川省社科规划四川省高校外国语言文学学科建设与发展项目"四川省非通用语语言政策与规划研究——现状、问题与对策"（SC21WY017）。

质量发展起着举足轻重的支点作用。中波近年来日益密切的交流对两国同时掌握汉语和波兰语人才的需求日渐增多。中波两国高等院校开设对方语言专业成为培养中波双语人才的重要途径。本文拟对中波语言专业人才的需求情况及两国高校的中波双语人才培养情况进行考察，并在此基础上提出中国高校在培养中波双语人才方面的一些问题及建议。

1 中国与波兰的关系概述

中波两国有很长的交往历史，特别是近年来两国的经贸往来更是处于不断上升的趋势。

1.1 中波交往概况

中波两国友好交往源远流长，两国关系的历史可以追溯到 13 世纪（戴轶尘，2020）。波兰是最早承认中华人民共和国的国家之一。中国与波兰于 1949 年 10 月 7 日建立大使级外交关系。2004 年中波建立友好合作伙伴关系，2016 年建立全面战略伙伴关系。在文化交流方面，中波交流与互访活动频繁。2004 年"波兰电影周"在中国举行，此后逐渐成为波兰在华推广的固定文化交流活动并广受关注。2008 年"波兰文化节"在中国举办，之后波兰驻华外事机构开始在各地陆续举办"波兰文化节"来推广波兰文化。2006 年，"中国文化日"在波兰成功举办，把中国文化介绍给波兰。

2011 年"中欧班列"开通，2012 年中国—中东欧"16+1 合作"启动，次年中国又提出"一带一路"倡议。自此中国与中东欧国家关系日益紧密，贸易往来呈迅速上升趋势，这为中波合作注入了新的动力。波兰作为中国进入欧洲市场的重要窗口和通道，其作用非常突出。此外，波兰 2030 国家长期发展战略及大力推动的经济外交与中国的"一带一路"倡议十分契合，中波合作对接恰逢其时（余锦，2016）。纵观近年来中波关系进展情况，可以发现，欧盟影响力的降低及中国吸引力的提升促进了两国关系迅速升温（戴轶尘，2020）。

1.2 中波经贸概况

2013 年首趟"蓉欧快铁"（现称"中欧班列"）从成都国际铁路

港始发，沿着全长 9826 公里的铁路驶向欧洲目的地——波兰罗兹。该线路目前在中国境内终点延伸至厦门自贸试验区，波兰境内终点延伸至罗兹省的库特诺国际港。由于地理位置的优越性，从罗兹将货物转运至欧洲各国首都最多只需 3 天，这大大缩短了中国与波兰及欧洲各国的陆运时间，促进了双方的经贸往来。2014 年中国成为波兰第二大进口来源地。同时，波兰对中国的出口额也在逐年增加，如波兰在农产品和食品方面对中国市场的出口额从 2009 年的 1800 万欧元增至 2020 年的 2.04 亿欧元，增幅高达 10 倍以上。最受中国市场欢迎的波兰产品是乳制品、家禽、燕麦、烘焙及面粉产品、蜜饯、水果、啤酒、糖类和茶叶。在 2021 年第四届中国国际进口博览会上，波兰味奇集团分别与北京佛州阳光公司以及武汉汉欧国际达成合作，与北京佛州阳光公司签约金额达 300 万欧元，与武汉汉欧国际签订了超 1000 万欧元的订单（中国商务新闻网，2021）。近年来，中国与波兰的进出口商品总值整体上呈逐年上升态势（见表 1）。另外，双方均在对方国家有相当规模的投资。截至 2019 年底，中国对波兰直接投资累计约 6 亿美元，波兰对华直接投资累计约 2.3 亿美元。

表 1　2014—2022 年中波进出口商品总值（单位：万元人民币）

年份	进出口	出口	进口	比上一年±%		
				进出口	出口	进口
2022	28 785 702	25 414 474	3 371 228	5.9	7.7	-5.9
2021	27 227 607	23 644 405	3 583 202	26.7	27.8	19.9
2020	21 498 497	18 509 393	2 989 104	12.0	12.4	10.0
2019	19 185 796	16 467 531	2 718 265	18.4	19.4	12.9
2018	16 201 334	13 793 002	2 408 331	12.8	14.0	6.4
2017	14 369 201	12 105 716	2 263 485	23.4	21.5	34.9
2016	11 635 233	9 960 361	1 674 872	9.7	11.8	-1.6
2015	10 612 823	8 908 793	1 704 030	0.5	1.7	-5.6
2014	10 564 195	8 758 551	1 805 645	14.9	12.2	30.2

资料来源：中华人民共和国海关总署各年度"进出口商品主要国别（地区）总值表"。

2 中波两国对双语专业人才的需求状况

中波两国贸易往来呈增长态势，且均在对方国家有相当数量的侨民及企业，这引起了中波双语人才需求的增长。

2.1 波兰的华人及中国企业

除经贸领域外，中波两国在文化、教育、旅游等方面也有广泛的合作，双方均有相当数量的人员到对方国家生活、工作或学习。截至2021年，在波兰学习的中国留学生约1700人。波兰的华人移民类型多元，如传统的华商群体、中国企业的外派员工、留学之后留下工作创业的年轻一代。部分中资企业看好波兰的经济发展前景，不断增加外派至波兰工作的人员数量。在华人移民看来，波兰社会稳定、经济增速较快、地理位置优越、物价较低。这些特点为华人移民到波兰寻找机会提供了新的动力与期待（张慧、Krzysztof，2018），使得近年来到波兰生活、工作或学习的中国人不断增多。

入驻波兰的中国企业众多，其中有不少中国企业在波兰经营得非常成功，特别是在高科技和制造业领域，如华为、TCL等。

2.2 中国的波兰人及波兰企业

成批量的波兰人来到中国可以追溯到沙俄修建中东铁路的时期。当时大量波兰工程师、商人及普通人来到中国东北。据记载，1916年波兰在哈尔滨有侨民2558人，至1922年仅剩45人，到了1924年，波兰侨民回升到87人（理水，2022）。"一带一路"倡议提出之后，中波两国交流逐渐密切，大量波兰人来到中国。据中国驻波兰大使馆教育处提供的数据，2015年，仅在中国学习的波兰学生就超过1800人（新华网，2016）。

"一带一路"倡议对波兰企业而言是一个历史机遇，作为中东欧最大经济体，波兰希望成为中国进入欧洲的"门户"并积极拓展与中国的多方位合作。波兰部分企业开始在中国开展业务，如波兰国营石油公司在中国设立了公司（主要销售发动机油），波兰铜业集团在中国也设有代表处（哈喽波兰，2022）。

2.3 中波两国对双语人才的需求

鉴于中波双方在对方国家均拥有相当数量的企业及民众，双方经贸活动活跃，能够提供语言服务的中波双语人才需求量出现了极大的增长。这一需求首先表现在中国高校，如多所外语类院校近年来增设了波兰语专业及教学单位。其次，随着对共建"一带一路"高质量发展目标的推动，中国亟须培育与储备一批既熟悉英语与波兰语，又具备专业技能且通晓国际规则的复合型、应用型波兰语人才。

3 中波两国高校目标语专业的建设情况

目前中国和波兰均有高校培养对方国语言人才，培养的方式也是多种多样。下文主要关注中波两国高校的对方国语言人才培养情况，附带讨论其他社会机构对语言人才的培养情况。

3.1 中国高校波兰语专业的建设情况

中国的波兰语言文学研究和教学可追溯到中华人民共和国成立初期。中华人民共和国成立及中波两国建交的次年，即 1950 年，中国政府开始向波兰派遣留学生，其中包括中国波兰语界权威之一萧惠敏。萧惠敏于 1954 年回国后，开始在北京外国语学院（现北京外国语大学）任波兰语教师，成立了中国第一所波兰语教学机构，当时与她合作授课的还有来自波兰的教师莱舍科·崔日克（Leszek Cyrzyk）。第一批招收学生 20 人，之后便陆续与波兰互派留学生。在逾 70 年的波兰语教学历史中，北京外国语大学波兰语系培养出了数百名毕业生，不乏外交官、机构官员、专家和商务人士，其中包括程继忠、易丽君等波兰语专家（波兰驻华大使馆文化处，2022）。之后半个多世纪一直没有第二所波兰语教学机构出现，直到 2009 年哈尔滨师范大学开始招收波兰语专业的学生。

2011 年，中波两国政府在北京签署《中华人民共和国教育部与波兰共和国科学与高等教育部教育合作协议》。2016 年两国政府还签署了关于相互承认高等教育文凭和学位的协议。自 2013 年中国提出"一带一路"倡议后，中波交往较以往更为频繁，中国各高校借此时机纷纷增设波兰语专业或者教学点，但很多高校并非每年招生，而是隔年或相隔数年才招生。截至2022年，中国有22所高校开设波兰语专业或提供波兰语培训（见表2）。随着越来越多的中国高校增设波兰语专业，波兰驻中国大使馆文化处联合北京外国语大学波兰研究中心等相关单位从2017年开始每年举办一次全国范围的"波兰语教学主题工作坊"，以此推动和促进中国的波兰语教学。

表2　中国高校波兰语专业招生情况表（截至2022年）

学校名称	起招年度	招生频率（间隔年数）	拟招人数	学制（年）	培养模式
北京外国语大学	1954	2	20	3+1①	本科
	1990	1	1～3	硕士	硕士研究生
	1998	✕②	1	3～6	博士研究生
哈尔滨师范大学	2009	2	10～15	1+2+1③	本科：波兰语+俄语/英语④
广东外语外贸大学	2014	1	12	2+2	本科：波兰语+英语⑤
	2019	1	2～3	3	硕士研究生
河北外国语学院	2014	✕	✕	✕	本科
北京第二外国语学院	2015	1	16	4	本科
四川大学	2017	2	6～14	2+1+2	本科：波兰语+英语+专业（经济/国际关系）⑥

① "3+1"表示3年在国内高校学习，1年在波兰高校学习。

② 表中"✕"表示数据不详。下同。

③ "1+2+1"表示1年在国内高校学习，2年在波兰高校学习，1年在国内高校学习。

④ 第一届招生的外语生源语种为俄语，其后外语生源语种皆为英语。

⑤ "波兰语+英语"表示专业为波兰语，但同时也特别强调英语能力；"波兰语+俄语"表示专业为波兰语，但同时也特别强调俄语能力。另外，该校还在波兰语专业开设有微专业课程模块（如对外汉语等）。

⑥ 四川大学波兰语专业的学制安排为2年在四川大学学习波兰语，1年在华沙大学学习波兰语，2年在华沙大学学习专业（经济或国际关系）。该校波兰语专业为双学位，即四川大学授予波兰语专业学位，同时华沙大学授予经济或国际关系专业学位。

续表 2

学校名称	起招年度	招生频率（间隔年数）	拟招人数	学制（年）	培养模式
四川外国语大学成都学院	2017	3①	25~45	3+1	本科：波兰语+英语
上海外国语大学	2017	4	13	4	本科：波兰语+英语+自选辅修专业
天津外国语大学	2017	✕	10	4	本科
西安外国语大学	2017	2	18~23	1+2+1 或 2+1+1	本科
大连外国语大学	2018	2	10	2+2	本科：波兰语+英语
长春大学	2018	1	16~30	2+2	本科
四川外国语大学	2019	2	14	2+1+1	本科
北京体育大学	2019	✕	15	4	本科：波兰语+国际体育组织②
浙江外国语学院	2019	2	6~10	4	本科
浙江越秀外国语学院	2019	✕	11~13	4	本科：波兰语+英语+外贸/翻译
吉林外国语大学	2019	1	20~25	2+2	本科：波兰语+英语+俄语/塞尔维亚语/匈牙利语/捷克语/乌克兰语
东北大学	2013	✕	✕	✕	非学历教育
肇庆学院	2013	✕	✕	✕	非学历教育
浙江大学宁波理工学院	2016	✕	✕	✕	非学历教育
香港大学	✕	✕	✕	✕	非学历教育
台湾政治大学	✕	✕	✕	✕	非学历教育

资料来源：各高校官网、波兰驻华大使馆官网。

在这 22 所高校中，绝大多数都是 2013 年之后，即"一带一路"倡议提出之后才开始开设波兰语专业。在培养波兰语人才的过程中，多数

---

① 但前四年连续招生。

② 该校开设的是"波兰语国际体育组织"专业。

高校均与波兰著名高校建立了稳定的合作关系或联合培养模式，如北京第二外国语学院与波兰华沙大学建立了合作关系，四川大学与华沙大学共同建设了双学位的联合培养模式。

国内高校波兰语专业每年平均招生总数至少 140 人。绝大多数高校仅提供四年制本科层次的波兰语教学，其中广东外语外贸大学及北京外国语大学拥有本科、硕士办学层次，北京外国语大学则是唯一拥有波兰语专业本科、硕士、博士办学层次的高校。相当一部分高校执行"波兰语+其他语种"的双外语或多外语人才培养模式，如"波兰语+英语""波兰语+英语+俄语/塞尔维亚语/匈牙利语/捷克语/乌克兰语"，部分高校执行的是"语言+专业"的培养模式，如"波兰语+英语+外贸/翻译""波兰语+国际体育组织"，四川大学执行的是"波兰语学士学位+经济/国际关系学士学位"的双学位培养模式。

3.2 波兰高校汉语专业的建设情况

随着全球对汉语学习需求的增加，波兰也相继出现了汉语教学的机构。波兰人学习汉语主要有高等院校、孔子学院及其他教学机构（如汉语培训机构）三种途径。根据对卢布林市潜在汉语学习者学习汉语的动机调查，波兰人学汉语的动机依次为发展前景（51%）、个人兴趣（26%）、经商（19%）与旅游（4%）（谭致君，2013）。可见，掌握汉语对于波兰人来说可以提高其个人发展前景的预期。下面主要讨论波兰高校汉语专业的建设情况，以及孔子学院及其他教育机构的汉语培训情况。

波兰最早开设汉语课程的是华沙大学。华沙大学于 1925 年开设汉语课，1933 年成立远东学院汉学系。华沙大学培养了许多优秀的汉语人才，其中包括几任波兰驻华大使。与中国高校波兰语专业热潮出现于"一带一路"倡议之后不同的是，波兰高校开设汉语专业主要出现在中国实行改革开放，经济取得腾飞的 20 世纪 90 年代之后。目前波兰开设中文及相关专业本科层次①的高校有 9 所（见表 3），其中 4 所有本科、硕士层次，2 所有本科、硕士、博士层次。波兰高校汉语相关专业每年平均招生总数约 120 人，但研究生人数很少。汉语专业在波兰是热门专

---

① "相关专业本科层次"指并不开设汉语专业，但其专业与汉语紧密相关，如"汉语辅修专业"。波兰高校的学制为本科 3 年，硕士 2 年，博士 3 年。

业，录取比例不高（Mateusz，2017）。

表 3 波兰高校汉语相关专业招生情况表（截至 2022 年）

学校名称	起招年度	招生频率（间隔年数）	拟招人数	学制（年）	培养模式	备注（在校生人数）
华沙大学	1933	1	✕	3	本科	110
	✕	✕	✕	2	硕士	
	✕	✕	✕	3～4	博士	
密茨凯维奇大学	1988	1	10～20	3	本科	81
	✕	✕	✕	2	硕士	
西里西亚大学	2010	✕	✕		英语系与汉语辅修专业	105
卢布林天主教大学	2012	1	25	3	本科	120
	✕	✕	✕	2	硕士	
格但斯克大学	2013	✕	✕	✕	汉语系	✕
雅盖隆大学	2014	✕	✕	3	本科	82
	2017	✕	✕	2	硕士	
	✕	✕	✕	3	博士	
弗罗茨瓦夫大学	2019	✕	✕	3	汉语系或汉语必修课	87
罗兹大学	✕	✕	30～50	3	亚洲学（该专业学生会学习东方语言，如日语、中文、阿拉伯语）	✕
格但斯克工业大学	✕	✕	✕	✕	管理学专业选修 A1 及 A2 级汉语水平课程	✕

资料来源：傅海峰《波兰的汉语教学现状和亟待解决的问题》。

　　除了波兰高校的汉语相关专业，波兰人学习汉语更多是通过孔子学院或孔子课堂的汉语培训。2006 年以来，为了增加波兰人民对中国文化和汉语的了解，发展巩固两国之间的友好关系，中国和波兰合作建立了 6 所孔子学院和 2 所孔子课堂（见表 4）。这些孔子学院或孔子课堂由波兰高校与中国高校合作建立，中国高校派遣汉语教师前往波兰执教。虽然孔子学院不是学历教育，但为波兰人学习汉语和了解中国文化提供了更加灵活的机会和方式。孔子学院还与当地的中学或其他机构合作开展灵活多样的汉语培训课程或中国文化宣传活动。

表 4 波兰孔子学院/孔子课堂的开办情况（截至 2022 年）

孔子学院名称	波兰合作院校	中国合作院校	开办时间
克拉科夫孔子学院	雅盖隆大学	北京外国语大学	2006
密茨凯维奇大学孔子学院	密茨凯维奇大学	天津理工大学	2008
弗罗茨瓦夫大学孔子学院	弗罗茨瓦夫大学	厦门大学	2008
奥波莱孔子学院	奥波莱工业大学	北京工业大学	2008
维斯瓦大学孔子课堂	维斯瓦大学	天津理工大学	2011
格但斯克大学孔子学院	格但斯克大学	中国青年政治学院	2015
雅盖隆学院孔子课堂	雅盖隆学院	湖北大学	2016
华沙理工大学孔子学院	华沙理工大学	北京交通大学	2019

资料来源：沈亚丹《波兰波兹南两所学校汉语教学情况调查报告》，赵雯晴《波兰密茨凯维奇大学孔子学院汉语教学现状调查报告》。

汉语是近年来在波兰较受欢迎的语种之一，除部分高校开设的汉语专业及孔子学院为波兰人提供学习汉语的机会之外，还有众多的私人语言培训学校也开设了汉语课程。截至 2018 年，波兰的私人汉语培训学校已达到 19 所（于越、张海，2020）。这些私人汉语培训机构主要集中在华沙、罗兹、波兹南、克拉科夫等大城市。

4 中波两国双语人才的供求现状及其对中国高校波兰语专业建设的启发

在推动共建"一带一路"高质量发展的进程中，中波双方都亟需一定数量的中波双语人才。要在"五通"的基础上进一步深化经济与人文的交流，这些语言人才的培养必须跳出纯语言文学的"经院式"培养路径，在复合型与应用型语言人才培养上下功夫。

然而，就目前两国各高校的对方国语言人才培养模式来看，重点还是传统的语言文学人才培养。就中国而言，国家教育行政主管部门近年来更加重视对非通用语人才的培养。早在 2015 年，教育部就印发了《教育部关于加强外语非通用语种人才培养工作的实施意见》（简称《意见》）。《意见》明确指出我国的非通用语种人才培养在近年来取得了显著的成绩，但是也存在一些亟待解决的问题，如语种专业开设不全、人才培养模式单一、师资队伍水平参差不齐、国别和区域研究滞后等。纯语言文学人才培养的单一模式已经越来越无法满足多元化、国际化的社会需求。按照现有聚焦于语言文学的传统外语人才培养模式，将来中国逾20所高校每年毕业的波兰语专业学生将在匹配市场需求上出现错位。下面就我国波兰语人才培养过程中出现的问题提出相关建议。

4.1　对复合型语言人才的需求

目前中国高校的波兰语人才培养大多以波兰语或波兰语+另一外语的模式为主，波兰高校的汉语人才培养也是以汉语教育模式为主。两国高校在外语人才的培养过程中与其他专业的交叉融合度较低，仅四川大学开设"语言+专业"双学位培养模式，北京体育大学和浙江越秀外国语学院采取了"语言+专业课程"的复合型人才培养模式。而在形式多样的中波交往活动中，需要的并不仅仅是纯语言人才，更需要既精通语言又懂得专业知识的复合型人才（余淼、廖思米，2022）。所以中国相关高校在培养波兰语人才的过程中应积极对接市场需求，适当增加与特色专业的跨学科、跨专业融合，如与旅游、经贸、法律、建工、国际关系等相关专业的融合，培养出真正符合市场需求及国家战略需求的复合型人才。

4.2　高层次人才的培养

中波两国高校均注重将学生派往对方国家进行沉浸式语言学习，这对习得对方国语言与文化是非常有用的途径。但是，两国高校的培养层次皆以本科为主，硕士及博士阶段的培养非常薄弱。众所周知，本科阶段的人才培养更多聚焦于专业通识教育，而对于需要在某一领域精耕细作的国际化外语人才来说，本科阶段的教育明显是不够的。中国高校在培养波兰语人才的时候应适当增加硕士、博士高学历人才的培养比重。

高层次人才对于师资储备来说也是至关重要的。2022年中国高校的波兰语师资以本科、硕士为主，仅有4名博士师资，高职称教师严重缺乏。这种情况与高校人才培养所需要的师资要求是不相称的。考虑到高校硕士点与博士点的培育需要时间，高层次波兰语人才的培养可以采用国际联合培养的形式。国内不具备波兰语专业博士学位授予点的高校，应积极主动地与波兰高校在高层次人才培养的方式方法上取得共识，形成机制，为我国在高层次波兰语人才储备和师资储备上赢得时间。

4.3 统筹规划

如前所述，中国高校的波兰语专业建设在"一带一路"倡议后快速发展，但缺乏全国范围内的整体规划，仅在 2017—2019 年就有 12 所高校增设波兰语专业。波兰语教育的发展需要来自顶层的规划，因为高校对国家政策的反应相对迅速，但对市场需求的研判往往不够及时，也不够充分。例如，四川外国语大学成都学院 2017 年增设波兰语专业，在 2017—2020 年连续四年招生，且每年的招生规模达 25~45 人，毕业生面临不小的就业压力，所以该校对招生计划及时进行了调整，决定从 2021 年开始每三年招收一届。教育政策允许试错，但是教育政策试错的成本较高，因为教育政策有其自身的特质，即其影响的滞后性与惯性。如果没有教育主管部门的科学规划，任由各高校增设波兰语专业，其后果就不仅仅是教育资源的浪费、专业建设的重复，还会涉及学生的就业等相关问题。

同时，对波兰语教育机构的全国性统筹规划势在必行，既要保证满足中波双语人才的需求，又要注意控制规模，确保理性发展。我们可以借鉴波兰的经验，对波兰语人才培养进行分流。高校的学历教育承担对复合型、复语型波兰语人才培养的工作，聚焦多语言技能与专业知识架构。社会机构来负责培养非学历型的波兰语人才，重点培养语言的沟通与应用能力。社会机构对市场需求具有敏锐的嗅觉，在一定程度上可与学历教育形成有效的互补关系。

中国高校的波兰语人才培养还面临缺乏国内本土教材的问题。目前大多数中国高校的波兰语教材都是采用波兰原版教材，但国外与国内在思维方式、文化习俗等方面存在差异，国外教材在中国难免存在水土不服的问题。所以国内外语类出版社应与高校携手，打破校际边界，统筹组织强有力的团队，编写出既遵循语言教学规律，又适应我国国情的系列教材。与教材紧密相关的是波汉词典问题，目前尚无权威的波汉词典或汉波词典，而词典对学习外语来说是不可或缺的关键工具。

只有在解决好波兰语人才培养模式、人才培养层次、人才供需关系等问题的基础上，我国的波兰语人才培养才能实现可持续的健康发展。

参考文献

波兰驻华大使馆文化处. 波兰语在中国〔EB/OL〕. 〔2022－09－12〕. https：//instytutpolski. pl/beijing/%E6%B3%A2%E5%85%B0%E8%AF%AD%E5%9C%A8%E4%B8%AD%E5%9B%BD/.

戴轶尘，2020.“一带一路”国别研究报告（波兰卷）〔M〕. 北京：中国社会科学出版社.

傅海峰，2010. 波兰的汉语教学现状和亟待解决的问题〔J〕. 辽宁经济职业技术学院（辽宁经济管理干部学院）学报（2）.

哈喽波兰，2022. 这些波兰公司，正在世界立足〔EB/OL〕.（2022－03－11）〔2022－10－22〕. https：//baijiahao. baidu. com/s? id＝1728783128059542716&wfr＝spider&for＝pc.

MATEUSZ K，2017. 波兰卢布林天主教大学汉语教学状况调查报告〔D〕. 厦门：厦门大学.

理水，2022. 1921—1935 波兰人在我国东北〔EB/OL〕. 〔2022－09－04〕. https：//zhuanlan. zhihu. com/p/116546315.

沈亚丹，2017. 波兰波兹南两所学校汉语教学情况调查报告〔D〕. 厦门：厦门大学.

谭致君，2013. 波兰汉语教学情况调查报告：以卢布林市为例〔D〕. 广州：广东外语外贸大学.

新华网，2016. 波兰人眼中的中国机遇〔EB/OL〕.（2016－06－18）〔2023－08－21〕. http：//www. xinhuanet. com/world/2016/06/18/c1119067659. htm.

干越，张海，2020.“一带一路”背景下中波高等教育合作发展机遇与挑战〔J〕. 教育理论与实践（18）.

余锦，2016.“一带一路”倡议下的中国与波兰经贸关系〔J〕. 中外企业家（1）.

余淼，廖思米，2022. 非通用语种人才培养的创新模式——以四川大学波兰语专业为例〔J〕. 大学（9）.

张慧，KRZYSZTOF K，2018.“一带一路”与波兰中国移民的演变趋势研究〔J〕. 人口研究（3）.

赵雯晴，2018. 波兰密茨凯维奇大学孔子学院汉语教学现状调查报告〔D〕. 苏州：苏州大学.

中国商务新闻网，2021. 波兰“小产品”走向中国大市场〔EB/OL〕.（2021－11－12）〔2022－11－01〕. https：//baijiahao. baidu. com/s? id＝1716187765512167166 &wfr＝spider&for＝pc.

"基础俄语"在线教学初探①

邱　鑫

四川大学外国语学院

摘要：在全面推开在线教学的过程中，俄语专业以"基础俄语"为代表的精读课程遇到了诸如慕课资源体系性、互动性欠缺等问题，我们根据现实条件重构了导论部分、语法部分和实践训练部分的教材内容，探索了多种授课模式，适当融入在线教学平台和工具，取得了良好的效果。

关键词：互联网；在线教学；基础俄语

2022 年 12 月 7 日，国务院联防联控机制综合组发布《关于进一步优化落实新冠肺炎疫情防控措施的通知》，标志着我国疫情防控工作进入更加精准灵活的阶段。全国高校大规模推进在线教学、搭建课程平台、建设课程资源，取得了很多实绩。截至 2022 年 11 月，我国上线慕课数量超过 6.19 万门，学习人数达 9.79 亿人次，两项指标均居世界第一，为进一步推进学习革命铸造了坚实基础（吴丹、丁雅诵，2023）。

无论遵循何种教学法，外语类学科的课堂都无法绕开"高频互动"这四个字。俄语作为屈折语的典型代表，书写体系和发音体系同汉、英两种语言存在较大差别，形态变化繁多。因此，从语音导论起，以"基础俄语"为代表的俄语专业初级阶段精读课上一直存在大量的模仿训练和高频次的语法练习，对线下教学的依赖程度较高。新学习革命要求提

---

①　本文系四川大学外国语学院 2022 年教学改革研究课题"基于俄语专业的主流信息化教学工具绩效研究"（2022 学院教改-16）研究成果。

高教师的成就感与学生的获得感，提升信息化管理水平，改变教育形态，做到时时、处处、人人皆可学（吴岩，2020）。新学习革命的要求推动俄语专业精读课教学对在线教学手段敞开怀抱。

"在线教育在此次疫情防控过程中既体现了其灵活高效的实用价值，也启示我们应当充分利用此次机会认真思考如何构建全新的在线教学方法，如何更加系统地规划和建设在线教学资源平台。"（高艳茹、郝亚杰、潘大鹏，等，2020）本文尝试以俄语专业基础阶段的精读课"基础俄语"为平台，总结梳理在线教学时遇到的问题和取得的经验。"基础俄语"是四川大学俄语专业为零起点新生开设的专业必修课，每周 8 学时，一学年共 256 学时，教材以外语教学与研究出版社出版的《大学俄语（东方）》系列为主。"基础俄语"是本专业最早使用雨课堂（2018 年）等在线教学工具，采用翻转课堂教学模式（2018 年），引入慕课资源（2019 年）的课程之一。正是因为前期有了较多储备，形成了相对扎实的基础，所以在新冠肺炎疫情来临之际，"基础俄语"的线上转型没有遭遇到太大困难，不过从操作层面看，问题仍然不少。

1　"基础俄语"在线教学期间遇到的问题

鉴于学科特点和课程特点，结合近三年的在线教学探索，以"基础俄语"为代表的精读类课程目前很难完全摆脱传统的线下教学模式。在线教学期间我们遇到的问题主要体现在以下几个方面。

第一，慕课资源本身的问题。近年来，各大慕课平台涌现了一大批录播的在线课程资源，有效改善了以往慕课资源缺失的情况。然而遗憾的是，因为慕课录制团队对教材和重难点的理解不同，提前准备好的内容在详略上时常与具体教学的需求出现差异，例如，某平台的俄语入门类慕课对俄语动词的时态和命令式都有详细讲解，对涉及动词体这一基础阶段的核心语法点，也是贯穿俄语学习始终的语法点却只字未提。此外，专门针对《大学俄语（东方）》系列教材录制的慕课还没有形成体系，再加之不同慕课录制时所选用的主体教材不同，在词汇和语法项目编排上均有较大差别，给整合应用带来了不小的难度。

　　第二，慕课资源的应用问题。慕课作为基于互联网的知识输出形态，慕课的主讲教师并不能等同于实体课程的主讲教师。慕课教学缺乏现实交际，即使设置了一些探究式、启发式的提问，也无法做到动态反馈，更无法凸显外国语类专业小班化教学的传统优势。此外，尽管慕课平台的后台管理系统能够记录繁多的统计数据，然而无论数据多么精细，仍然无法充分反映学生的真实学习状态。

　　第三，在线教学工具的问题。本专业教师目前主要运用的在线教学工具包括雨课堂、问卷星、PPT Class 等，它们的运用较慕课更为灵活，便于任课教师按照课程进度的需求和学生对内容的接受程度自行设计教学内容。美中不足的是，尽管它们增加了内容输出端的灵活性、多样性和实时性，却又与慕课一样，同样面临无法充分反馈学生学习情况的问题。"在疫情期间的线上教学过程中，智能化教学工具……要根据课程的不同特点、阶段、环节具体分析，与其他教学手段紧密、合理地配合使用，才能满足教学需求。"（高艳茹、郝亚杰、潘大鹏，等，2020）

　　第四，在线教学平台的问题。在线授课的情况比线下授课更加复杂。以"基础俄语"为例，授课过程中我们多次遇到了网络卡顿、停电等突发情况。授课时即使让全体同学打开摄像头，也无法做到像线下课堂一样一目了然，学生的表情、姿势、动作等非言语类信息传递渠道不顺畅，削弱了教师对课程进度是否得当的判断力。缺乏面对面的交流，同时也影响了一些传统的教学手段，例如，在讲授俄语名词的数及名词的格时往往需要高频随机提问以检测学习效果，线下教学时教师可以在教室走动，通过手势、眼神等让学生开口练习，课程张力较强。线上教学时往往很难做到高频随机练习，因为开关麦克风等会耽误一定的时间，学生开小差的频率也有所提升。"短暂的沉默"每出现一次，教师就需要判断和解决一次，最终严重影响授课进度。此外，对于从未见面的新生而言，线上教学缺乏现实交际空间，增加了互动成本，师生需要更多的时间搭建信任，相互熟悉，也不利于课程推进。

　　第五，在线评价和测试的问题。与此相关的问题可以分解成三个部分：平时作业、过程性考核、期末考试。就平时作业而言，因"基础俄语"是俄语专业的入门课程，需要日常督促学生开展书写练习，由于技术原因，多数情况下只能让学生将作业拍摄上传，增加了批改难度。就过程性考核与期末考试而言，师生不在统一的物理空间，客观上限制了测试手段的多样性，也容易引发考试诚信的问题。

2　"基础俄语"在线教学的模式及工具

我们针对"基础俄语"的教学需求，尝试了多种授课模式和工具组合。

导论部分：导论部分包括俄语语音和书写的相关内容。我们在第一次课上会对俄语专业、学习方法和学习工具进行简单介绍，组织学生选取并熟悉自己的俄文名字，在剩下的 20 分钟里讲解发音器官、4 个元音及相应字母的书写，最后快速检查一轮，纠正学生发音的偏误。每节课均以检测已知开始，以讲解新知结束，将听音、跟读、模仿的环节交由学生自行在课下完成，最大化节约课堂时间。教材前 8 课部分课程含有一定量的语法讲解，我们采用了"先语音、后语法"的策略，调整了教材内容：主体部分每课开始的语音训练（包括辅音音组的读法）被合并提前，导论部分的语法知识被融入主体部分相应的语法模块，适当减轻了学生的认知负担。除教材内容外，我们还选用《大众俄语》等多年来长盛不衰的俄语入门教材，针对学生语音弱项剪辑录音文件，并配图上传至网络供学生跟读学习。为进一步加强俄语书写教学的直观性与可及性，我们选用了洛阳理工学院李玉萍副教授录制的俄语字母及单词书写视频教程供学生观看和模仿，教师在线批改作业时再以图片修订的方式指出书写不规范之处，予以有针对性的指导。

语法部分：我们借助雨课堂平台，将语法知识提前制作成手机课件，配上语音讲解后发送给学生，供学生提前预习。在制作手机课件时，我们会充分参考学生当下的学习水平，选用案例时尽可能体现思政特色，紧贴时事，对热点问题也有所涉及。配制录音时尽量维持平实、轻松的状态，避免呆板的"棒读腔"。此外，我们根据课程实际需要，提前研究了中国大学 MOOC、爱课程、智慧树、学堂在线等慕课平台上的相关课程内容，适当选出一些内容进行整合，组织学生观看学习。正式授课时我们不再详细讲解语法，而是以高频的滚动循环提问为主，每节课前利用随机分组程序确定学生回答的顺序，让每一个人对自己的"上场"时间大致心里有数，这样比较有效地避免了学生被点名后不开麦、不出声的问题，节约了课堂时间。我们每周还会不定期安排3次3分钟的小测验，每次5~10个小题，以形态变化考核为主，内容前后穿插，强化学生记忆。小测验的分数均按系数计入期末总分。这类测试形式时间短、速度快，弱化了学生的考试焦虑，又因为频度足够高，能比较全面地反映学生的学习水平，便于教师及时调整授课进度。

实践训练部分：实践训练包括言语范例、对话和课文的讲授，以及相应的言语输出训练。因为授课对象为零起点新生，所以在互动设计，尤其在问题设计上需要提前做很多功课。"学生回答时语言输出的质和量很大程度上取决于问题是开放型还是封闭型。开放型问题允许有多个答案，能引发学生产出句子较长或结构较复杂的问答，封闭型问题通常只有一个固定答案，学生的回答较简短或结构较简单。"（鲍晶晶、凌重江、刘锋，等，2008）我们在进行言语实践训练时，封闭型问题仅出现在检测学生是否理解内容上，其他问题均为开放性问题。我们在提问时非常重视问题的连贯性与启发性，尽量引导学生发现问题、思考问题、解决问题。在练习开始前，我们会提前与学生确定练习形式，按人数划分小组（每次练习我们都会对组员数进行微调），确定第一位答题人，在他答题后，同组同学根据教师要求，按顺序完成复述、翻译、人称替换、增词续说、肯定否定转换、时态转换等不同形式的练习。此外，我们还会根据教学内容搭配适量口头作文、造句、分组对话等专项练习，充分训练学生的语句生成能力。

作业部分：我们在作业形式多样化方面进行了一些尝试。如要求学生录制诗朗诵视频及绕口令诵读视频等，强化训练学生的语音语调，增加练习的趣味性。关键语法的巩固则以笔头练习为主，包括传统的连词成句、变格变位、填空等练习，也充分融入了具有发散性的词义联想网络书写、续写课文、仿写课文、趣味问答、看图编写对话等。文化历史国情类知识则通过随机抽签交予学生，再由学生自行组建 3 人团队在每周四固定做一次 5~8 分钟的展示。

3 "基础俄语"在线教学的效果与展望

经过实践探索，综合学生的学习成绩、问卷调查及访谈结果，可以发现仅就"基础俄语"而言，目前学生接受程度最高的教学方式是以线下课堂为主，充分利用在线教学资源的混合式教学。很多学生表示一开始并不习惯课前自行观看慕课和手机课件的教学模式，不认同这是教学环节。然而根据我们的统计，这类学生的比例一般会在开学半个月后显著降低。慕课平台和雨课堂后台统计的数据也显示：学生每周用于自主学习的时间一般在学习材料本身时长的 2~3 倍。约 2/3 的同学表示，随手可及的教学材料便于他们利用碎片化的时间进行学习，"虽然看上去占用了课下的时间，但是又感觉生活没有受到什么影响"。

结　语

总体看来，引入线上线下混合式教学之后，学生自主学习能力和学习意愿更强，也更倾向于在遇到问题时自己动手寻找答案。互联网时代的教育实践，支撑在物理、社会和信息三个空间（陈丽、逯行、郑勤华，2019）。"进入人工智能时代的在线学习……其学习方式、学习组织、学习流程等都将发生变革性的改变。"（万昆、郑旭东、任友群，2020）。如何抓住未来教育改革的主旋律，拥抱智能技术，使之更好地融入俄语专业精读课在线教学，是我们今后需要进一步探索的问题。

参考文献

鲍晶晶，凌重江，刘锋，等，2008. 关于英语精读课教师提问与学生反馈的研究：以中国地质大学（北京）外语系为例 [J]. 中国地质教育（3）.

陈丽，逯行，郑勤华，2019. "互联网+教育"的知识观：知识回归与知识进化

［J］. 中国远程教育（7）.

高艳茹，郝亚杰，潘大鹏，等，2020. 突发公共卫生事件背景下在线混合教学方法的实践［J］. 黑龙江高教研究（8）.

万昆，郑旭东，任友群，2020. 规模化在线学习准备好了吗？——后疫情时期的在线学习与智能技术应用思考［J］. 远程教育杂志（3）.

吴丹，丁雅诵，2023. 以数字变革推进教育强国建设［N］. 人民日报，2023-02-13（10）.

吴岩，2020. 实现中国高等教育"变轨超车"［J］. 中国教育网络（5）.

俄语视听说课程与思政教育的融合策略探析

谢 李

战略支援部队信息工程大学洛阳校区

摘要： 俄语视听说是俄语专业本科阶段的主干课程，因融合听、说、读、写、译于一体的特点，该课程对于专业学习起着至关重要的支撑和推动作用。当今时代背景下，在俄语视听说课程的教学活动中融入思政教育的元素，能够帮助学生了解对象国文化并用俄语表达中国思想文化的相关内容，培养用俄语传播中国文化、讲好中国故事的意识，在提升俄语专业技能的同时坚定"四个自信"和正确的三观，客观看待文化差异，将价值引导融入传道受业解惑的过程，这是思政教育必不可少的环节。

关键词： 俄语视听说；思政教育；融合

随着"互联网+"时代的来临，大数据和海量信息迅速改变着人们的工作、生活和学习方式，在全球一体化进程势不可挡的今天，外语和跨文化交际能力的培养成为高等教育中一个不可或缺的环节。如何借助网络资源和信息技术来提高教学质量，如何在语言教学的同时帮助学生树立正确的价值观，获得正面、积极的教学效果，对于高校的外语教育工作者而言是亟待探索的重要课题。

1 新形势下思政教育融入视听说课程的必要性

2016 年，习近平总书记在全国高校思想政治工作会议上强调："高校思想政治工作关系高校培养什么样的人、如何培养人以及为谁培养人这个根本问题。要坚持把立德树人作为中心环节，把思想政治工作贯穿教育教学全过程，实现全程育人、全方位育人，努力开创我国高等教育事业发展新局面。"2017 年，教育部在《高校思想政治工作质量提升工程实施纲要》中明确提出要大力推动以"课程思政"为目标的教学改革。

思政教育是一个宏观命题，贯穿高校学生的价值观、人生观和世界观，对于俄语专业的学生而言，仅仅输入俄语语言和文化的相关知识是远远不够的，在当前形势下，外语学习者不仅要了解对象国的文化历史和思维方式，还要对外传播推广中国的文化和思想，在跨文化交际中做到求同存异。可以说，外语专业的教学过程与生俱来自带思政元素。但教学中用于听、说、读、写、译这些基本技能训练的素材大多是外来文化的载体，学生容易受到外来思潮的影响。在这种情况下，不断更新教学思路、持续创新教学方法，引导学生在学习外国语言文化的同时坚定对本国文化的自信和认同，理性看待不同文明的差异，在跨文化的交流互鉴中去芜存菁，帮助学生更加深入、鲜活地理解人类命运共同体概念，更加全面、客观地审视热点问题与现象，是外语课程思政建设的应有之义。

2　俄语视听说与思政教育的融合路径

俄语视听说的课程思政要充分发挥视听说课程专题性强、内容多元化的天然优势，充分调动教师及广大学生的主观能动性，秉持教师为主导、学生为主体的教学理念，在语言能力的培养方面注重输入与输出之间的平衡，在跨文化比较的过程中培塑学生的思辨能力和正确的价值观。

2.1　教师的能力提升

课程思政不仅是教学的理念和目标，同时也是一种思维方式，对外语专业教师的时事敏感度及语言文化功底提出了更高的要求和期待。因此，课程思政建设的重要前提就是教师队伍的建设和教学能力的提升。

王欣和陈凡提出了外语专业课程思政价值引领的三个"度"："角

度是站稳中国视角，实现价值引领；深度是打造中国学派，引导价值判断；温度是把握情感认同，实现价值认同。"（王欣、陈凡，2021）外语专业的教师要深刻认识到思政教育的必要性和紧迫性，从而有意识、有针对性地提高自身的专业知识储备、政治素养和文化素养，在坚定社会主义核心价值观和"四个自信"的前提下主动作为，在教授对象国语言、国情、文化的同时把对思政教育的认同感内化为日常教学过程中的自觉意识，通过中外文化之间的对比分析，引导学生在学习俄语的过程中能够以俄语为棱镜，反向探究和感受母语文化的精髓，培养学生的国际视野、爱国情怀和文化自信，从而实现课堂教学与课程思政的有机融合，实现属于显性教育的知识传授与属于隐性教育的价值引领的有机融合。

无论是课程建设的路径设计，还是教学资源库及思政教育案例库的建设，都要依托教师团队的集中教学研讨，根据课堂反应和学生反馈及时发现存在的问题和不足，给出有针对性的改进方案。

2.2　课程思政建设的路径

语言既是承载民族文化和价值的载体，也是在不同民族和国家之间传播文化和知识的工具。视听说课程中使用的音视频资料蕴含着多元文化的世界观、价值观、人生观和不同民族的思维方式，其中的思政育人元素可谓无处不在。在课程思政建设过程中，首先需要拟定可操作性强且有针对性的指导文件，从课程设置、教学大纲、教学目标和教学设计等各个层面突出价值观塑造的重要性。

在课程思政的教学设计环节，补充能够体现社会主义核心价值观，以及与时代发展同频共振的时事新闻、纪录片等音视频资料，不仅可以在专业技能方面提升学生的水平，还能够培养学生追踪国内外热点时事的良好习惯，提高学生在面对不同的社会制度、文化价值体系和新闻立场时明辨是非的鉴别能力。

在课堂教学过程中始终牢记以教师为主导、以学生为主体的原则，充分考虑当前大学生的学习习惯和思维方式特点，利用线上教学平台，创新课堂教学形式，巧妙运用网络资源，联系时下网络热点话题，营造直观、接地气、趣味性强的语言情境，让学生切实感受中外文化的异同，分析解决问题的思路，不断提升学生的思维能力、判断能力和思辨能力。最后，在教学反思环节中引导学生梳理构建自己的专业知识体系，增强跨文化沟通能力和对本民族文化的自信，以及对其他民族文化的尊重。

2.3　深挖教学内容中的思政元素

依托丰富的网络资源，俄语视听说课程中可供选择的听力素材数量庞大，题材涉及范围广，包括但不限于国家民族之间、人与社会之间、人与自然之间、人与人之间的方方面面，这些内容都蕴含价值引导和思政育人的元素。教学素材的选择要紧扣当课主题的脉搏，优先选取能够激发学生思辨性和参与度的典型案例。

教师对于添加到教学内容里的思政元素要做到言之有物、言之有序、言之有理，与专业知识的挂钩则要根据学生的学习阶段和接受度做到因时制宜、因人制宜。有针对性地根据思政目标挖掘与教学内容相关的展现政治认同、家国情怀、文化素养、宪法法治意识、道德修养五个方面的思政元素，充分体现中国理论、中国实践、中国特色话语体系、中国语言文化等方面的知识（张春，2022）。

例如，近些年来，中国国际电视台制作并推出了许多介绍中国传统文化精粹的俄语文字和影像资料，这不仅打开了展示中国文化的窗口，也为俄语专业的学生提供了绝佳的学习素材，为学生深入了解进而对外传播母语文化奠定了坚实的基础。

教学过程中不断积累的音视频资料可以按照不同主题建立相应的资源库，同时建立教学过程中的案例库，系统挖掘价值引领作用突出且紧密贴合专业知识的思政教育元素，为今后的教学提供方法指引和总结反思。

3　思政教育走进俄语视听说课堂的典型案例

由于俄语视听说课程的音视频素材都是按照专题分布，所以每节课的思政教育目标都应该从学习内容中提炼而来，是具体且明确的。

语言一直在动态中发展，外语学习的内容每一刻都在更新，再好的教材也会在内容上存在信息滞后的现象，因此俄语视听说课程的教学内容不能仅仅局限于教材上的内容，还要依托网络平台不断补充、更新教学资源库，实时添加俄罗斯主流媒体和中国国际电视台等平台上关于时政、社会、文化、科教、经济、体育等方面的音视频素材，培养学生的国际视野和对多元文化的包容胸怀，让学生及时了解当代中国在各个领域的发展建设成就，提高学生服务国家建设的意识和向世界讲好中国故事的能力。

教师在课前阶段选取优质的网络视听资源推送给学生，主要用于扩充新课主题涉及的背景知识和语言表达手段，帮助学生大致了解新的专题内容。课中阶段则包括相关知识的讲解、语言能力的培养及思政教育的引入，通过师生的互动和学生的产出来平衡语言的输入和输出，并在这一过程中实现课程思政的目标。

例如，"饮食习惯和用餐礼仪"专题主要介绍俄罗斯人的餐饮习俗，因此本课的教学设计可以包括以下目标：①听力技能：通过精听和泛听练习来掌握相关的词汇、短语和句型；②口语技能：运用相关的俄语表达来转述音视频资料中的内容情节，并回答教师的引导性问题，然后以翻转课堂的形式让学生了解中国美食和餐饮文化的俄语表达方法，让学生以此为话题进行连贯对话或独白表述，培养他们推广传播中华文化的能力；③育人目标：通过视、听、说三个环节的练习，教师可以安排学生以情景对话、演讲或讨论的实践形式，围绕本课的育人目标，探讨"中国和俄罗斯的餐饮文化差异及其缘由"，引导学生在学习别国文化的同时加深对本国传统文化的认知，了解并尊重不同的文化习俗，正如习近平总书记 2014 年在联合国教科文组织总部的演讲中所强调的，"每一种文明都延续着一个国家和民族的精神血脉，既需要薪火相传、代代守护，更需要与时俱进、勇于创新"。

针对"科学和技术"专题，教师可以将"蛟龙号"载人潜水器、中国空间站建设、"天宫课堂"、北京冬奥会的科技元素等重要新闻的相关视频有机融入课堂教学，增强教学内容的时效性，将时事热点有机融入教学过程，这样不但能激发学生的学习兴趣，还能有效弥补教材的相对滞后性（梁书轩，2021）。让学生在掌握相应语言表达手段的基础上尝试用俄语介绍中国的科技发展成就，从而增强其民族自豪感和荣誉感，同时培养学生的使命感和责任感，鼓励学生创造更加美好的未来。

俄语视听说课程的能力培养目标不仅在于听力和口头表达能力的提升，还在于帮助学生学会对外语视听资料中传达的思想和观念进行辩证的思考和判断。网络平台上海量碎片化信息涌入，各个国家之间由于不同的意识形态、政治体制和历史文化所形成的差异毫无保留地呈现在青年人，特别是外语学习者的面前，只有学会辩证地看待差异，才能杜绝盲目崇拜或者武断否定，做到取其精华、去其糟粕。

结　语

外语的学习不仅在于语言的学习，更要在跨文化交际的过程中讲好中国故事、传播中国文化。课程思政立足于立德树人的出发点，以课程为载体，把教学资源转化为育人资源，是思政教育中一个必要的环节，应该贯穿于课程教学的全部过程。

俄语视听说课程的思政建设把面向俄语专业大学生的专业知识培养、能力培养与思政育人目标有机地结合在一起，是教学目标和教学内容高度统一的体现，也是课堂教学和自主学习无缝连接的体现。将思政教育元素融入俄语视听说课程的知识模块，既可以让思政育人目标更加清晰，又可以让学生切实感受思想的成长与蜕变，对于提高学生学习的成就感，帮助学生感受中国的大国担当，培养学生的民族自豪感和自我认同具有非常重要的现实意义和长远意义。因此，思政教育与俄语视听说课程的有机融合是一个需要长期探索、反复实践并且不断反思的过程。

参考文献

梁书轩，2021. 思想政治教育元素融入大学英语教学的路径探讨 [J]. 学校党建与思想教育（4）.

王欣、陈凡，2021. 角度、深度和温度——新文科背景下价值引领与外语专业课程思政建设 [J]. 外国语文（6）.

张春，2022. 高校英语专业"视听说"课程思政建设的构建与路径 [J]. 贵阳学院学报（社会科学版）（3）.

"俄英复语"复合型人才培养研究

李春蓉

四川大学外国语学院

摘要：目前国内高校俄语专业"俄英复语"复合型人才培养模式已成为趋势。本文立足四川大学外国语学院俄语专业"俄英复语"复合型人才培养规划，以培养熟练运用英俄两门外语，并掌握一门交叉学科的高素质、宽视野、能力强且具开拓意识的人才为目标，探索培养模式和基本原则，以期助力俄语专业学生适应当前的经济发展和就业形势。

关键词：俄英复语；俄语专业；复合型人才培养

为了顺应当今社会的国际化趋势，针对小语种专业毕业生在就业市场上面临的巨大挑战，目前国内高校外语专业小语种学生复语复合型人才培养已成为趋势。复语复合型人才一般指具有两门或多门外语的语言运用能力，同时掌握某个或多个人文学科、社会科学或自然科学领域的基本理论知识和方法论知识，具有发现、分析、解决问题的能力以及终身学习能力的人才（胡文仲、孙有中，2006；王雪梅、徐璐，2011）。复语复合型人才除了掌握复语并具备某个或多个学科专业能力，更重要的是能够贯通语言能力和专业能力，使之共同服务于问题的解决和终身发展（徐浩、濮实、单志斌，2020）。近20年，复语复合型人才培养的研究与实践成果斐然。2011年，王雪梅、徐璐就提出了国际化复语型人才的培养模式（2011）；近年来，徐浩、濮实、单志斌论述了"英法复语"复合型人才培养的课程设计问题（2020）；郑咏滟（2020）在介绍复旦大学外文学院的"英西双语"复语人才培养模式的基础上指出，不同类型的高校应根据自身特色，探索符合国家发展需要，能推动国家外语能力建设的多外语人才培养路径。

本文结合四川大学外国语学院俄语专业"俄英复语"复合型人才培养需求，探索培养模式和基本原则。目的在于达成培养实践能力强，具有国际竞争能力的俄语专业本科人才这一目标。"俄英复语"复合型人才培养模式致力向社会输出高素质、双外语的应用型、创新型人才，可以帮助俄文系大学生适应当前的经济发展和就业形势，且符合俄语学生的特点，也具有重要的实践意义。

1　"俄英复语"人才培养

国内俄语专业"俄英复语"人才培养始于 2000 年左右。以苏州大学赵爱国、辽宁师范大学许凤才为代表的学者开始了"俄英复语"人才培养的探索。2001 年，许凤才试图通过对比教学使学生掌握俄英语音、语法、词汇、修辞、语言国情等知识，再通过交际情景发展学生跨文化交际的技巧和能力，最终达到语言知识和言语能力的完美结合（许凤才，2001）。苏州大学赵爱国（2002）探讨俄英双语专业的课程建设的目标与原则、课程体系的结构与层次，服务于培养高素质的俄英双语人才。经过逾 20 年的发展，俄语专业"俄英复语"人才培养模式探索已初见成效，这为我们开展"俄英复语"人才培养奠定了基础。

四川大学作为 985 高校，俄语专业进校学生英语高考成绩普遍较好，学生在入学前长达至少六年的英语学习中已经具有良好的英语基础。同时俄语专业学生对俄英复语学习也具有较的学习积极性。笔者曾对俄语专业学生进行俄英复语教学的问卷调查，90% 以上的学生有参与俄英复语学习的意愿。此外，从当今中国的就业市场来看，英语作为国际通用语的地位几乎无法撼动（戴曼纯，2016）。英语的工具性和实用性大大高于其他外语语种，因此英语能力在就业市场上十分重要。小语种专业就业面相对较窄，发展机会相对较少，本科毕业生专业对口就业率偏低，单一外语语种的学习影响小语种学生的专业学习积极性，也不能更好地适应市场的需求。学生为了应对市场需求，花费大量时间学习英语，虽然大学英语四、六级成绩通过率很高，但由于英语的实践能力较低，无法适应跨文化国际交流的需要。俄英复语教学目的就在于增强学生的专业学习积极性和就业核心竞争力，培养具有跨文化国际交流能力的俄英复语人才。

俄英复语教学课程建设是俄英复语人才培养面临的首要问题。主要包括大学本科阶段俄英复语人才培养过程中教学目标的规划、设计和管理等。主要涵盖以下四个方面的内容：①根据"俄英复语"人才培养目标的总体要求，对教学项目进行规划，包括教学性质、目的、原则的确立和教学计划的制订等；②根据总体规划，设计培养对象的知识结构和能力结构，并建构起相应的课程保障体系；③按不同课型制订具体的教学大纲，编写相应的系列教材；④对课程的教学过程进行目标化的监督与管理，包括教学过程的分析和教学质量的评估等（赵爱国，2002）。同时，俄英复语课程建设应遵循以下原则：①课程体系的综合性原则；②知识与技能的基础性原则；③共性原则与个性原则相结合。

培养精通俄语，熟练掌握英语的应用型、创新型人才是俄英复语教学的培养目标。在保证学生俄语专业学习的基础上，拟开设俄英语音对比、俄英语法对比、俄英汉文化对比、俄英汉互译、英美概况等课程。这些课程的开设旨在提高俄语专业学生英语实际运用能力，提高学生的跨文化交际能力，弥补学生英语交际能力较弱的缺憾。

俄英复语教学改革和发展需要充分发挥学生的主观能动性。学生的主观能动性是指学生课堂学习的自觉性、自主性、积极性和主动性（佟秋华，2014）。教学应当注重"由内而外"地促进学生主动寻求发展的意愿，使学生积极地规划愿景、投入学习。为达到这一目的，教学设计应当给予学生多样化的学习支持，培养学生成长为自主学习者。因为无论学习发生在何时何地，学习的内容和中介是什么，学习从根本上取决于学生个体的自主意愿。自主学习者需要具备自我评价的能力，懂得如何有针对性地向他人求助；需要学会观察、分析、判断、反思自己的学习过程，在此基础上寻求并借助他人的力量来消除学习障碍，而不是完全依赖他人。

师生支持就是一种重要的学习支持。师生支持是指教师和同伴对学生学习上的关心和帮助，在情感上的肯定与鼓励（Ghaith，2002）。师生支持不仅能够提高学生的学习动机，还能增强学习投入和对学校的归属感（Kiefer，2015）。近年来，学者们开始关注外语学习中的师生支持，研究发现，学生获得的师生支持越多，焦虑感就越低，外语学习表现就越好（Huang，2010）。外语学习中的师生支持包括教师学业支持、教师情感支持、同伴学业支持和同伴情感支持四个维度。在俄英复语教学过程中，教师不仅要给予学生高质量的学业支持，还应关注学生学习动态和精神面貌，给学生适当的情感支持，促进学生在学习和生活上相互关心和支持，从而帮助学生克服学习倦怠，提高学习水平和能力（刘晓红、牛睿欣、郭继东，2020）。在学校环境下，良好的师生支持有助于减轻学生的心理压力，提高学生学习动力，亦能降低学生学习倦怠的程度（Wentzel，2010）。俄英复语学习对个人的学习能力、适应能力、调节能力是巨大的挑战，学习者不仅需要付出很多时间和精力，而且必须运用有效的学习方法才能达成目标。这需要学习者和教师双方的共同努力，形成有效的师生支持。

2 俄语专业复合型人才培养

复合型人才是指掌握两个或两个以上专业（或学科）的基本知识和基本能力的人才（辛涛、黄宁，2008）。俄语专业复合型人才就是指掌握俄语以及另一个或多个专业（或学科）的基本知识和基本能力的外语人才。这类外语人才具有知识集成、能力复合、素养全面的特点，能够较好地适应当今人才市场发展的综合化、多元化需求。

培养复合型高级外语人才是国内外语人才培养的大趋势。早在2005 年，时任高等学校外语教学指导委员会主任委员戴炜栋就强调，培养复合型外语人才是高校外语专业改革的方向（戴炜栋，2005）。近20 年来复合型高级外语人才培养已经在各地院校进行了各种不同的实践，形成了许多可供借鉴的经验，其中英语专业复合型人才的培养模式尤为出色。例如，北京外国语大学英语系在本科阶段开设了英美文学、语言学、国际新闻、外事翻译、国际文化交流等专业方向，西安外国语大学培养"英语+旅游"的复合型人才，南京大学培养"英语+国际商务"的复合型人才，西北政法大学培养"英语+法律"的复合型人才等。小语种专业复合型人才的培养也有可圈可点之处。如，北京第二外国语学院多年来致力以"多语种复语、跨专业复合"模式打造国际交往人才培养新思路，着力培养具有家国情怀和国际视野的复合型人才（顾晓园，2020），南开大学的"非通用语专业+人文社科专业"复合型国际化人才培养模式等。这些学校所培养的复合型人才适应市场的需求，得到用人单位的充分肯定。这些外语专业复合型人才培养模式取得的成功经验可以为本系俄语专业培养复合型高级外语人才提供宝贵的经验。

四川大学是一所 985 综合性大学。学校学科门类齐全，覆盖了文、理、工、医、经、管、法、史、哲、农、教、艺等 12 个门类。目前，四川大学提供 27 个辅修学士学位的选择，这对培养俄语复合型人才提供了有力的专业支持。

在借鉴国内各高校外语专业复合型人才培养模式的基础上，立足四川大学的优势学科平台，我们提出以下俄语专业复合型外语人才培养模式：① "俄语+经济"；② "俄语+国际贸易"；③ "俄语+国际关系"；④ "俄语+新闻"。鼓励学生在学好俄语专业的必修课和选修课后，再辅修另一专业的课程以拓宽学生的专业口径和知识面，形成知识交叉，完善知识结构，增强学生的就业适应能力。

结　语

目前国内高校俄语专业 "俄英复语" 复合型人才培养模式已呈欣欣向荣之势。无论是作为外语院校的北京外国语大学、北京第二外国语学院、上海外国语大学和广东外语外贸大学，还是以北京大学、复旦大学、浙江大学、南开大学为代表的综合性大学，都在积极探索 "俄英复语" 复合型人才的培养。四川大学外国语学院俄语专业俄英双语并重的培养模式，再加上四川大学所能提供的有力专业支持和广泛学习空间，一定能够助力学生成长为娴熟运用英俄两门外语，并掌握一门交叉学科的高素质、宽视野、能力强且具开拓意识的复语复合型人才。

参考文献

戴炜栋，2005. 在第三届高校外语专业教学指导委员会全体会议上的发言 ［J］. 外语界 （2）.

顾晓园，2020. 以党建推动改革攻坚，建设北京特色外国语大学 ［J］. 北京教育 （7）.

胡文仲，孙有中，2006. 突出学科特点，加强人文教育——试论当前英语专业教学

改革 ［J］. 外语教学与研究（5）.

刘晓红，牛睿欣，郭继东，2020. 英语学习师生支持及其与学习倦怠的关系 ［J］. 江西师范大学学报（哲学社会科学版）（5）.

佟秋华，2014. 高校网络环境下英语视听说课学生能动性实验研究 ［J］. 外语电化教学（1）.

王雪梅，徐璐，2011. 国际化复语型人才的内涵与培养模式探索 ［J］. 外语与外语教学（1）.

辛涛，黄宁，2008. 高校复合型人才的评价框架与特点 ［J］. 清华大学教育研究（3）.

徐浩，濮实，单志斌，2020. 复语复合人才培养中的外语课程设计——以北京外国语大学北外学院为例 ［J］. 外语教育研究前沿（1）.

许凤才，2001. 关于俄英双语对比教学的设想 ［J］. 辽宁师范大学学报（哲学社会科学版）（5）.

赵爱国，2002. 俄英双语专业课程建设的几个问题 ［J］. 中国俄语教学（1）.

郑咏滟，2020. 综合性大学外语专业复语人才培养探索——以复旦大学英西双语模式为例 ［J］. 外语教育研究前沿（1）.

GHAITH G M, 2002. The relationship between cooperative learning, perception of social support, and academic achievement ［J］. System（2）.

HUANG S F, 2010. The relationship between teacher and peer support and English-language learner's anxiety ［J］. English Language Teaching（1）.

KIEFER S M, ALLEY K M, ELLERBROCK C R, 2015. Teacher and peer support for young adolescents' motivation, engagement, and school belonging ［J］. Research in Middle Level Education Online（8）.

WENTZEL K R, BATTLE A, RUSSELL S L, et. al, 2010. Social supports from teachers and peers as predictors of academic and social motivation ［J］. Contemporary Educational Psychology（3）.

高校非通用语课程实践创新模式探究
——以"高级西班牙语"为例

吴　恙

四川大学外国语学院

摘要：如何在教学中有效融入实践和课程思政元素，提升学生的语言应用、跨文化交际能力，并对价值观培养起到引导作用，是目前高年级课程改革的重点。本研究以四川大学"高级西班牙语"为对象，优化教学内容，创新教学思维，运用多元手段，探索"实践+思政""线上+线下"的多维度课程改革，实现对实践、创新能力培养的综合成效。

关键词：西班牙语；教学改革；课程实践

近年来，在国家语言能力提升的大背景下，对精通当地语言、熟悉当地国情文化、拥有跨学科知识结构和跨文化交际能力的高层次、复合型外语人才提出了更为迫切的需求（丁超，2017）。非通用语本科专业主要面向零起点学生，以西班牙语专业为例，课程设置上多沿袭传统教学思路，缺乏创新，与不断更新发展的教学理念及我国西班牙语教育快速发展的形势不相适应（郑书九，2011）。主打语言能力培养的精读课堂教学多以"教师讲、学生听"和"读写+译练"的传统语言教学模式为主，近年来各高校通过数字化手段和线上资源，在课程改革上不断探索提升教学效果的途径，同时也在努力摸索适合高校不同情况（地域特点、专业及平台特点）的"语言+"人才培养模式。不过，从目前就业市场情况及学生方面的反馈来看，校内习得的专业知识与社会实践及就业需求之间仍存在较大差距。非通用语专业高阶课程亟须在教学中融入提升实践、创新能力的有效课程设置和教学机制，以弥补与社会人才需求的差距和缺乏母语环境训练的不足。

1 西班牙语高阶课程的现状及改革思考

1.1 西班牙语专业高阶课程的现有问题

首先，按照教学计划的课程设置，本科高年级的课程目标集中于提升语言应用能力和拓展文学文化知识。以四川大学西班牙语专业为例，包含实践训练的选修课分别有口译、笔译等系列课程，但常出现选课人数不足等情况，一定程度影响了对整体的教学效果和相关课程的深化改革。其次，高年级学生作为志愿者、译者参与校内外实践活动的机会增多，经常反馈教材内容相对单一化，希望课程中加入更多实践知识和应用训练，以更好地适应各类语言实践活动，并为未来的就业打好基础。最后，经过专业四级考试之后进入高年级阶段，学生的专业语言水平分流化日益明显，学习和毕业规划的不同也表现在对课程不同的接受度上。所以难以在课堂上把握所有人的节奏、进度和需求而进行统一调节。

因此，部分学生在高年级阶段因学分修满或自身不同需求等因素而放弃选修实践类课型的情况下，把必修课程作为教学改革的目标对象，融合实践单元的改革将是更有效的办法。三、四年级学习的课程目标应涵盖相对更多的实践教学环节，帮助学生提升外语熟练度，在实践中体会口译技巧，逐步训练现场工作的灵活应变能力。另外，针对学生的不同需求和不同水平，也需要辅以分流—分层的教学模式，让学生有充分的自学空间和可供选择的学习内容。

1.2 西班牙语专业高阶课程的改革思路

中国知网数据显示，目前西班牙语专业的教学研究多集中于具体课程的教学方法和考试改革，如精读、阅读、口语、听力、笔译等，或某一教学法、手段的教学效果分析等，如《视听说一体化的西班牙语听力课程教学研究》《高校西班牙语泛读课程教学中的文化导入》《西班牙语口语测试认知诊断改造及纠错策略研究》等，对课程思政的研究近年来也成为较热门的主题，如《课程思政在高校本科西班牙语精读课程中的探索与实践》，而实践能力方面的研究成果更多源自职业院校的经验分享，如《西班牙语语言服务行业对高职西语人才的需求分析》等。

从与市场接轨的角度出发，挖掘西班牙语专业高年级课程中的实践性提升空间，以本土高校的具体情况探索融合实践的课程创新机制。以川渝地区的对外文化传播为媒介，利用综合性大学在复合人才培养方面有利的平台优势，在专业高阶必修课——"高级西班牙语"中融合激励自主学习、助力实践及创新能力提升的教学改革和课程模式。

针对"高级西班牙语"课程的现有问题：其一，全国专业通用教材《现代西班牙语》第 4 册延续前几册风格，新鲜感降低；其二，教学内容单一化，语言学及文学的课程内容与各类社会实践的实际需求脱轨；其三，课时量占比大（64 学时），课堂教学时间长，学生水平分流，对课程的兴趣度难以维持。从课程材料和授课模式两方面入手，打造以"实践"为中心的分流学习的课程设计，定制以校内资源为起点，延伸到城市和大区域范围的文化推广的学习材料和实践活动，并适时融入课程思政元素，整体提升课程的实用性和趣味性。

2 "高级西班牙语"课程改革措施

以四川大学西班牙语专业"高级西班牙语"课程为改革对象，结合国家"十四五"规划及对外发展交流的需求，以及国际国内实习、就业市场的西语专业人才反馈，探索以川渝地区文化形象推广为特色的实践融合方法与路径。"高级西班牙语"作为本科三年级专业必修课，分为上、下（1、2）两学期，各占 64 学时，每周 6 学时。使用教材为《现代西班牙语》第 4 册，每学期进度 5~6 个单元，单元结构以课文、词汇、文化补充及练习为主，内容主要涉及西班牙语语言和相关国家地区文学文化。

首先，以系列课程为整体设计 SPOC 课程，以 20% 线上教学（每学期各 12 学时）与 80% 线下教学相结合，对传统的课堂教学时长进行"减法"处理，改变课堂教学占时过长的状况。

其次，围绕"教材+文化实践"两条主线的课程内容，对线上、线下教学进行扩充。比如，教材主线方面，由于水平分流，部分学生需要对教材中忽略的某些语法点复习梳理，其他学生又希望深入了解某些教材中一语带过的文学、文化术语及概念，教师通过制作微课和引入适合的网络资源，为学生提供充分的复习、拓展选择，合理统筹课堂教学内容。而文化实践方面，设计包含不同地区、类型的文化推广主题材料，让学生实现"线上自主学习+线下课堂展示"的串联任务，掌握一定实践知识的同时，保证线上、线下教学的充分融合。目前完成的线上资源建设如表 1 所示。

表 1 "高级西班牙语"线上教学资源

资源类型	微课	慕课	虚拟仿真实验课	网络及视听资源	文本材料
主题内容	教材内容相关知识补充	走近拉美	我的同学江竹筠	拉美汉学讲座	教材词汇讲解+课堂课件
		中国传统节日文化(西班牙语)	医学西班牙语	考级、实习、就业经验分享	川渝景点汉西对照介绍
		西班牙文学选读		口译实践视听材料	口译实践主题文化知识
总学时	3 学时	122 学时	4 学时	6 学时	／

根据上表，线上资源建设以微课、慕课、虚拟仿真实验课为主，辅以其他网络及视听资源和文本材料，所有资源发布到网络教学平台"高级西班牙语"课程中，学生通过平台内置的学号信息登入完成学习，教师可利用平台工具监控学习进度，通过报告、作业、测试等检查学习效果，最后结合评教、问卷等方式获取教学反馈。

最后，以川渝地区划分范围，设置由校内到校外、课内到课外的延伸式口译实践单元。课内实践部分，安排三次以上"现场介绍+口译活动"，以四川大学江姐纪念馆、四川大学校史展览馆为中心，成都规划馆、成都博物馆为拓展开展实地口语训练。具体设计如表 2 所示。

表2　"高级西班牙语"课程实践活动计划①

地点	分组	中文讲解	西语听译	线上预习
四川大学江姐纪念馆	8人/组	30分钟	60分钟	重点词汇、虚拟仿真、实验课
四川大学校史展览馆	8人/组	30分钟	60分钟	中文简介、3D语音讲解
成都规划馆	10人/组	40分钟	60分钟	成都历史故事中西对照文本
成都博物馆	10人/组	无	90分钟	成都历史故事中西对照文本

　　根据班级学生总人数和场馆面积、内容量分组，分别以8人、10人为一组分配口译任务。由教师以场馆分布、现场讲解为基础，拟定任务清单并分配任务。教师和学生分别扮演外国人和西班牙语口译员，以角色扮演的形式，进行1对1现场口译模拟训练，保证每个学生得到独立应对现场翻译的训练，同时观察、对比同学间对不同问题的处理方式。活动后撰写复盘报告，总结心得体会。总之，"高级西班牙语"课程的改革措施秉承以产出为导向，结合能力本位的综合理念，充分融合课程思政元素，提升学生语言技能，培养学生运用所学知识和对象国语言以不同视角剖析和分析问题的能力，建立思辨思维（杨彬、蒋璐，2022），以达到提高学生的课程参与度、满意度，引领学生确立正确的理想信念和价值观，提升教学综合成效的最终目标。

3　"高级西班牙语"课程改革成效

　　经过两轮（两学年）的改革实践，课程教师收集了已完成课程学生对"高级西班牙语"的体验评价，再结合调查问卷，全面了解学生的学习效果和对课程的整体体验感及满意度，进一步把握相关课程的改革成效，有助于推进改革深化。

　　实践活动后的复盘报告充分体现了学生对课程改革的体验和评价。学生对第一次四川大学江姐纪念馆实践活动的印象尤其深刻，虽然内容

---

　　①　受新冠肺炎疫情影响，在具体的方案实施过程中仅完成了四川大学江姐纪念馆、四川大学校史展览馆和成都规划馆三项实践活动。

不多也不难，但学生在亲身体验了陪同翻译对互动性和临场应变性的要求后，普遍反映"现场实践与课堂训练的感觉有很大不同""学到了很多陪同翻译的小技巧""中文讲解和外国参观人员兴趣之间的差异"①等，也有同学反映这次实践活动让他们更深刻地了解革命先烈的故事及其无私无畏的革命精神，是今后学习生活的方向指引和精神激励。最后一次成都规划馆的活动后，不少学生反映通过实践"积累了一定的实践场景经验""丰富了表达，能进行正确度较高的口语表述"，同时也认识到不同类型场馆的差异，比如，成都规划馆的实践活动就更具"复杂性、条理性和挑战性"②。如何快速使用简单易懂的表达解读汉语中的术语或更高阶词汇，除了平日积累、提前准备，还要实现实践训练所达到的对口译任务思维和认知上的转变。

此外，对完成课程的 34 名学生进行问卷调研的结果看，61.7% 的学生非常认同在"高级西班牙语"课程中融入口译实践的改革，且全部接受目前的线下实践形式。其中 58.8% 的学生认为可以在此基础上提高类似实践活动的比例，在实践场地中适当增加文化氛围浓厚的旅游景点。从具体实践活动的评分结果看，学生对四川大学江姐纪念馆和成都规划馆实践活动的认可度相当，且高于对第二次四川大学校史展览馆活动的评价，详见图 1、图 2 数据结果。

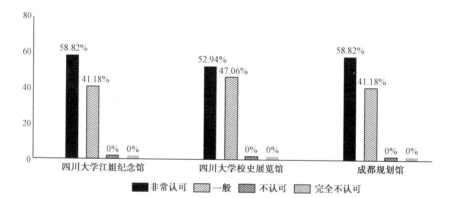

图 1　口译实践对语言应用能力的有效提升认可度

---

① 摘自四川大学江姐纪念馆口译实践活动复盘报告。
② 摘自成都规划馆口译实践活动复盘报告。

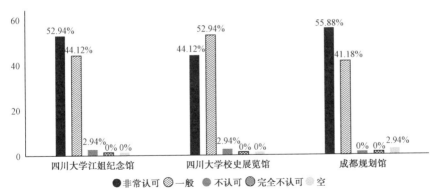

图 2　口译实践的趣味性认可度

如图 1 所示，学生"非常认可"四川大学江姐纪念馆和成都规划馆的实践活动对其外语应用能力的提升起到有效作用的比例为 58.82%，四川大学校史展览馆活动的认可度略低，比例为 52.94%。而在趣味性方面，学生对成都规划馆活动的感受优于四川大学江姐纪念馆和四川大学校史展览馆，比例分别为成都规划馆 55.88%、四川大学江姐纪念馆 52.94%、四川大学校史展览馆 44.12%。此外，在对后两者的评分中均有 2.94% 的学生选择"不认可"课程的趣味性。笔者认为可以从场馆地点、所涉内容、预习准备情况三方面因素综合分析调查数据结果。

第一，四川大学江姐纪念馆布局紧凑、分类明确，除了图片文字展厅，还有复原宿舍、浮雕墙等布景，既便于现场任务的分工，也可以让学生有参与感和代入感。内容上，结合红色革命背景主要讲述江姐在川大的就读经历，学生能较好把握学习生活和革命历史的口译主题。作为首次实践活动，学生在预习阶段的准备更为充分，虚拟仿真实验课和重点词句构成的辅助材料，能有效帮助学生迅速掌握口译内容。第二，四川大学校史展览馆展览布置相对简单，以图片文字和物品为主。内容涉及现状总览、历史发展、重点革命事件、突出校友、知名专家、学科构成等，在预习阶段较难全面准备相关重点词汇，因而现场活动中也屡屡出现"翻译停顿""翻不出来"的情况。第三，成都规划馆场地大、内容丰富、呈现形式多样（录像、沙盘、3D 体验等）。根据讲解员接待外宾的经验，课程负责人从内容中划分出六大重点任务：成都城市构建历史、都江堰水利工程、天府绿道、TOD 建设、天府国际机场和 2017 年版新城市规划。让学生在预习阶段结合城市历史材料预设情景、充分准备。由于场馆较大，可能出现一些突发事件和任务，可以让学生在现场活动中切身体会口译的临场发挥及应变能力的重要性。因此，从语言能力提升和课程受益度、趣味性上看，成都规划馆给学生留下的印象自然更深刻。

另外，如图3、图4所示，在现有建设完成的线上教学内容中，学生对提升语言能力、拓展运用场景、学习本专业语言对应国家地区文化和传播中国文化的内容认可度较高，喜爱医学西班牙语虚拟仿真实验课的学生比例占79.4%，喜爱"走近拉美"慕课的比例有64.7%，而喜爱"中国传统节日文化（西班牙语）"慕课的比例有58.8%。还有94.12%的学生支持继续拓展线上学习的选修内容（如语言能力测试、文化讲座及实习就业的经验分享等），64.7%支持提高《现代西班牙语》教材网络教学的占比，继续开发微课等相应辅助通道。

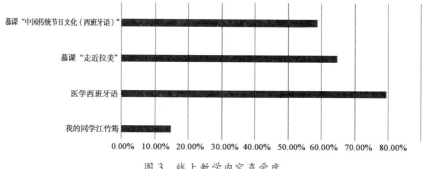

图3　线上教学内容喜爱度

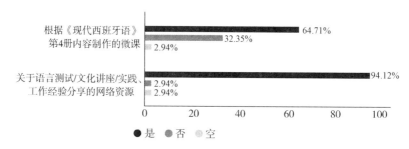

图4　线上教学内容拓展认可度

学生受到课程启发，申请并获批了四川大学"大学生创新创业训练计划"校级项目"中国西部文化的对外形象研究——以川渝地区的旅游资源在西班牙语国家的推广为例"，完成了中西语景点材料的整理、研究报告和研究论文，还利用寒暑假期自发进行课外实践，打卡红色景区并录制西班牙语介绍微视频，将课堂学习成功延伸至课外空间。

总体来看，"高级西班牙语"课程的实践改革得到了学生的普遍认可，同时也要反思改革实施中出现的问题并进行及时修正，如学生反馈希望进一步丰富课堂教学部分的形式，加入视听说材料，以及更多外语交流、讨论环节，并对实践场地和线上预习材料进行扩充。考虑到学生对传播中国传统文化的兴趣，在课堂和线上教学中均考虑融入更多与思政元素结合的相关内容，深化"线上+实践"形式的教学改革。

结　语

非通用语种的本科教学计划基本设置为一、二年级打好语言基础，三、四年级提升综合运用能力。参加交换项目到所学专业语言对应国家短期留学能帮助学生快速提升外语的听说表达能力和跨文化交际能力，以零基础入门的非通用语专业学生在高年级阶段选择出国留学的比例相对更高。因此，要在基础语言能力习得培养之外，加强整体性知识的传授，增强语言运用策略能力，还要同时提升对异质文化的适应性和对本国文化的熟悉度，锻炼学生的心理素质，帮助学生在使用外语进行跨文化交际时展现出得体的语言及非语言行为（吴杰伟、霍然，2013）。

精读课程作为必修课，课时多、教学形式也相对单一，尤其是进入高年级阶段，学生已具备一定的语言基础，希望在沟通交流、翻译等综合能力上进一步提升，所以对三年级的"高级西班牙语"精读课程的改革是必然趋势。要解决现有问题，需要在内容和形式上同步进行以"实践"为中心的多元化改革。线上、线下结合的混合式教学模式为改革打开思路，使用线上资源和 SPOC 模式让教学途径更加灵活化，还能丰富教学内容、提升教学效率，融合现场口译模拟的线下课堂又能快速提升学生的外语实操能力和跨文化交际能力，帮助学生更好地适应各类实践交流活动。

参考文献

丁超，2017. 对我国高校外语非通用语种类专业建设现状的观察分析［J］. 中国外语教育（4）.

吴杰伟，霍然，2013. 外语专业学生国际视野培养的探索——北京大学外语非通用语学生国际体验效果调查［J］. 解放军外国语学院学报（6）.

杨彬，蒋璐，2022. 课程思政视阈下中东欧非通用语教学模式的探索与实践——以"中东欧国家报刊阅读"为例［J］. 当代外语研究（3）.

郑书九，刘元祺，王萌萌，2011. 全国高等院校西班牙语专业本科课程研究：现状与改革［J］. 外语教学与研究（4）.

"三位一体"思政资源体系建设与实践路径研究①

杨　洁

燕山大学里仁学院

摘要：思政教学内容类别的划分使思政资源体系建设目标更明确，可操作性更强。思政资源体系的内容分类可以让教师清晰地对思政资料进行整合，将每个思政点在不同类别下积累成面，将思政资源系统化。在每个类别下不断填补和扩充资源，包括数字资源、多模态资源，让思政教学内容在动态资源体系的建设中完成自身的构建。思政资源体系建设采用"三位一体"式，保障混合式教学过程始终融通思政教学，避免了思政教学的随意性和断点式，提高思政教学资源的系统化、多元化、可操作性，使得外语教学与思政教学无缝对接并形成可复制的闭环。

关键词：大学英语思政资源；混合式教学；"三位一体"体系建设

"课程思政"是高等教育以习近平新时代中国特色社会主义思想及习近平总书记有关教育工作的重要指示为指导方针，对教育根本问题的探索与实践。2016 年 12 月，习近平总书记在全国高校思想政治工作会议上指出"要坚持把立德树人作为中心环节"，课程思政教学改革能够

————————————

①　本文系河北省教育厅"大学外语课程思政路径研究——用英文讲述中国故事"基金项目（2022YYJG076）成果。

帮助学生掌握事物发展的规律，明确学习的目标，培养和坚定学生的理想和信念，帮助学生了解国情党情民情，通过三个认同和三种自信坚定对党的信念和爱国主义情怀。课程思政建设影响甚至决定着接班人的问题、国家的长治久安、民族复兴和国家的崛起。

大学英语教学作为高等教育的一个有机组成部分，承担着培养学生综合应用英语的能力、提高文化素养、适应我国社会发展和国际交流需要的重要角色。随着外语学习资源的丰富和外语学习技术的提升，大学外语教学的使命也发生了相应的变化，将中国文化"走出去"配合"一带一路"倡议，不断提高中国人的文化自信，培养学生的思辨能力，提高融通中外、构建对外话语权的能力等成了外语教学的整体目标，思政教学改革为大学外语教学提出了新的高度和新的要求。语言学家 Stern（1983）认为语言学习会影响学生的思维、情操、价值观、态度等方面，这就是外语教学本身具有思政功能的体现（张敬源、王娜，2020）。外语教学在培养学生外语交际能力的同时能够积极发挥思政育人的价值导向作用，在了解跨文化差异的同时能够思辨中国文化的内涵和本质，促进学生形成国际化视野、兼容并蓄的眼界和扎根于中国文化的家国情怀。在跨文化交流的同时增强民族认同、文化认同和国家认同，提升中国文化的表达力和中国文化的自信力。在课程思政改革的新要求下，大学英语教学的工具性、人文性和科学性都受到了新的挑战。

思政教学改革对大学外语教师提出了新要求和新挑战，很多专家和学者围绕思政教学提出了自己的观点。黄国文（2020）提出要对课堂语篇进行研究，挖掘课堂话语的价值取向。刘正光等（2020）深挖"立德树人"内涵并建立与课程思政的契合点。张敬源、王娜（2020）阐释了外语课程思政的潜隐性，课程设计要注重融合性，教学过程要崇尚自然性，教学方式要凸显暗示性。刘建达（2020）提出 BIPA 课程思政教学设计模型，即背景设计、输入、教学过程、评价四环节。目前大学英语思政课程改革和研究有了初步进展，实证研究正在进行，具体的思政教学内容和思政践行还处在初级阶段，思政教学资源未形成完整的资源体系，思政教学实践路径也在探索检验中。如何避免思政内容碎片化、思政要素随意性，构建可操作、可复制的思政教学资源体系，并在此基础上探究思政资源体系建设与实践的路径成了亟待解决的问题。

1　理论框架和研究问题

大学英语课程是高校开设的一门基础型通识教育课程，《大学英语教学指南》（2020）明确指出：大学英语课程是高等学校人文教育的一部分，兼有工具性和人文性双重性质。随着信息化技术和网络技术的发展与应用，混合式教学在大学英语教学中得以实践。这里的混合式教学既包括线上线下相结合的教学模式，又包括教学理论的优化混合。2017年国务院印发《国家教育事业发展"十三五"规划》的明确提出全力推动信息技术与教育教学深度融合，利用混合式教学等多种方式，形成线上线下有机结合的网络化泛在学习新模式，让学生的学习不受课堂时空限制，让学习更有效地发生。混合式教学模式是线上学习与课堂教学的深度融合，包含在线学习、课内应用、课外实践三个组成部分。思政资源体系的建设也应采用混合式教学模式，这与教学改革和教学发展同步同行，也符合学习的认知规律，课前在线学习思政内容，课内将思政内容以多种课堂形式内化和应用，课外以项目形式产出实践，真正做到认知、学习、实践三者相结合。

教学理论将产出导向法和情景认知理论相结合，通过输出—输入—产出，使学生在情景化中产生共情，能自然接受、内化思政内容，引起情感共鸣，并激发学生的内在动力。

1.1　产出导向法

产出导向法（POA）是北京外国语大学外语教育研究中心文秋芳团队立足于我国大学英语教学的现状，针对中高级外语学习者，依据"学用一体"的教学理念，提出输出驱动假设、输入促成假设和选择性学习假设，形成了"驱动—促成—评价"的课堂教学流程，其中产出是核心（文秋芳，2015）。该教学模式以学生为中心，促进有效学习的发生。学用一体，边学边用，以课文为手段，用英语产出任务，教师认真选择产出任务的话题和为产出任务服务的输入材料，巧妙设计教学活动组织形式。产出任务的话题应是以思政教学目标为导向的，输入材料可以选择与单元话题契合的思政材料，如传统文化具体事例、故事、名言道理等，并将思政材料巧妙地与课文主题、课文讲授和产出任务相结合，达到思政教学的目的。产出导向法为大学英语课堂教学改革、英语思政教学改革提供了操作性很强的理论依据。整合后的教学理念，真实的交际场景，有接受度和挑战度的产出目标，通过搭建脚手架，不断优化教学各环节，促成产出目标的实现。以思政目标为产出任务的输出驱动假设，可以激发学生想要了解思政内容的求知欲，制造学生学习动机；输入促成假设要求教师精细化设计教学，找到单元教学内容与思政内容的高度契合处，引领学生有效思考二者的契合点，并设计支架式结构，如思维导图、对比、图表等帮助学生建构思政维度的认知和认同。最后，通过选择性学习假设，让学生个人、组内、组间发挥主动作用，有效促成学生理解层面与思政内容相匹配的产出结果，并进行即时和延时评价，积极反馈。另外，产出导向法还强调全人教育论，不仅要达成学生英语综合运用能力的工具性目标，还要达成高等教育的人文性目标。思政教学目标中的全人理念有赖于产出导向法这一具体的教学理念在混合式教学模式中的实现。

1.2　情境认知理论

情境认知理论（Situational Cognitive Learning Theory）认为知识习得是发生在具体情境中的一种学习活动，在没有现实背景的情况下获得的知识是不具备实践意义和作用的，对于思政教学更是如此。情境学习理论认为学习应该是情境、文化和学习活动的综合作用，学习需要社会交流与合作。所以思政教学过程本身也应从教学设计的角度促进学生有效交流，通过小组合作等形式创设情境，让学生感知思政内容，从而在创设的情境中达到"润物细无声"的思政教学效果。情境认知理论认为学习的设计要以学习者为主体，内容与活动的安排要与人类社会的具体实践相联通。教师的作用在于提供真实的学习情境，促使学生在真实的社会环境和社会实践中去了解、掌握课程思政理念及语言知识。思政教学有赖于教师结合课程教学内容，找到二者的契合点，根据不同单元的语言教学主题，将多模态的思政资源呈现给学生，刺激学生的感知，教师将思政教学内容作为情境创设导入课堂，通过情境为学生搭建学习知识、掌握能力、构建价值的桥梁，将思政教学内容置于实际情境中进行个人、组内、组间的产出活动。

2 设计思路

参考教育部关于印发《高等学校课程思政建设指导纲要》的通知，思政内容包括习近平新时代中国特色社会主义思想，社会主义核心价值观，中华优秀传统文化，宪法、法治教育，职业理想、职业道德教育。类别划分有助于教师团队进行思政教学精细化设计，为外语教师思政教学提供具象化教学资源，可以更加明确思政教育的落脚点，以避免同一思政点重复或反复，再结合各单元具体的话题将思政教育大类别细化，找到与单元话题的契合点，然后围绕契合点展开思政子类别内容的引入。宏观地从整体或全局把握教材的思政分类是探寻思政切入点的前提，也为进一步挖掘思政元素指明方向。同时，思政内容的类别也可以进一步细分，如中华传统美德，其内容可谓博大精深，涉及各个方面：仁、义、礼、智、信、孝、悌、忠、廉、耻、勤、勇、敬、恕、谨、俭、忍、友、慈、和。在进行教学设计时，可以将传统美德划分为"修身""齐家""治国"三个子类别，使实际思政教学设计切入点更具象化。

思政资源体系建设有两大要素，简称"两态"：首先，思政资源体系建设应是多模态的，文本、视频、微课等多模态资源储备不仅让教师备课选择多元，更符合线上线下混合式教学模式的实际应用。教师可以灵活运用各模态的优势，比如，将视频作业布置在课前完成，课中讨论，有利于对思政内容的内化。其次，思政资源体系建设应是动态的，思政本身具有时政性，结合学生感兴趣的话题，不断精细化、系统化思政教学，这有赖于教师团队的思政意识更新和思政素养形成。同时，思政资源体系建设是"三位一体"的：第一位构建视频微课模块，网络和媒体平台视频资源的搜集和积累也是这部分内容构建的主力军。第二位构建课件、文本模块，以文字为主，强化语言知识本身的信息输入量，包括思政内容本身和与课文话题对接的思政阅读及文化文本链接，保证信息输入依托语言学习基础，保证知识学习的主体性。第三位构建在线课前练习及课后自测模块，学生课前自学线上内容后完成在线练习，检验学生课前预习情况。课后将思政点与课文语言知识点对接，包括词汇、词组、句型、写作等的检测，置于思政情境下测试，确保前测及后测的差异度，实现学生学习的成就感。"三位一体"体系建设有助于教师整合思政教学资源，最优化混合式教学模式，为形成性评价提供数据，让本资源平台更具有可复制性、可操作性和可推广性，实现思政教学目标与课文教学目标的融合。

3　思政体系设计思路和建设方案

　　混合式教学包括课前在线学习，课中运用、内化、拓展，课后以项目形式产出。首先，课前在线学习包括课文预习，向学生输入目前已经制作的思政内容课件，观看思政内容微视频、大学慕课资源对课文内容进行全方位预习，要求学生自学在线资源并完成在线练习。这样一方面便于课中运用、思辨课文内容及相关联的主题，另一方面让学生接触情境化的思政内容，便于课中进行思辨内容内化和拓展，贴合课文的语言点、词汇和语言输出，将思政内容具象于课文情境中，实现思政内容和课文内容同轨同行。其次，课中以课文学习为主体，侧重将课前已学的知识进行梳理、练习、强化、巩固，设计不同难度的输出任务，经过几轮任务学生能对所学知识进行内化，在语言表达、句式使用、体裁结构、主题烘托等方面分层次、分步骤地完成教学目标。主题烘托部分再次引入思政内容，让学生在主体层面具象化思政内容，从情感链接过渡到意识层面的链接，帮助学生在该主题下树立正确的价值观，达到"立德树人"的思政教学目标。最后，产出成果包括在线平台展示和共享，利用网络平台师生评价、生生互评、小组互评，实现评价形式和评价主体的多样性，最大化学生间促学的效果。产出形式也是多样的，依托项目的产出主要有思维导图、微视频制作、书册制作、写作、演讲等形式，项目制作以小组合作为基础，强调分工明确、轮换职责、组间合作和互评共进。

具体的思政资源体系设计思路和建设方案如图 1 所示。

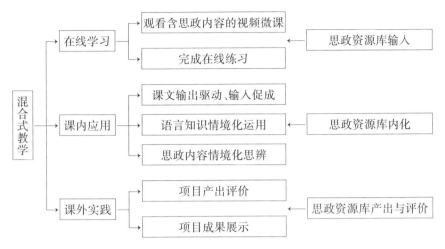

图 1 混合式教学思政资源体系建设实践路径

结 语

思政资源体系的建设分为五大类别，具有"两态"互动特点，搭建"三位一体"式平台。五大类别有助于教师团队进行思政教学精细化设计，为外语教师思政教学提供具象化教学资源，可以更加明确思政教育的落脚点，以避免同一思政点重复或反复，再结合各单元具体的话题将思政教育大类别细化，与单元话题找到契合点，然后围绕契合点展开思政子类别内容的引入。宏观地从整体或全局把握教材的思政分类是探寻思政切入点的前提，也为进一步挖掘思政元素指明方向。"两态"互动为混合式教学实施提供多元化线上线下资源，可以充分发挥线上线下各自优势，将思政教学内容融入课前、课中、课后各环节，最大化地与学生"近距离多形态"接触，让学生看到、读到、听到、想到、说到、写到、做到，最终达到思政教学"润物无声"的教学效果。"三位一体"有助于混合式教学模式的实施，线上线下整合多模态思政资源，有利于教师充分调动各模式优势，在线自测保证形成性评价策略的合理性。"三位一体"思政资源体系建设的多模态和动态特点使得该资源建设可复制性、可操作性强，可应用于大学英语教学的多类教材，为系统性的思政教学提供内容保障。课前学生可以在教师已经创设的思政环境下预习单元主题，为课中和课后教学提供一条完整的学习链。

参考文献

教育部高等学校大学外语教学指导委员会，2020. 大学英语教学指南［M］. 北京：高等教育出版社.

黄国文，2020. 思政视角下的英语教材分析［J］. 中国外语（5）.

刘建达，2020. 课程思政背景下的大学外语课程改革［J］. 外语电化教学（6）.

刘正光，孙玉慧，李曦，2020. 外语课程思政的"德"与"术"［J］. 中国外语（5）.

文秋芳，2015. 构建"产出导向法"理论体系［J］. 外语教学与研究（4）.

张敬源，王娜，2020. 外语"课程思政"建设——内涵、原则与路径探析［J］. 中国外语（5）.

Stern H H，1983. Fundamental Concepts of Language Teaching［M］. London：Oxford University Press.

"课程思政"视角下英语专业文学课程群建设理路与实践^①

贾宇萍　苗勇刚

哈尔滨工业大学（威海）

摘要： 在高校全面推进课程思政建设进程中，英语文学类课程作为英语专业课程体系的关键一环发挥着重要的课程育人功能。本文以校本英语专业文学课程群建设实践为例，探索多门英语文学类课程合力进行思政育人的理念与路径。该文学课程群基于"课程思政"视角，着力进行英语文学课程教学体系的重构和教学内容的整合，分三个步骤实施思政教学，即课前设计、课堂施教和课后评价。课前制订文学课程群思政总目标和单门课子目标，挖掘课程群思政元素，形成文学思政案例库。课中通过文学讲座、班级研讨、中西比较等方法把思政案例适切地融入课堂教学，课后评价包括学生端的育人效果和教师端的思政水平提升。

关键词： 课程思政；英语文学课程群；理路与实践

《普通高等学校本科外国语言文学类专业教学指南》（简称《教学指南》）在"培养规格"的"素质要求"条目中明确规定"英语类专业学生应具有正确的世界观、人生观和价值观，良好的道德品质，中国情怀和国际视野，社会责任感"（教育部高等学校外国语言文学类专业教学指导委员会，2020）。这表明在高校全面推进课程思政建设进程中，

---

①　本文系山东省教育科学"十四五"规划课题"'课程思政'视角下英语专业文学课程群建设理路研究"（2021ZC019）阶段性成果。

英语专业课程教学也主动融入学校课程思政教学体系，在高校落实立德树人根本任务中发挥重要作用。在英语专业课程体系中，文学类课程占据重要的位置，该类课程是"学生接触西方文化、价值观和意识形态的重要途径"（杨金才，2020），也是中西方文化交锋碰撞的重要场域。文学课程中蕴含着丰富的中西方文学和文化元素，将"知识传授、能力培养、价值塑造三大教育功能完美融合，引导学生立足于中国价值观认知和理解外国文化和社会现象，提升其价值判断能力"（罗良功，2021）。由此可见，英语文学类课程与课程思政有着天然的关系，理应有效地发挥其课程育人功能。

1 外语文学课程思政研究文献综述

近几年，国内的一些文学专家对外语专业文学课程思政教学理念进行了研究，比如，王欣、陈凡（2021）把"课程思政"与新文科"价值引领"的概念紧密结合，提出通过中国关联（角度）、文化关联（深度）和情感关联（温度）来拓宽课程思政的内涵。王卓指出在课程思政的视域下，高校外国文学课程建设呈现出全新的内涵和外延，在政治方向性、价值导向性和文化引领性等方面发挥重要作用，因为"'课程思政'既是一种全新的教育观，也是对知识观和课程观的重构和再认识"（王卓，2020）。刘爽认为外国文学"课程思政"应该提升到国家意识的理论高度，文学教师在践行课程思政时应该展开多维对话，即与时代对话，与自身对话，与学生对话，与课程知识对话，与不同学科、不同课程对话（刘爽，2021）。陈晞提出外国文学教育以"文学伦理学批评提出的伦理教诲作为课程思政的中心，强调伦理选择在思辨导向教学中的作用，引导学生挖掘文学作品的道德价值"（陈晞，2021）。

另一些文学专家和教师则对某门具体的文学课程进行思政教学实践探索，比如，杨金才在"美国文学"教学实践中，"从国家意识形态战略高度出发，在教学环节中凸显'中国性'，充分挖掘'中国元素'，注重价值观引导"（杨金才，2020）。余睿、朱晓映（2021）针对"英语女作家作品选读"课程进行思政教学探索，该课程将价值塑造、文学知识素养和语言能力三者结合的思政育人效果显著。尹晶（2021）认为英国文学经典阅读是英国文学课程的重要组成部分，她尝试把思政教育有机融入英国文学经典阅读，"以个人篇、社会篇和国家篇三个模块为框架，以英雄、爱情、人性、法律、人权、中国形象等为主题，引导学生对英国文学经典传递的价值和思想观念进行批判性思考"。王卉、杨金才（2021）以"英美文学导论"课程为例，从学生、教师、教学背景和教材建设四个方面探讨外国文学课程思政的理论和实践。刘齐平（2022）以"美国华裔文学研究"课程为例，从教学目标、教学内容与思政内涵、教学案例等方面，创新了在外国文学课程中将专业知识和思政元素有机融合的路径。

从现有文献来看，学界对文学课程思政的理论探索和教学实践均有一定数量的研究，但主要以单门课程为主，文学类多门课程之间尚未形成思政育人合力。不过，2021年外语界有两组学者提出多门外语课程可以组成"课程链"和"课程群"的想法并付诸实践。赵璧、王欣（2021）在论文中指出"课程、课程链和课程体系之间是'点—线—面'的关系，可以构建符合外语专业教育特点的课程思政'课程链'，抓点促线，以线带面，发挥多课程协同育人效应"。王欣、石坚和陈凡（2021）在论文中介绍了学院英语专业课程群思政建设实践，该课程群包括外国语文导论、综合英语、学术论文写作、英美文学和西方文论等不同类型的课型，贯穿本科到硕士、博士研究生阶段，课程群组成了学习共同体，共同实现价值引领目标。上述两篇文章提出的"课程链"和"课程群"的理念和实践对校本文学课程群建设具有一定的启发意义。

为了解决校本英语专业文学课程的问题，团队对原有英语文学课程群进行重构，对教学内容进行重组，基于"课程思政"视角，梳理整合课程群的教学资源，提炼课程群的思政元素和育人因子，建设文学思政案例库，发挥课程群中各门课程的协同育人效应，形成思政育人合力。

2　文学课程群建设理路与实践

笔者任教于一所以工科为主的985高校的校区，英语专业每年招收一个班，学生人数为30人，文学课程群有6名教师，4人具有博士学位，4人具有副教授及以上职称。原有的文学课程体系中，除了"英语文学导论"（二年级下开设）、"英国文学史"（三年级上开设）和"美国文学史"（三年级下开设）是专业必修课程，其余的文学课程均为专业选修课程，教师开课、学生选课的随意性很大，而且各门课程各自为政，缺少沟通和交流，很多作家、作品、流派和文学理论在多门课程中重复讲授，造成人力、资源和时间的浪费。鉴于此，根据《教学指南》（2020）的要求，学院在修订英语专业2020版培养方案时，经过充分研讨与协商，结合英语系师资现状，在外国语言文学五大培养方向中建立以文学方向为主、其他方向为辅的教学体系，文学课程开设11门，共计20学分。文学团队基于"课程思政"视角，重构文学课程体系，对各门课程的教学内容进行增删整合，从逻辑和结构上加强课程间的联系，构建了新的英语文学课程群，涵盖11门课程和3项文学类语言实践课，贯穿本科一年级到四年级的春季、夏季和秋季学期。详见表1。

表1　校本英语专业文学课程群一览表

开课年级	课程名称	课程性质
一年级	古希腊罗马神话	专业必修课
二年级	英语文学导论、《圣经》与文学	专业必修课
	读书报告会、戏剧创作与表演	文学语言类实践课（夏季学期开设）
三年级	英国文学史、美国文学史、英语影视文学、英语诗歌选读、英语小说选读、英语散文选读、文学理论与批评	专业必修课
	英文创意写作	文学语言类实践课（夏季学期开设）
四年级	文学专题	专业选修课

2.1　课程群定位

在《教学指南》指导和"课程思政"语境下，校本英语专业文学课程群的定位涵盖知识目标、能力目标和育人目标及教学方法，旨在实现文学知识学习、批判能力培养和人格塑造三位一体的英语专业人才培养总目标。具体描述如下：英语文学课程群针对相同的施教对象，形成思政育人合力，以正确的"三观"（世界观、人生观和价值观）引导为主线，以课内11门文学课程和课外3项文学类语言实践活动为内容依托，通过文学讲座、文学沙龙、文学实践、中西比较、案例式、研讨式等多元教学方法，引领学生以一种有趣的、生动的、丰富的师生互动、生生互动的方式，掌握英语文学和文化知识，熟悉中国语言文化知识，培养良好的英语文学鉴赏能力、思辨能力、研究能力和实践能力，成为具有良好的道德品质和社会责任感、兼具国际视野和中国情怀的外语人才。

2.2　课程群建设的总体框架

根据课程群定位，团队合力对文学课程群进行建设与改革，制订课程群思政教学的总体框架，分三个步骤付诸实施，即课前设计、课堂施教和课后评价。首先，对各门文学课程教学内容进行增删整合，提炼文学课程群的思政总目标，对接单门课子目标，整合课程群的思政元素和育人因子，建立文学思政案例库。其次，各门课程共享思政案例资源，并根据课程特点，采用讲座、研讨、中西比较等文学教学方法进行课堂实施，融教学和育人为一体。最后，及时反思总结课堂得与失，进行课后评价，包括育人效果评价和教师思政能力评价。详见图1。

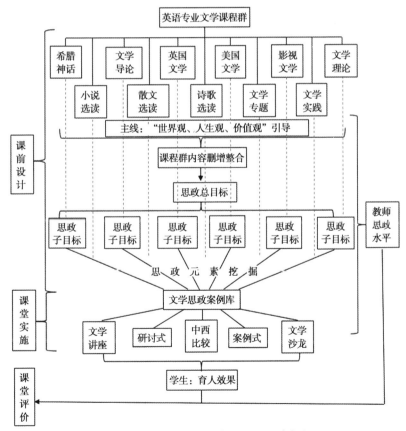

图1　校本英语文学课程群构建与思政教学实践流程图

2.3 课程群教学实施与反馈

其一，建立英语文学课程群案例库。依据课程群建设总体框架，团队教师着手完成课前设计阶段的工作，对各门文学课程教学内容进行增删整合。比如，由于两门专业核心课程"英国文学史"和"美国文学史"仅有32学时，因此约瑟夫·康拉德和《黑暗的心》、A. S. 拜厄特和《占有》、托尼·莫里森和《宠儿》分别归入"英语影视文学"和"文学专题"课程中重点讲授。接下来，团队研制文学课程群的思政总目标，任课教师提炼单门课程的思政子目标，并列出每单元对应的思政要点，团队合力挖掘、梳理、研讨、整合各门课程的思政元素，形成文学课程群思政案例库。该案例库的建设标准和框架基于文学理论和社会主义核心价值观，分为四个层面——政治认同、国家意识、文化自信和人格塑造，再细化为八个模块——国家意识培养、社会责任教育、中西文化互鉴、伦理道德判断、自然生态保护、民族种族平等、两性家庭关系和反向教育。

其二，课堂施教与课后评价。文学课程群的教师按照教学计划分学期进行课堂实施，施教对象为2020级和2021级英语专业学生。任课教师把案例库里适合的思政案例引入单门课教学，采用多样化的文学教学方法展开课堂教学。团队成员互相听课，进行课堂观察，并填写观察表，该表以10~15分钟为单位详细记录观察者所看到的事实，并附上观察者对课堂各个节段的分析和评价。观察者重点记录思政案例融入文学教学的节段，通过对师问生答、小组研讨和班级汇报等环节的观察，分析思政案例的育人成效。课后，观察者以问题接龙和个别访谈的方式评测学生端的育人效果和教师端的思政教学水平提升等指标。

下面以"英语散文选读"课程教学实践为例，详细介绍基于课程群思政案例进行课堂施教和课后评价的操作方法。课前，团队基于英国散文家弗朗西斯·培根的名篇《论读书》（"Of Studies"）设计了思政子目标：一是引领学生从文本中体悟培根对读书的意义、作用、方法和效果的分析论述；二是查找中国古今知名学者关于读书的论述和故事，了解中国人的读书方法、态度和智慧；三是批判性分析以上读书方法论的当代价值。在思政点融入教学流程环节，设计了"问题导入""文本细读""班级研讨""名言警句英译"四个环节，而基于三个思政子目标设立的三个思政点有机融入教学四环节中。

笔者以参与者的身份对课堂进行全程观察，详细记录教学流程四个环节中学生的回答和情感态度。笔者注意到在"问题导入"环节，教师提问"除了培根提出的怡情、博采、长才，你认为读书还有其他功能吗?"三个同学回答了这一问题，答案分别是"kill time""earn money""calm down"。笔者认为，学生的回答表明他们对于读书功能的理解尚处于浅层阶段，需要教师进一步引导启发学生进行深层次思考。在"文本细读"环节，教师在讲解培根关于读书意义、方法、目的等论述的同时，从中西比较的角度引导学生关注中国名家名作中关于读书学习的言谈，开展比较性思辨。在"班级研讨"环节，各小组列举了名人论读书的例子，如苏轼的名句"旧书不厌百回读，熟读深思子自知"，李清照的读书之道"兴味到时拿起书就读"，朱熹的读书观"心到、眼到、口到"和周恩来"为中华之崛起而读书"的励志箴言等。教师也补充了名人读书趣事，如韦编三绝、囊萤映雪、凿壁偷光等刻苦读书的故事，启发学生思考古人读书思想的当下性意义，从而鼓励学生建立积极向上、适度合理的读书方法和学习态度，为今后的读书学习播下一粒好种子。"名言警句英译"包括耳熟能详的有关读书的句子，如"腹有诗书气自华""书山有路勤为径""读书破万卷，下笔如有神"等，这一环节既可以训练名言英译技巧，也可以启迪读书智慧。

课后，笔者及时设计问题："你对今天散文课哪个点印象深刻或者有感触?"学生以接龙的方式用一句话进行回答，比如，"读书之智，全在书外""中西关于读书的观点可以互通""要敢于质疑作者的观点""我迷茫的原因在于读书太少而想得太多""读什么书，成什么人""不带思考的读书只是钻牛角尖""没有可穷竭的巨著，只有思维的僵化和读解的死亡"等。从这些回答可以看出，学生对于读书的作用有了较为深入的思考和辩证的认识。任课教师在反思日志中写道："我一开始没想到大学生对读书的认识仍浮于表面，经过思政案例的融入，这堂课总体来说效果不错。"

结　语

文学教育是外语专业课程思政的有效路径。目前，英语文学课程群中的各门课程都基于课程群的思政总目标、单门课的子目标和思政案例库有步骤、有计划地开展思政教学实践，各门课程之间的联系更加紧密，教师的合作实践也更频繁。今后的课程群建设工作除了继续坚持课内的思政教学实践，也要依托文学沙龙有效开展课堂外的读书报告、戏剧表演和创意写作等文学实践活动，把思政教育融入课内课外，实现课程群的全程、全方位育人目标，更好地体现文学教育的思政价值。

参考文献

陈晞，2021. 文学伦理学批评与外国文学教育［J］. 外国文学研究（6）.

教育部高等学校外国语言文学类专业教学指导委员会，2020. 普通高等学校本科外国语言文学类专业教学指南（上）［M］. 北京：外语教学与研究出版社.

刘齐平，2022. 新时代外国文学课程的"思政内涵"——以"美国华裔文学研究"课程中的中国书写为例［J］. 北京第二外国语学院学报（4）.

刘爽，2021. 国家意识视域下的外国文学"课程思政"体系初探［J］. 当代外语研究（4）.

罗良功，2021. 新时代英语专业文学课程的多维能力指向［J］. 外国语文研究（6）.

王卉，杨金才，2021. 外国文学课程思政的理论思考和实践探索［J］. 外语学刊（6）.

王欣，陈凡，2021. 角度、深度和温度——新文科背景下价值引领与外语专业课程思政建设［J］. 外国语文（6）.

王欣，陈凡，石坚，2021. 价值引领下的英语专业课程群思政建设［J］. 中国外语（2）.

王卓，2020. 高校外国文学"课程思政"的内涵与外延［J］. 当代外语研究（4）.

杨金才，2020. 外语教育"课程思政"之我见［J］. 外语教学理论与实践（4）.

杨金才，2020. 新时代外语教育课程思政建设的几点思考［J］. 外语教学（6）.

尹晶，2021. 经典阅读与思政教育——英国文学课程思政体系之尝试性建构［J］. 中国外语（2）.

余睿，朱晓映，2021. 课程思政语境下的外国文学教学新模态探索［J］. 外语教学理论与实践（1）.

赵璧，王欣，2021. 外语类专业课程思政"课程链"建设：理据与路径［J］. 外语电化教学（4）.

高校外语专业课程思政的实现路径

宋碧君

四川外国语大学成都学院中东欧语言学院

摘要：本文在解决什么是思政、为何思政、如何思政的基础上，为了响应国家急需国际化外宣人才的需求，提出了高校外语专业课程思政要显隐相结合。这与普遍接受的专业课程要隐形思政，而思想政治课要显性思政的原则略有不同。此外，本论文详细阐释了专业课程显性思政的原则和方法，以及隐性思政的方法和案例。

关键词：课程思政；显性思政；隐性思政；外语专业课程

现在国内各个高校都在积极探索课程思政，但是如果不能解决好什么是思政、为何思政、如何思政的问题，那么课程思政工作就很难落到实处，做出成效。

1　什么是思政、为何思政、如何思政

思政，就是将思想政治工作贯穿教育教学全过程。2016 年，习近平总书记在全国高校思想政治工作会议上指出，要坚持把立德树人作为中心环节，把思想政治工作贯穿教育教学全过程，实现全程育人、全方位育人。思政工作的目的是为了解决高校培养什么样的人、如何培养人以及为谁培养人这个根本问题。首先，思政工作是高校教书育人工作的根本内涵。《礼记·学记》中提出，"师者，教之以事而喻诸德者也"。韩愈《师说》中也提出，"师者，所以传道、受业、解惑也"。陶行知

也曾提出，"千教万教教人求真，千学万学学做真人"。可见不论在什么时代，学校、教师的根本职责之一都是"育人"。大学是学生成长的关键时期，是链接社会的最后一个阶段，做好这项工作尤为重要。其次，开展思政工作是我国社会主义市场经济发展与完善提出的时代要求。经济基础决定上层建筑，经济越发达，对人的道德要求就会更高。大学生作为国家未来的栋梁，在大学生中开展育人工作，不仅对其道德人格的完善有所助益，还对提升整个社会的文明程度、实现国家的现代化具有重要意义（陈阳，2021）。最后，开展课程思政是"后真相"时代的现实要求。"后真相"指大量的、未经证实的消息和虚假新闻通过互联网被广泛传播，一些人不再关注事实和真相本身，而更容易相信被重新"包装"过的信息。在"后真相"环境下，网络信息的复杂性影响了大学生的道德价值判断，产生了诱骗大学生道德认知、歪曲大学生道德情感、误导大学生道德行为等诸多问题。在这样的大环境下，高校需要加强育人工作（罗恒锋，2021）。

如何做思政工作？习近平总书记在 2016 年全国高校思想政治工作会议上指出，高校思政工作"要用好课堂教学这个主渠道，思想政治理论课要坚持在改进中加强，提升思想政治教育亲和力和针对性，满足学生成长发展需求和期待，其他各门课都要守好一段渠、种好责任田，使各类课程与思想政治理论课同向同行，形成协同效应"。这里有两个重点：第一，课堂是思政工作的主渠道；第二，思想政治课和非思想政治类课程的各自使命及相互关系。课堂是教师传道授业解惑的主场所，是学生信息来源的主渠道，也是教师实现教书育人功能的主要媒介，所以课堂尤为重要。传统意义上，大学的课程分为思想政治课、综合素质课、专业教育课和实践课。思想政治工作要显隐结合，思想政治理论课要发挥引领作用，其他课程则在重知识传授中强调价值观的同频共振（高德毅，2017）。

对于外语专业而言，如何在专业课上进行思政，是我们现在面临的主要的问题。首先，什么样的内容算是思政？中共中央、国务院印发的《关于加强和改进新形势下高校思想政治工作的意见》指出，思想政治工作具体分为三个方面：一是理想信念教育，切实抓好马克思列宁主义、毛泽东思想学习教育，广泛开展中国特色社会主义理论体系学习教育，深入学习习近平总书记系列重要讲话精神，引导师生深刻领会党中央治国理政新理念新思想新战略，坚定中国特色社会主义道路自信、理论自信、制度自信、文化自信；二是要培育和践行社会主义核心价值观，把社会主义核心价值观体现到教书育人全过程，引导师生树立正确的世界观、人生观、价值观，加强国家意识、法治意识、社会责任意识教育，加强民族团结进步教育、国家安全教育、科学精神教育，以诚信建设为重点，加强社会公德、职业道德、家庭美德、个人品德教育，提升师生道德素养；三是要弘扬中华优秀传统文化和革命文化、社会主义先进文化，实施中华文化传承工程，推动中华优秀传统文化融入教育教学，加强革命文化和社会主义先进文化教育，深化中国共产党史、中华人民共和国史、改革开放史和社会主义发展史学习教育，利用我国改革发展的伟大成就、重大历史事件纪念活动、爱国主义教育基地、国家公祭仪式等组织开展主题教育，弘扬以爱国主义为核心的民族精神和以改革创新为核心的时代精神。也就是说，专业课程如果进行了理想信念教育、社会主义核心价值观教育，以及弘扬中华优秀传统文化和革命文化、社会主义先进文化教育，那么就能算是课程思政。

2　外语专业显性课程思政的原则和方法

外语专业人才培养方案，以英语专业为例，需要培养具有扎实的英语语言基本功和跨文化交际能力，较宽厚的英语语言文学基础及较广博的科学文化知识，国际视野和人文与科学素养，以及能适应国家经济建设和社会发展的复合型外语人才。在新的形势下，外语人才不仅仅是国与国沟通的桥梁，也是国家主要的外宣人才。我们培养的外语人才不仅应该对社会主义制度有高度的认同感，坚守社会主义核心价值观，了解中华优秀传统文化，还要掌握中国特色政治话语体系，只有这样，才能在外宣工作中做出贡献。从这个角度讲，外语专业课程的思政，也需要显性的课程。即直接将中国特色社会主义理论引入课堂教学。也是在这样的思想指导下，外研社推出《理解当代中国》系列教材。

显性的思政外语类课程，一般直接引用《习近平谈治国理政》相应外文译本的内容，从根本上讲就是开展中国特色社会主义理论学习，从而有效地巩固学生的理想信念，并掌握对应语言的政治话语。从文体上来讲，公文性政治思想语体属于政论语体（科任娜，1982）。

《习近平谈治国理政》是中国特色社会主义建设的智慧结晶，属于政论语体。王福祥，吴汉樱认为政论语体结构严谨，逻辑性强，语言简练。由于其有确凿性，所以语言使用术语化，很少有隐喻的用法，广泛使用专业词汇；其次，叙述在一定程度上具有概括性和概念化（王福祥，2010）。《习近平谈治国理政》内容高度凝练，思想深刻，政治术语较多，对于学生而言较为难懂。不论是从词汇角度还是语法角度，这样的文体都对学生语言的掌握构成了不小的挑战。基于这一点，直接引用政论文本不能广泛运用于各个课程的教学中，也应尽量避免同时运用于多门课程中，以免题材重复，导致教学资源的浪费，或者难度太大的材料过多，学生学习兴趣下降。因此，建议一个学期一门课程采用显性教学模式（即采用这种政论语体）。这种显性课程要落到实处，必须坚持"理念入心，词汇入脑，表达入行"。

理念入心，就是要坚持理念与实际相结合，让学生通过分享亲身感受，达到对理念高度的认同。在授课过程中，要充分结合学生的个体案例和便利的网络资源，通过学生用外语分享自身的故事、补充外语视频资料等方式对学生进行情感教育。只有当学生看到中国特色社会主义的成果在其身边甚至身上有真实的反应和体现时，学生才会从心里接纳理念，甘愿担任理念的践行者和宣传者，也会增强学生克服学习困难的决心和勇气。

词汇入脑，就是要通过反复的练习，将政治理论术语刻入大脑。政治术语比较抽象，对学生记忆造成不小的困难。教师在这一环节可以适当设置游戏，增加课堂记忆的趣味性，以帮助学生克服记忆时的畏难情绪。对于非政治术语的积极词汇，如常见动词，在必要的时候可以通过浅显易懂的例子来减轻学生记忆的负担。通过分别解决专业术语词汇和积极词汇的记忆问题，可以帮助学生正确把握和记忆政治语篇，为学生专业素养的提高奠定基础。词汇记忆是外语课程的核心，我们要时时把握这个核心不放松。

表达入行，也就是达成外语专业课程显性思政的最终目的。学校可以组织类似"我是外交官""模拟联合国大会"这样的活动，通过用本专业语言"答记者问"或者就争议问题进行辩论的方式来检验学生显性学习的成果，通过完善评价策略和手段来反哺和促进课程显性思政。

3 外语专业隐性课程思政的方法和案例

外语专业课程除了显性的思政课程，更多的是通过隐性的形式进行。隐性的思政课程要让学生在润物细无声的语言学习中感受思政教学目标的浸润，实现显性外语学习和隐性思政教育相统一。课程思政要的是"量体裁衣"，落小、落细、落实，而不是"画蛇添足"或者是附加式、标签式的生硬说教（高燕，2017）。隐性的思政要注意以理服人，通过思辨和对比方式，增强中国特色社会主义道路自信、理论自信、制度自信；也可以以情动人，通过讲故事、引用名人名言的方式，实现中外文明互鉴，帮助学生树立正确的人生观和价值观；还可以通过摆事实、讲历史，增强中国特色社会主义文化自信。

例如，在通过讲故事以情动人方面，巴雪静等在教授《新视野大学英语读写教程》第一册第二单元时，根据第二单元父母与子女关系的主题内容，在教学过程中引入纪伯伦的诗《孩子》与学生共鸣，即家长应当适当放手。同时，也引用朱自清的《背影》启发学生要理解和感恩父母的关爱，并鼓励学生课后给父母打电话、发视频等。借助文学的故事书写及实践的方式唤起学生心中对父母的真挚情感（巴雪静、王玮、刘妍，2022）。

又如，在通过讲历史增强中国特色社会主义文化自信方面，在讲授《大学俄语》第六册第三课《俄罗斯民间口头创作》时，适当引入中国童话的内容，对比普希金的《渔夫和金鱼》和中国童话故事《猎人海力布》，通过对比创作时间、创作内容、思想内涵，来了解中俄文化的异同，以及弘扬中华优秀传统文化的价值。

在隐性课程思政中，要注意所选材料的公正性和客观性，对比和思辨要建立在准确的客观事实基础上，不要采用似是而非的语言和模棱两可的材料，以免适得其反。在课程设计方面，要兼顾目标设计突出精准性，即思政的教学目标要基于语言素材的深度挖掘和提炼而成，与语言教学目标有机衔接；内容要突出体系性，即学科内容模块和思政价值塑造模块要有机融合；流程设计要突出渐进性，即通过一系列活动任务的设计，为学习者搭建动态支架，以实现知识学习和道德塑造的双重目的；评价反馈突出整合性，即要将课程思政教学评价整合到语言知识与

技能的评价中去。（胡杰辉，2021）

结　语

　　外语专业课程的思政是教育应有之意，是当今中国社会的时代命题。广大外语教师要谨慎对待外语专业课程思政，坚持显隐思政形式相结合，探索课程思政的多种模式，力求将思政工作落到实处，做出成效。

参考文献

巴雪静，王玮，刘妍，2022. 在外语教学中融入思政元素的案例分析［J］. 北京电子科技学院学报（3）.

陈阳，2021. 新时代大学生公民道德教育的原则与策略［J］. 黑龙江教育（高教研究与评估）（12）.

高德毅，宗爱东，2017. 从思政课程到课程思政：从战略高度构建高校思想政治教育课程体系［J］. 中国高等教育（1）.

高燕，2017. 课程思政建设的关键问题与解决路径［J］. 中国高等教育（C3）.

郐丽娜，葛厚伟，2022. 高校英语专业课程思政教学探索与实践——以"语言学导论"课程为例［J］. 湖南工程学院学报（社会科学版）（1）.

胡杰辉，2021. 外语课程思政视角下的教学设计研究［J］. 中国外语（2）.

黄玫，2022. 理解当代中国——俄语演讲教程［M］. 北京：外语教学与研究出版社.

黄瑶，2022. 课程思政视域下的英美文学课程教学设计与探索［J］. 英语广场（25）.

科任娜，1982. 俄语功能修辞学［M］. 白春仁，译. 北京：外语教学与研究出版社.

罗恒锋，2021."后真相"环境下大学生网络道德问题及其对策［J］. 淮南师范学院学报（4）.

王福祥，吴汉樱，2010. 现代俄语功能修辞学概论［M］. 北京：外语教学与研究出版社.

关键事件与师范类院校大学外语课程思政教学设计
——基于两份获奖案例的研究①

何广宇　黄　河

四川师范大学外国语学院

摘要：本研究从大学外语课程思政的微观层面入手，讨论了如何将关键事件这一重要的教育学概念融入课程思政的教学设计，并以两份获国家级特等奖的教学设计为案例从教学目标、内容、流程和评价四个方面进行了阐释，突出关键事件在师范类院校大学外语课程思政教学设计中的价值，探索了"以事育人"的新路径。

关键词：关键事件；外语课程思政；教学设计

《大学英语教学指南（2020版）》中明确提出"大学英语教学应融入学校课程思政教学体系，使之在高等学校落实立德树人根本任务中发挥重要作用"。大学外语课堂作为中西文化交流的场所，其中课程思政的内涵和实施途径已经得到了广泛学者的关注。但正如文秋芳（2021）所言，课程思政是个值得继续深挖的"金矿"，还有许多问题值得深入研究。本文尝试从关键事件这一教育学领域中的重要概念切

① 本研究系四川省社科规划"四川省高校外国语言文学学科建设与发展项目"一般项目"师范类院校大学英语课程思政的理论与实践研究"（SC21WY022）、四川外国语言文学研究中心高等教育出版社课题"课程思政视域下英语专业课程创新教学设计与实践"（SCWYGJ21-04）及四川省教育厅人文社会科学重点基地四川外国语言文学研究中心与高教社资助课题"课程思政背景下的大学外语教师身份建构研究"（主持人：何广宇；项目编号：SCWYGJ23-24）阶段性成果。

入，探讨关键事件在师范类院校大学外语课程思政教学设计中的价值和作用，并以笔者所在团队获国家级特等奖的两份大学外语课程思政教学设计为例，说明关键事件融入外语课程思政教学设计的思路和方法。

1　文献回顾

1.1　外语课程思政相关研究

作为近年热门话题，外语课程思政受到了众多研究者的关注。早期研究主要关注外语课程思政的重要性、内涵及原则，如肖琼、黄国文（2020），刘正光、岳曼曼（2020），张敬源、王娜（2020）等。此阶段的外语课程思政研究多为"内省式"或"散点式"，没有明确的研究范式和足够的实证支撑。之后，外语课程思政的研究视角逐渐丰富，尤其是实证性研究，如胡杰辉（2021）结合首届全国高校外语课程思政教学比赛的课例探讨了外语课程思政在教学设计中的实践，文秋芳（2021）从外语内容、管理、评价和教师言行四个维度构建了大学外语课程思政的实施框架，崔琳琳（2021）、孙曙光（2021）等也结合具体的课程探讨了课程思政的融入设计。张文霞等（2022）通过问卷调研了我国大学外语课程思政教学能力现状，张庆华（2022）则通过对20位大学外语教师进行深度访谈探究了有关课程思政的实践性知识。至此，外语课程思政相关研究在深度和广度上都有了极大的提升。

文秋芳（2021）曾指出外语课程思政的功能是协同其他课程，帮助学生树立正确的三观。即"育人"的场所不仅是外语课堂，还是学生所在的整个学校。但院校的人才培养目标各有不同，外语课程思政也应配合所在院校的特点进行差异化的调整。不少研究者也已开始结合院校特色探索更加多元化的外语课程思政教学模式，如理工类（赵月琴，2021）、医学类（丛钊，2021）、师范类（李敏，2021）等，但研究的深度和广度都亟待加强。

1.2　关键事件相关研究

关键事件（Critical Incident）原是常见于企业管理和心理学领域的概念，后被广泛应用于教育研究，尤其是教师反思和教师专业发展研究。较早对关键事件进行定义的是帕特里夏·赛克斯（Patricia Sikes）。根据其定义，关键事件是指"个人生活中的重要事件，教师要围绕该事件做出某种关键性决策，它促使教师对可能导致教师朝向特定发展方向的某种特定行为做出选择"（Sikes，1985）。国内对关键事件的研究早期大多为引介性研究，如曾宁波（2004）、胡庆芳（2010）、宋维玉和秦玉友（2016）等。近年来，国内学者也开始围绕关键事件展开实证研究，如苏红（2014）基于对国内 30 位不同阶段教师的访谈和 1079 份问卷的分析，较为全面地探讨了关键事件生成的因素和路径，发现关键事件引发的主要对象是学生且主要集中在教师职业生涯发展的初期阶段；陈飞、李广（2017）基于 350 名实习教师的问卷调查描述了关键事件如何作用于实习教师的专业成长。

现有关于关键事件的研究主要集中在它对职前和在职教师的专业发展上，尚无将它与课堂教学设计进行联系的相关研究。而关键事件作为一个个生动、鲜活的故事，所蕴含的语言和育人价值都需要在课堂教学，尤其是语言类课程的教学中得到体现。

2 关键事件融入师范类院校大学外语课程思政教学设计的路径

大学外语课程思政的落实离不开实践层面的教学设计。根据张定强（2019）的解释，"教学设计是教学有计划、有目标、有反思、有秩序运行的基本保障"。掌握系统化教学设计理论，并把该理论应用于课堂教学，对于提高大学英语课堂教学质量，促进大学英语教师专业发展具有重要意义（毛伟、盛群力，2016）。本节笔者将以所在团队设计的两份获国家级外语课程思政教学比赛特等奖的教学案例为例（见表 1），阐述如何将关键事件融入师范类院校的大学外语课程教学设计。

表 1   案例基本信息

	教材	单元	主题	获奖年份
案例一	《大学体验英语综合教程》（基础目标·下册第四版）	Unit 7 Family Ties	家庭关系	2020 年
案例二	《新时代明德大学英语综合教程1》	Unit 8 Embracing Diversity	包容和多样性	2022 年

2.1 关键事件与教学目标设计

教学目标是"教学中师生预期达到的学习结果和标准"（顾明远，1998）。教学目标即指导教学步骤的设计，又体现教学评价的方向，是教学设计中至关重要的一环。在大学外语课程思政教学设计中，教学目标既包含语言教学目标，又包含课程思政目标。但常见的误区是将这两类目标割裂，导致出现"两张皮"的现象（胡杰辉，2021；文秋芳，2021）。以关键事件为切入点的教学目标设定围绕关键事件的发生和学生在关键事件发生过程中的体验和反思，将语言教学和课程思政目标融入关键事件。

如表2所示，案例一和案例二的教学目标虽然表面上被分成了语言教学和课程思政两个板块，但其内容是围绕一个核心的关键事件展开的。案例一中，学生需要写一个关于家庭成员的故事，案例二则是要求学生再现一个校园多样性问题的发现和解决过程。这样的经历或者再现经历的过程均有成为"关键事件"的可能，可以对学生的品德发展和价值塑造起到良好的促进作用。同时，故事的讲述需要以语言为支撑，如案例一中的人物描写技巧和案例二中的因果分析技巧则可以在学生讲述故事的过程中得到锻炼和发展。学生学习的最终目的就是要能在一个新的情境中解决问题，具备问题解决的技能，即实现知识的迁移（毛伟、盛群力，2015）。在教学目标中融入关键事件，既能有机地整合语言教学和课程思政目标，又能为学生提供迁移知识和技能的机会，让有意义的学习真实发生，实现"以事育人"。

表 2 案例教学目标

	案例一	案例二
语言教学目标	1. master more vocabulary about family-related topics 2. develop round characters using direct speech and actions 3. write a short story about "family" members using direct speech and actions	1. master diversity-related words and expressions 2. use classifiers with a modifier to describe quantity 3. explain the cause-and-effect in Reading A 4. identify a diversity issue on campus, analyze the cause-and-effect relation in it and write a story about it in groups
课程思政目标	1. understand family from personal, social and national levels 2. cultivate a better sense of family value and responsibility 3. express heartfelt gratitude to "family" members	1. explain the connotation and significance of diversity using cause-and-effect 2. recognize differences between cultures and respect people of diverse backgrounds and experiences 3. use Cultural Quotient to collaboratively solve a real-life diversity issue 4. reflect on their problem-solving experience and realize how they can embrace differences as students and future teachers

2.2　关键事件与教学内容设计

同教学目标一样，教学内容设计主要也涉及语言教育内容和课程思政内容。在教学设计过程中，教材扮演着核心的角色。张虹等（2021）指出，"高校本科英语教材除了承载英语课程的内容，还需要承担好育人责任，使英语课程内容目标和育人目标同向同行，将显性教育和隐性教育相统一"。以关键事件为切入点的教学内容在选择上依然围绕关键事件的发生或再现来对教材内容进行适当的调整，以确保教学内容与教学目标保持一致。

表 3　案例教学内容

	案例一	案例二
保留的教材内容	1. 听说素材：谈论家庭关系 2. 文章 A：Things I Learned from Dad	1. 文章 A：My Diversity Story：Strengthening Innovation and Social Outcomes 2. 听说素材：文化差异 3. 文章 B：Cultural Intelligence：Working Confidently in Different Cultures
删除的教材内容	文章 B：When She Died, Part of Me Would Die, Too	引入活动：讨论同学的背景差异
增加的教学内容	1. 三个中国传统文化中关于母亲的故事（孟母三迁，画荻教子，岳母刺字） 2. 人物描写技巧	1. 校园广播中用不同方言介绍自己和家乡的录音 2. 包含"一因多果"关系的文本

如上表所示，在教学内容的设计过程中，与关键事件无关的内容被删减，加入了有利于创造或再现关键事件的内容。如案例一中的文章 B 主要讲述了作者自己移植骨髓给重病姐姐的故事，与教学目标契合度不高，因此被略掉。与此同时，三个关于母亲的传统文化故事不仅与同样由三个故事组成的文章 A 形成互补，丰富了主题视角，也有助于学生更深入地了解传统文化，训练学生用英语讲中国故事的能力。又如在案例二的文章 A 中仅仅出现了"多因一果"的关系，"一因多果"文本的补充则有助于学生更加全面地掌握"因果关系"这一常见的写作和分析技巧，以更好地理解和阐释自己的关键事件，让语言教学内容与课程思政内容有机结合。

2.3　关键事件与教学流程设计

以关键事件为切入点的教学流程重在为学生提供条件来让关键事件

发生或再现。因此需要基于学生中心、做中学等理念来进行教学活动的设计。在当前的外语教学模式中，比较契合该需求的有产出导向法和项目式教学法，二者都有明确的产出活动且都基于具体的场景。

表 4　案例教学流程

	案例一	案例二
教学模式	产出导向法	项目式教学法
教学流程	**Stage 1 Motivating 产出驱动** 创设场景 With the approaching of the New Year, our school is launching an online call for lovely family stories to publish on the school's official social media platform. Write about one of your family members and submit your writing to the school website. **Stage 2 Enabling 输入促成** 1. 听说活动,提供关于家庭的表达和内容输入; 2. 拼图式阅读并完成文章 A 的学习,丰富输入; 3. 合作翻译三个中国传统文化中关于母亲的故事,丰富、巩固输入; 4. 拓展家的含义,再次产出。 **Stage 3 Assessing 以评为学** 1. 师生合作评价,以评为学; 2. 将故事发给所写之人,践行感恩,增强家人的感情; 3. 学生反思收获,教师持续观察。	**Stage 1 Identifying an issue 发现问题** 1. 校园广播引入,激活已有知识; 2. 阅读文章 A,深化对多样性的理解和认识; 3. 基于新的理解和认识,分享自己经历的校园多样性问题,并以此作为驱动型问题,在后续的学习中寻求解决方案。 **Stage 2 Exploring the issue 合作探究** 1. 观看视频,了解差异背后的文化因素; 2. 阅读文章 B,了解 Cultural Quotient 的概念和提高 CQ 的方法; 3. 运用 CQ 合作解决 Stage 1 中的多样性问题。 **Stage 3 Presenting the result 公开展示** 1. 将运用 CQ 解决校园多样性问题的经历以故事形式公开展示; 2. 师生合作评价,以评为学; 3. 学生反思收获,教师持续观察。

如上表所示，在案例一中，首先创设一个学生在真实生活中可能会遇到的场景（scenario），以帮助学生在具体的语境中尝试产出，更有利于学生发现或创造关键事件。在案例二中，通过阅读和界定相关概念，学生开始分享自己在大学生活中遇到的多样性问题并思考如何解决某一个或几个具体的校园多样性问题。这些问题便作为驱动型问题促进学生开始一系列的探究活动。这样的活动本身可以成为学生培养问题解决能力的关键事件，学生也可以在活动的成果中去再现关键事件。例如，在案例一的故事写作中，学生产出的故事便可作为一个关键事件，学生通

过对该事件进行回顾和反思，增强与家人的情感联结。而教学流程中学生将故事发给所写之人这一活动也可成为一个关键事件，进一步促进学生与家人关系的升华。

无论是基于产出导向法还是项目式教学法，在教学流程中的重要的是需要学生作为学习主体进行体验式的学习，这样才有利于关键事件的产生。

2.4　关键事件与教学评价设计

课程思政的评价一直是一个难点，因为学生的品德、思想的变化通常是隐性的，难以被量化。但关键事件却为课程思政教学的评价提供了一个切入点。在本文的两个案例中，学生提交的故事或者基于故事的反思内容本身既体现了学生在这一教学单元中的语言学习成效，也体现了学生对于相关主题的自我思考和评价。同时，关键事件之所以关键，还体现在学生围绕这一事件发生的改变。师生合作评价（文秋芳，2016；孙曙光，2020）的模式则可以让学生在关注典型语言问题的同时欣赏其他同学的关键事件，看到其他同学的变化，这也为学生本身的蜕变提供了更多的可能性。因此，教师的课后持续观察也成为评价课程思政效果必不可少的一步。

3　讨论

从以上案例可以看出，关键事件应用于大学外语课程思政教学设计体现出四个特征，即真实性、丰富性、灵活性和可重复性。真实性在于关键事件都是真实发生在师生的学习生活中的事情，也正因如此使大学外语课程思政教学设计具备了相当的丰富性。灵活性则体现在教学设计的使用中，因为关键事件的本质是故事，而讲故事的能力本身也是一个重要的语言技能。因此，关键事件可以作为语言学习的直接载体。同时，因为故事中蕴含丰富的情节变化、情感、态度等，关键事件也可以作为说明或者议论的对象，灵活地运用于语言教学的各个环节。一些在教学过程中浮现出来的、具有特别意义的关键事件还可以在之后的教学中反复示范、引入。

对于师范类院校而言，在大学外语课程思政教学中融入关键事件具有特别的积极意义。师范类院校承担着培养未来教师的重大职责，而关键事件对于师范生的长期发展有着不可忽视的重要意义。宋维玉、秦玉友（2016）在分析关键事件内涵时提出了可预期的"非偶然事件"这一类关键事件，并提出可以通过创设关键事件来干预教师专业发展，提升教师专业反思能力，助推教师反思性成长。本文中的案例一和案例二都是通过教师创设场景，为学生体验或者再现关键事件提供条件，并通过一系列教学活动引导学生关注、反思自己生活中的事件，这样的习惯可以帮助学生在以后的教学生涯中更好地以自己的生命经历为背景去反思自己和观察世界（曾宁波，2004），做到"以事育人"。在案例一中，学生通过践行感恩，用实际行动加深自己与家人的联系，这样的实践和相应的反思可以直接迁移到师范生日后的教学工作中，帮助师范生建立更加良好的师生关系。在案例二中，学生通过发现和解决多样性问题，更好地理解多样性的意义和价值，有助于师范生在日后的教学工作中更加积极地面对不同的学生群体，而整个问题解决和反思过程也有助于师范生面对复杂多元的教学任务，促进教师实践性知识的生成和内化。

结　语

本研究是将关键事件融入师范类大学外语课程思政教学设计的一次尝试，也是结合院校特色的多元化外语课程思政建设的一次积极探索。徐锦芬（2021）曾提出英语课程思政内容建设应坚持与学校类型、定位相结合，体现学校办学特色，基于学校实际在课程中实现价值引领、人格塑造和品行培养。各类院校的大学外语教师也应不断深化对课程思政内涵的理解，同时结合院校的人才培养目标和办学特色，进一步丰富外语课程思政的教学模式和内容，更好地完成立德树人的根本任务。

参考文献

陈飞，李广，2017. "关键事件"何以助力实习教师专业成长 [J]. 现代教育管理（9）.

崔琳琳，2021. 大学生"用英语讲中国故事"演讲模块的思政课程探究 [J]. 外语教育研究前沿（4）.

顾明远，1998. 教育大辞典（上）［M］. 上海：上海教育出版社.

胡杰辉，2021. 外语课程思政视角下的教学设计研究［J］. 中国外语（2）.

胡庆芳，2010. 关键教育事件研究的国际背景与国内实践思考［J］. 外国中小学教育（4）.

刘正光，岳曼曼，2020. 转变理念、重构内容，落实外语课程思政［J］. 外国语（5）.

毛伟，盛群力，2015. 内外结合编写综合教学目标［J］. 课程·教材·教法（6）.

毛伟，盛群力，2016. 聚焦教学设计：深化我国大学英语教学改革的关键［J］. 外语学刊（1）.

宋维玉，秦玉友，2016. 教师发展研究中关键事件的三重内涵［J］. 现代教育管理（12）.

苏红，2014. 教师专业发展中的关键事件研究［M］. 北京：北京师范大学出版社.

孙曙光，2020. "产出导向法"中师生合作评价原则例析［J］. 外语教育研究前沿（2）.

孙曙光，2021. 思政教育融入"用英语讲中国故事"实践课程的研究［J］. 外语教育研究前沿（4）.

文秋芳，2016. "师生合作评价"："产出导向法"创设的新评价形式［J］. 外语界（5）.

文秋芳，2021. 大学外语课程思政的内涵和实施框架［J］. 中国外语（2）.

肖琼，黄国文，2020. 关于外语课程思政建设的思考［J］. 中国外语（5）.

徐锦芬，2021. 高校英语课程教学素材的思政内容建设研究［J］. 外语界（2）.

曾宁波，2004. 论教师专业成长中的"关键事件"［J］. 现代教育科学（8）.

张定强，2019. 教学设计素养：内涵探析与发展路径［J］. 当代教育与文化（2）.

张虹，李会钦，何晓燕，2021. 我国高校本科英语教材存在的问题调查［J］. 外语与外语教学（1）.

张敬源，王娜，2020. 外语"课程思政"建设——内涵、原则与路径探析［J］. 中国外语（5）.

张庆华，2022. 高校外语教师课程思政教学实践性知识的质性分析［J］. 外语研究（3）.

张文霞，赵华敏，胡杰辉，2022. 大学外语教师课程思政教学能力现状及发展需求研究［J］. 外语界（3）.

SIKES P J，MEASOR L，WOODS P，1985. Teacher Careers：Crises and Continuities［M］. Philadelphia：Falmer Press.

军事英语课程的思政教育与价值维度建构

蒲雅竹

中国人民武装警察部队警官学院基础部

摘要：军事英语课程是军队外语能力建设和军事人才英语能力培养的重要组成部分，军队院校的根本属性是"姓军为战"。现有研究表明，军事英语课程教学侧重军事知识和语言运用能力，对军事英语课程的思政教育与价值引领重视程度不够。其原因在于军校教员对军事英语的教学理解和思考不够深入、充分，对教学的思政角度和价值深度挖掘不够。本文以军事英语主干教材内容和教学实践分析为例，从"为战育人"的价值引领、"文化自信"的理念确立两个方面，论述军事英语课程如何输入挖掘思想政治教育元素，形成正确的价值引领。

关键词：军事英语课程；思政教育；价值引领

在军队人才培养计划中，军事英语课程是生长军官高等教育学员的公共基础必修课，是军队院校实施素质教育、培养军事指挥人才的重要途径之一。在国际军事合作交流日益增多、各国军队越来越多地走向国际军事舞台的新形势下，军事英语课程成为塑造和提升一个国家军队外语能力的重要载体。同时，从国防语言战略思维与"总体国家安全观"的高度来看，军队院校的军事英语课程的基石作用越发凸显，同时该课程也担负着重大的为国育人目标。

我国学界在了解和掌握发达国家军队外语能力建设的基础上，近年来也从军事英语教学的角度产出了一系列既有深度又富有建设性的研究成果。爬梳相关研究可以发现，学界的关注点主要集中于三方面。一是从军队外语能力建设与国防战略视角出发，对军队院校军事英语课程设置和教学进行问题分析与对策研究（陆丹云，2020；张金生，2009；文秋芳、苏静，2011）。二是着眼于具体的教学课堂实践，探讨专门用途军事英语的教学方式与能力培养问题（梁晓波、葛军、武啸剑，2018；汪静静、武啸剑，2019；王庆怡、周玉梅，2017）。三是运用教育教学理论对军事英语教学方法与过程展开探讨（王荃、王群、周颖，2020；高莉莉、李小花、陈琛，2020；费彦，2019；高莉莉、陈琛、江莉，等，2019）。然而，已有的研究多是将军事英语课程视为专门用途英语或知识型通用英语课程，强调军事英语知识的输入与学员语言运用技能的产出，忽略了从价值与意义的维度审视和设计军事英语课程教学，即依托军事英语课程正确引领并筑牢学员的价值观、人生观和职业观，培养科学、先进、兼容并蓄的军事人文素质。此外，教师对于军事英语课程的价值理念还存在一种思维误区。军队院校的英语教员潜意识里将军事英语课程本身具有的军事特色等同于课程的思政教育，缺乏自主、深入挖掘教材和教学内容价值元素的意识与智慧。

"语言是思维和文化的载体，承载着价值观念和意识形态。"（王欣、陈凡，2021：18）军事英语课程围绕军事话题和军事行动，按模块组织教学，但这并不意味着教师按部就班、按照既定模式完成教学任务即可。相反，教师需要发挥创造性、突出价值引领，在传授军事知识、培养英语交际能力的同时，透过军事知识和语言现象，认识到语言可以具有的延展性与可以达到的深度，从而明确并建构军事英语课程的价值维度。在教学实践活动中，如何找准军事英语课程的思政角度，合理并正确建构价值维度，是亟待探究的问题。本文结合军队院校军事英语课程主干教材《军事英语听说教程》，尝试探讨如何挖掘课程思政元素，实现价值维度的建构。

1　"为战育人"的价值引领

军事英语课程首要突出的价值维度，是以"为战育人"作为价值引领。2019 年，习近平总书记在全军院校长集训开班式上的讲话中指出："发展军事教育，必须有一个管总的方针，解决好培养什么人、怎样培养人、为谁培养人这个根本问题。""新时代军事教育方针，就是坚持党对军队的绝对领导，为强国兴军服务，立德树人，为战育人，培养德才兼备的高素质、专业化新型军事人才。"坚持"为战育人"的军事教育特色并以此作为价值引领的核心要义，培养军队院校学员的军事英语综合应用能力及其岗位胜任力，满足我军遂行多样化任务的需要，已经成为军队院校英语教育的根本任务。

军事英语课程的价值建构与能力培养，与国家军队整体外语能力的提升密切相关，更要确保"为战育人"的价值引领。"军队外语能力指一个国家的军队运用外语处理事件的能力，其服务范围包括常规战争、非常规战争、军事科技、军事外交、军事情报等。军队外语能力对维护国家安全起着不可或缺的作用，特别是在维护非传统安全利益方面。"（文秋芳、苏静，2011：1）军队外语能力建设是国防语言战略部署与建设的重点领域，也是更为宏大的"总体国家安全观"视域下的关键环节，包含以语言为基础的文化安全与军事安全两大要素。此外，外语能力是军事人才综合能力的重要组成部分，是我军战斗力中的重要软实力，是当代高素质军人应对世界新军事变革的必然要求。因此，只有将"为战育人"的价值引领贯彻、实施到位，才能真正为党、为国、为军培养忠诚的现代化新型军事人才。

例如，《军事英语听说教程》中的第五、第六、第七三个单元分别是关于联合国维和任务（peacekeeping）、车队护送（convoy）、巡逻（patrol）等军事行动。教材的内容设置包含大量场景对话的听力练习和模拟对话的口语输出练习。对于实践练习色彩浓厚、课堂节奏紧凑且涉及一般性军事话题的教学内容，教员在具体教学过程中往往更容易忽视课程思政元素，缺失价值引领环节，从而使本可以具有深度的课堂教学成了满堂灌的听力口语技能培训课。事实上，通过对三个单元涉及的具体军事行动进行精心的课程思政设计，可以精准地加强学员的军事素养和职业敏感性，真正做到在课堂教学中有机、有效融入"为战育人"的价值引领。比如，在介绍联合国维和任务的使命、相关机构、行动地区分布等时，可以让学员进行课前资料查阅与准备，如研读《中国军队参加联合国维和行动 30 周年》白皮书英文版、观看中国维和人员工作记录的相关影像资料等，再带入课堂练习进行讲解、讨论和引导，激发学员对英语在国际维和行动中重要性的认知，更好地掌握维和行动相关语言知识和专业术语，并帮助学员深入了解中国参与联合国维和任务的历史、现状与秉承的宗旨，树立中国军队和中国军人作为和平守护者、友谊与文明传播者的使命担当意识。车队护送单元是基于前一单元联合国维和任务教学的延续，但教员可以根据所属院校具体的人才培养目标和学员任职需求，将车队护送任务细化，从中挖掘思政元素，形成"为战育人"的价值引领效果。如结合武警部队具体承担的押运任务、关卡哨所检查任务和处置突发情况等，可以迅速引起学员共鸣，联系自身的岗位任职经验与需求，提升学员的履职尽责、团队协作能力和使命担当意识，并在学习、反思和实践中提升其实战化能力与完成遂行任务的能力。

2　"文化自信"的理念确立

"外语实战能力"是国防战备语境中的重要术语之一，是军队战斗力的核心要素，军人军事素养中的关键军事技能，在国防战备和战术行动中占据重要地位。具体而言，外语实战能力包括语言技能、军事专业知识、语言实践经验、文化能力四个战斗力要素。相应地，在军事英语课程教学中，需要以培养学员在语言技能与运用、军事知识和文化三个方面的综合表现为目标，将语言能力训练、军事素养、文化意识进行融合与贯通，提升学员全面、综合的军事英语水平与素质。然而事实上，在军事英语课程的实际教学过程中，文化要素往往容易被教员忽视，这会导致军事英语课程的价值内涵大打折扣。

究其原因，还是在于当前军校大学英语课程设置的特点和教员对教学理解的误区。以本院为例，大学英语课程由通用英语和军事英语两大板块组成，所占课时比重为 3∶1，贯穿四个学期的教学。由于通用英语选用外语教学与研究出版社的《新视野大学英语 1》（思政智慧版），教材内容的思想深意与文化内涵丰富，因此教员在处理两个模块的教学时，往往将课程思政和价值引领的重心放在通用英语教学模块，而将军事英语教学定位为听说训练和对军事知识的补充。

为破除这一弊病，教员首先应该加强对军事英语教学的理解。教学理解本就包含对教学的知识性理解和价值性理解两个维度。任何一门课程教学，都有其价值维度的体现。"如果只关注教学的知识性理解，容易将教学活动蜕变为达成教学目标的工具主义形式，教学便蜕变为一种价值中立或无涉的活动，一种纯粹的技术活动，消解了作为教学主体的教师的价值思考和意义追求，造成价值失落或意义危机。"（徐继存，21-22）其次，军事英语课程的文化内涵与课程思政教育的"文化自信"可以互为融合，形成协同效应。"文化自信"是课程思政的重要维度，也是构成外语教育教学价值链条的关键环节。以语言学习为桥梁，从文明与文化比较的视野融通中西文化，涵养和坚定中华民族文化自信，是当前中国外语教育界的共识。军事英语课程同样需要确立"文化自信"的理念，让学员在军事英语知识学习和能力培养的同时，通过古今中外军事文化比较，认清中国军队和中国军人的使命担当，坚定中国军事文化自信。

同样以《军事英语听说教程》的单元教学为例，第一、二、三单元是军事英语的入门单元，也是学员迈入军营不久的军事英语学习，无论从知识传授和军事文化引介的角度，都可以作为很好的范例，培养学员的中国军事文化自信。具体而言，第一单元"新兵训练"（Boot Camp）的教学除了可以通过介绍军事实践英语表达、军语字母系统、队列动作口令英语表达、部队履历听力训练等，帮助学员建立军事英语思维习惯，更为重要的是，可以通过中国军队和其他国家军队的新兵训练营对比，帮助学员加深对军营生活的了解，建立职业身份认同，树立学员严于律己、果敢自信、听党指挥等优秀思想品质。第二单元"部队建制"（Military Organization）的教学可以从军队建制文化的视角出发，分别从建制、军衔、职能三方面将其他国家军队与中国军队进行对比，使学员深入理解我军与其他国家军队的区别，坚定民族自豪感和文化自信，树立军人职业荣誉感。第三单元"武器装备"（Military Technology）的教学同样可以从文化比较入手，帮助学员在对比中学习、了解我军武器装备的发展历程和前沿高精尖技术，培养学员对我国军事力量进步的正确理解与认知，树立人民军队的自豪感与自信心，生发出对中华民族奋发图强精神的共鸣与传承。

结　语

总而言之，"外语教师不单单要培养学生运用外语进行有效交际的能力，更重要的是要在学生理想信念的确立、价值观的塑造上起到引领作用"（文秋芳，48）。军事英语课程是军队大学英语的主干课程，对军队外语能力建设和人才培养工作至关重要，也与学员的未来职业发展息息相关。在传统的知识传授和语言技能训练的基础上，如何融入课程思政、实现价值引领，更好地为我国军队培养高素质综合人才，是当前军事英语课程改革与进一步发展需要考量的关键问题，更需要军校教员从价值高度和教学理念创新等方面积极思考并展开行动。

参考文献

费彦，2019. 建构主义理论指导下的军事英语教学模式研究 [J]. 江苏外语教学研究（2）.

高莉莉，陈琛，江莉，等，2019. 翻转课堂模式下的军事英语教学探究 [J]. 高教学刊（21）.

高莉莉，李小花，陈琛，2020. 运用产出导向法的军事英语课堂教学模式 [J]. 空军预警学院学报（1）.

梁晓波，葛军，武啸剑，2018. 军队院校大学英语 1+X 课程体系构想与实践 [J]. 外语与翻译（3）.

陆丹云，2020. 国防语言战略视野下的外语实战能力生成模式：美军外语转型的启发 [J]. 外语研究（6）.

汪静静，武啸剑，2019. 论西点军校的语言课程设置对我军军事英语教学的启示——基于西点军校《课程设置（红皮书）》的分析 [J]. 淮阴师范学院学报（自然科学版）（4）.

王荃，王群，周颖，2020. CBI 理念下军事英语教学实践与思考——以陆军军事交通学院为例 [J]. 军事交通学院学报（8）.

王庆怡，周玉梅，2017. "双向融合" 理念下 "军事医学英语" 课程改革与实践 [J]. 中国医学导报（28）.

王欣，陈凡，2021. 角度、深度和温度——新文科背景下价值引领与外语专业课程思政建设 [J]. 外国语文（双月刊）（6）.

文秋芳，2021. 大学外语课程思政的内涵和实施框架 [J]. 中国外语（2）.

文秋芳，苏静，2011. 军队外语能力及其形成——来自美国《国防语言变革路线图》的启示 [J]. 外语研究（4）.

徐继存，2021. 教学的自识与反思 [M]. 北京：社会科学文献出版社.

张金生，2009. 军事英语教学：成就与问题 [J]. 解放军外国语学院学报（3）.

韩国语公共选修课教学的思政探究
——基于词汇教学的视角

李现伟

四川大学外国语学院

摘要：本文章基于词汇教学的视角，对韩国语教学中的汉源汉字词、日源汉字词及韩制汉字词的思政元素进行了探究，指出韩国语汉字词是韩国语专业教育和思政教育的契合点，既可提高专业技能的教育，亦可达到立德树人的思政教育目的。

关键词：韩国语；思政；词汇；汉字词

《中庸》认为做学问要"博学之，审问之，慎思之，明辨之，笃行之"，其中"博学"是为学之首。大学公共选修课的特点是其课程内容往往是学生喜欢的或符合提升学生综合素质的或有助于拓展其专业知识的学科分支知识，是让学生"博学"的重要途径之一。在"课程思政"的背景下，如何充分挖掘利用课程特色和优势，用社会主义核心价值观来引领学生，培养学生的文化自信和民族自信是一个重要问题。

专业课与思政教育结合，根本还是要靠过硬的教学内容。缺少丰富而过硬的教学内容，只是简单、机械地将专业知识与思政教育结合，无论其教学形式、方法和手段有多新颖，终究是无根之水、无本之木。语言学习的三大基础环节是语音、词汇和语法，而词汇又是重中之重。没有语法，人们可以表达的事物寥寥无几，而没有词汇，人们则无法表达任何事物（Wilkins，1972：80）。而韩国语词汇中汉字词的地位是不容忽视的，所以我们认为在韩国语公共选修课的教学中，可以深挖韩国语汉字词的思政元素，将韩国语词汇教学与思政教育有机结合起来。

关于汉字词在韩国语词汇中所占的比重，1957 年韩文学会（한글학

회）编纂的《大辞典》（큰사전）对收录的 164 125 个单词进行统计后显示，其中汉字词有 85 527 个，占总数的 52.1%；固有词有 74 612 个，占总数的 45.5%；其他外来词 3 986 个，占总数的 2.4%。1961 年李熙升主编的《国语大辞典》收录词汇 257 854 个，其中汉字词 178 745 个，占总数的 69.32%；固有词 62 913 个，占总数的 24.4%；其他外来词 16 196 个，占总数的 6.28%。1999 年韩国国立国语研究院编纂的《标准国语大词典》收录词汇 443 156 个，其中汉字词 252 416 个，所占百分比为 56.96%。虽然因学者不同、所统计词汇的侧重点不同而统计结果略有不同，但都显示汉字词在韩国语词汇中相对于固有词在数量上占有绝对优势。韩国语汉字词如能与思政教育有机结合，不仅可以达到立德树人的思政教育目的，亦可培养学生的韩国语专业能力，从而达到专业能力教育与思政教育的双赢。

1　汉源汉字词的思政元素

韩国语汉字词根据来源可以分为汉源汉字词、日源汉字词和韩制汉字词。韩国语借用汉语的词可以追溯到上古时期，如称异族男子为"놈"，可能来源于上古汉语的"戎"，对外族蔑称为"도이"（岛夷），可能源于上古汉族的"夷"（郑仁甲，1983）。

公元 1 世纪中叶到公元 7 世纪中叶是朝鲜半岛社会文化的第一次大融合发展时期，也是大规模接受和吸收汉文化时期。在朝鲜半岛三国中，新罗对汉文化的引入最为积极，上至王号政令，下至方言佛语，均由王室颁布法令按汉文汉典改定。7 世纪中后期开始的统一新罗时代迎来了朝鲜半岛的统一繁荣昌盛时期，根据《新唐书》《唐会要》《三国史记》等文献记载，新罗曾多次派遣学生来华留学，留学生人数为周边国家之最。且新罗对唐朝的政治典章制度等进行学习和效仿，推行唐朝年号，将国家机构改为汉文式名称。据《三国史记》记载："新罗之初，衣服之制，不可考色。至第二十三叶法兴王，始定六部人服色。尊卑之制，犹是夷俗。至真德在位二年（648 年），金春秋入唐，请袭唐仪，玄宗［太宗］皇帝诏可之，兼赐衣带。遂还来施行，以夷易华。"汉文化对朝鲜半岛文化的影响可见一斑。918—1392 年高丽王朝延续新罗王朝对汉文化的开放吸纳政策，对中国的程朱理学和汉传佛教全面积极地接纳，使朝鲜半岛的儒学和佛教都达到了前所未有的高度。

按照向熹对汉语史所划分的分期，朝鲜半岛三国时期是汉语史上的中古时期，统一新罗时期和高丽时期正是汉语史上的近代时期（向熹，2010：40-44）。当时朝鲜半岛统治者对汉文化积极开放的接受政策，必定会对语言产生深远的影响。大量的汉字词通过古代典籍、汉译佛典、古代白话进入韩国语并被保留下来。韩国语中的汉源汉字词根据音节形式可分为单音节词和复音节词。现代韩国语中单音节词数量少且词义保存良好，基本与汉语中的语义相同。现代韩国语的全民词汇系统中，单音节汉字词的语义较之汉语词语相对单一，语义变化相对保守；复音节词数量众多，词义复杂多变，适用范围广泛。韩国语汉源汉字词复音节词以双音节词为主，此外还有一些四音节词（主要为成语）和个别三音节词、五音节词。进入韩国语词汇系统后，部分汉字词保留了在汉语中上古、中古或近代时期的词形词义；部分词的意义发生了变化，产生了新义；另有部分词的词形发生了些许变化，成为"异形词"。

汉源汉字词进入韩国语的历史悠久，其影响力在韩国语语言史上十分重大。汉源汉字词进入韩国语后的发展变化是相对保守的，基本保留了汉语词汇的形态和词义。同时，韩国语也表现了强大的积极性和生命力，在语音、词法、词义等诸方面对汉源汉字词进行了有意识或无意识的改造，这种改造表现为语音的全盘韩化、词法的词缀添加化、词义的本土化等。韩国语中汉字词和固有词具有相同、相似意义时，经过竞争固有词一般会被汉字词所取代，汉字词相对于固有词具有优势地位。韩国语中既有"ユ위""유무""아암""슈룸"之类固有词汇被其相对应的"官厅""消息""亲戚""雨伞"等汉字词所取代而消逝的现象，亦有"온"（百）、"애"（肠义）、"얼굴"（形相）之类固有词汇虽保留其词汇形态但是词义已经完全被替代的现象，还有固有词和汉字词共同使用的情况。但在当时汉文盛行的时代，汉字词被普遍认为是一种比固有词更具有学识和品位的词汇，因此当两者间有同义词时，汉字词多被认为是敬词。在接受西方一些新的学术用语时更倾向于用汉字组成汉字词来表示，如"科学""几何""-化""-主义"等汉字词译词来表示"science""geometry""-ize""-ism"等。

2　日源汉字词的思政元素

　　一直以来，韩国语都是从汉语中吸收外来借词，例如，从中国的汉译佛典里吸收了大量的梵文词汇如"불"（佛）、"보살"（菩萨）、"비구니"（比丘尼）、"요가"（瑜伽）等音译词语，以及王力所说的已经"深入到汉语的血液里，令人不能再意识到它们的来源"的"世界"（세계）、"因缘"（인연）、"因果"（인과）等意译词语。但是，"日俄战争以后，1905 年，日本在朝鲜设总监，1910 年，日本吞并了朝鲜。朝鲜自从沦为日本的殖民地以后，新词不断地从日本输入。因此，在朝鲜语里使用的有关资本主义文化的新词，差不多完全是从日本照抄过来的……"（王力，2004：692）

　　韩国语词汇系统中的日源汉字词有日本利用汉字新造的词语、来源于利用汉字表示固有词语的训读词语，以及日语赋予了原汉字词语以新含义的新义词。所谓日制新词指来源于日本的，由日本人利用汉字作为构词词素自造的新词。这类新词进入韩国语以后，其语音发生了较大变化而其形态和词义则基本被完整保留了下来。日语中训读词语是用汉字记录的日本固有词语，这类词进入韩国语后，由于韩国语中已不再使用训读，所以全部用韩国的汉字音对所记录的汉字进行音读，如此为数众多的以汉字记录的日本固有词作为汉字词存留在了韩国语当中。在翻译西方新概念和新事物的过程中，日本不仅利用汉字创制了大量的汉字词而且赋予古代汉语中原有词语以新含义。韩国语中相当部分的日赋新义式词汇虽然在当今汉语中几乎不再使用，但是曾在 20 世纪初期的文人作品中出现过。

　　日源汉字词在日本殖民地政策实施以前就已经在汉字文化圈国家中作为接收西洋文明的简便方法而广泛使用，因此日源汉字词大量流入汉语、韩国语、越南语等汉字文化圈的语言中，使这些语言的近代词汇中形成了一个共同的词汇群。通过汉字这一共同媒介，汉字文化圈内的国家虽然可以更加容易地接收西洋的一些生疏概念，但是由于这类日源汉字词的受容过程主要是在殖民地侵夺过程中非主动形成的，并且在之后的使用过程中具有盲目性和无批判性，因此曾多次开展用传统汉字词或固有词替代日制汉字词的运动。对日本词语的抵制是之后"国语醇化"

运动的始端，并逐步扩展到整个韩国语词汇系统中的汉字词语。

即使如此，韩国语中的日源汉字词相对于汉语中的日语借词，其数量更多，形态和词义的保存更完整。这是因为虽然与其他语言相比，日语汉字词对汉语有着天然的亲近感，但毕竟日语与汉语不属于同一语系，意义表达上差异较大，因此汉语对日语借词改动和替代情况较多；而学界普遍认为韩国语与日语来源于同一语系，较之汉语在日语词语的借用上有着独到的优势。因此，韩国语日源汉字词的借用数量、借用程度，以及形态和词义的完整度保持上均强于汉语，尤其是日语训读汉字词的借用方面韩国语远高于汉语。19 世纪末 20 世纪初，表示同一概念或指称同一对象的中国汉字词和日本汉字词曾一度并用，但后来大部分日本汉字词得以保存下来（李得春，2007）。但是，词汇的背后不只是语言的影响，也暗含着文化和政治的影响。

3 韩制汉字词的思政元素

在汉字词的发展兴盛过程中，韩国不仅从中国和日本借用了大量的汉字词，而且创制了韩国独有的汉字词，被称为韩源汉字词、固有汉字词或韩制汉字词。朝鲜半岛人民在使用汉字汉文的过程中已经熟谙汉字的字音、字形、字义及汉字词语的构词理据和构词方式，因此开始主动自觉地利用汉字或创制新的汉字来构词造语以满足语言生活中的需求。汉字是语素文字，具有强大的表意功能和构词能力，在这一点上，属于表音文字的韩国本土文字是无法企及的。

朝鲜半岛人民在使用汉字汉文的过程中从未间断过创制自己的汉字词。朝鲜三国时期的王号"居西干""古雏加""次次雄"等词语俱可佐证。另一小高潮则出现在 1905 年日本在朝鲜半岛设立"总监"之后，朝鲜半岛兴起了"国语醇化"运动。在对日源汉字词进行改造之时，或用固有词语替代，或给既有汉字词赋予新义，或自制新的汉字词语。时至今日，利用汉字语素及汉字词缀创制的新词依然是韩国历年新生词语的主要部分。

韩制汉字词又包括韩制新词、国字词、取音汉字词及汉字词缀派生词。韩制新词是指由韩国人利用两个或两个以上汉字作为构词语素创造的仅在韩国使用的汉字词，此类汉字词的构词理据和构词方式基本与汉语词语相同，所以仍能提供一些词义信息，但亦不乏望文生义而又似是而非者。这类汉字词不同于之前从中国或日本借入的汉字词，而是韩国自己创制的独有的汉字词，因此在中国或日本等其他汉字文化圈国家中没有同一形态的词汇。所谓国字词是指由韩国的国字组成的词汇。"国字"在韩国有多种解释，广义的"国字"包括正字的俗体字和韩国固有的汉字（包括国音字、国义字及独创的汉字），狭义的"国字"为韩国依据汉字造字法独创的并仅在韩国使用的汉字。韩制汉字的造字原理有象形、形声、会意、合体、音译等，依据这些造字原理创造了大量的汉字，虽没有详实的统计，据估计有 500 多个（陈榴，2007：96）。取音汉字词在韩国语中又称为"军都目"，属于借用汉字的音或义来记录韩国语固有词语的借字记录法，尤其指依据书写者的主观性而添加了似是而非语源注解的词汇，因此依据此特点又称为"附会表记"或"附会词"。此外，用发音相同的别字记录的汉字词亦包括在取音汉字词范围内。这类词语的存在是朝鲜半岛汉字汉文平民化的又一力证，汉字汉文由统治阶级和士大夫阶层的特权工具转化为全民语汇的证据之一正是取音汉字词的存在。韩国语固有词缀不仅数量少，而且能产性不高；而现代韩国语中汉字词缀数量众多且能产性强，与汉字词基、固有词基甚至是外来词基构成了大量的新词语，汉字词缀派生词是韩国语新词中的重要成分。

韩国语引入汉字词的历史悠久，且依照韩国语的语言系统对汉字词进行了多方面的改造、同化和融合，使汉字词成为自身语言中不可或缺的一部分。但是汉语和韩国语毕竟属于两种不同的语言，甚至不属于同一个语系，两者在谱系分类、形态特点等方面有着巨大的差异，因此韩国人在使用汉字词的过程中存在诸多不便。而韩国人根据汉字和汉语知识用汉字或韩制汉字语素创制的韩制汉字词能较为有效地弥补表意能力不足的缺憾，甚至大量的固有词汇也依据自身理解用汉字语素的语音或语义记录下来。如盲子孝道、火家呼火、兄亡弟及、勇脚快拳、口急心忙、生白丁杀人、冶家无食刀、捉山猪失家猪、我刀入他鞘亦难、吹之恐飞执之恐陷等词多为韩国学者借助汉字极强的表意功能，将原本停留在口头形式的俗语、成语和谚语以汉字造句的方式固定下来的"汉字化熟语"。最初的韩制汉字词主要用于固有名词如人名、地名、官名及一些固有的普通名词的记录，因此数量较少、适用范围较窄、使用频率不高，而今天具有强大能产性的汉字词缀所派生的新词是韩国语新词的主力军。

结　语

随着时代的变迁，韩国语中汉字词推陈出新，虽然受到"国语醇化"政策的压制和欧美外来词语的挤压，但在数量和使用频率上依然占据着绝对优势地位。汉字语素在韩国语词汇系统中仍具有强大的构建新词的能力，汉字词缀和汉字词根、固有词根及外来词根派生了大量的新词语，以满足韩国语语言生活的需求。韩国语汉字词见证了中国和朝鲜半岛文化相互交流、相互促进和共同发展的历史，从中不仅可以窥见我国传统文化在韩国的传承和发展，亦可探究双方理念的异同，既相互融合，又有自己的改变和创新。在课程思政的大背景下，韩国语公共选修课不仅要传授专业知识，同时也要培养学生的世界观、人生观和价值观。韩国语汉字词是思政教育和专业教育结合的契合点，既可以提高专业技能的教学，又可以树立学生的文化自信和民族自信。

参考文献

李得春，2007. 朝鲜语汉字词和汉源词［J］. 民族语文（5）.

向熹，2010. 简明汉语史（修订本）上［M］. 北京：商务印书馆.

王力，2004. 汉语史稿［M］. 北京：中华书局.

郑仁甲，1983. 朝鲜语固有词中的"汉源词"试探［J］. 语言学论丛（10）.

陈榴，2007. 东去的语脉［M］. 大连：辽宁师范大学出版社.

WILKINS D A，1972. Linguistics in Language Teaching［M］. Cambridge：MIT Press.

教　辅　与　管　理

"双一流"建设背景下硕士研究生
推免制度的实施现状研究[①]

韦足梅

四川大学外国语学院

摘要：本文以"双一流"建设为背景，从高校申报推免资格条件、具有推免资格高校分布情况、接受推免生的条件及推免比例四方面探究硕士研究生推免制度现状，发现该制度在实施过程中存在资源分配不均等公平性问题，推免考核体系与监管体系及推免生后期管理体系不完善等问题，并从政府、高校与学生三个维度提出相应改进措施，促进硕士研究生推免制度的良性运行，进一步坚守该制度选拔一流创新人才、提高研究生招生质量的初衷。

关键词："双一流"建设；硕士研究生；推荐免试制度；实施现状

2015 年，国务院公布《统筹推进世界一流大学和一流学科建设总体方案》，提出以建设一流学科和一流大学来建成高等教育强国，简称"双一流"建设。在这一背景下，全国硕士研究生报考人数节节攀升，根据教育部公布的数据，2022 年全国研究生报考人数为 457 万，达到历史新高。根据 2022 年 9 月 27 日教育部召开的"教育这十年""1+1"系列第十五场新闻发布会，2021 年全国共有在学研究生 333.2 万人，比 2012 年增加了近一倍。根据《2023 年全国硕士研究生招生工作管理规定》（简称《规定》），全国硕士研究生招生考试分初试和复试两个阶段进行，而推荐免试，即高校推荐优秀应届本科毕业生免试攻读研究

---

①　本文系四川大学外国语学院 2022 年度教学改革与管理研究课题"'双一流'建设背景下硕士研究生推免制度的实施现状研究"（2022 学院教改-29）成果。

生（简称推免制度）。在《规定》的第一章总则中提出："推荐免试是指依据国家有关政策，对部分高等学校按规定推荐的本校优秀应届本科毕业生，及其他符合相关规定的考生，经确认其免初试资格，由招生单位直接进行复试考核的选拔方式。"作为初试阶段的手段之一，推荐免试是我国研究生招生制度的主要的构成成分，在我国研究生培养中发挥了重要功能，也助推着我国研究生招生体系的多元发展，是挑选优秀创新型、科研型人才，改善研究生招生质量的主要途径之一。

研究生推免制度并不是 21 世纪的产物，早在 20 世纪 80 年代初就已初具雏形。1983 年，为增加应届本科生报考研究生的人数，教育部建议获得推荐的优秀应届本科生可只参加初试；1984 年，推荐少数优秀应届毕业生免试入学在全国重点高等学校开始试点，意味着当下实施的推免制度正式推行。历经几十年，现在各高校的推免机制主要包含优秀学生干部推免、本校直接推免、教育部直属高校间相互推免三种形式。

1　硕士研究生推免制度实施现状

下文将从申报推免资格条件，具有推免资格高校分布情况、接受推免生的条件及推免比例四方面，探究"双一流"建设背景下硕士研究生推免制度的实施现状。

根据《新增推荐优秀应届本科毕业生免试攻读研究生普通高等学校申报确认办法》（教学厅〔2017〕8 号），申请开展推免工作的高等学校应同时具备以下条件。

（1）须达到国家规定的普通高等学校基本办学条件标准。

（2）教学质量优秀。优先考虑应届本科毕业生升学比例较高、承担省级以上教育教学改革项目较多、获得省级以上高等教育教学成果奖的高校。

（3）具有经国务院学位委员会批准的博士学位授予权或具有经国务院学位委员会批准的硕士学位授予权，且独立招收硕士研究生连续 15 年（体育、艺术院校连续 6 年）以上。

对具有良好办学声誉和较高社会认可度，近三年学校本科生录取标准在本省（区、市）位居前列，在申报截止之日前已由省级人民政府正式批复重点投入建设的地方高水平大学，可不受博士、硕士学位授予权及年限限制（省级教育行政部门最多可确认推荐一所）。

（4）考试招生工作秩序良好。

（5）办学行为规范。

对近五年有考试招生违规或办学违规行为的高校实行"一票否决"。

从上述申报条件可知，是否能申请开展推免工作是以高校办学行为规范与否为前提，从教学质量、科研水平、社会认可度等方面考察的。

通过梳理具有推免资格的高校名单，并将其与"双一流"建设高校名单比照可知，"双一流"建设高校均（除国防科技大学、第二军医大学、第四军医大学外）具有推免资格，但是各省份享有推免资格高校的数量并不均等。如图1所示，拥有推免资格高校数量前三的省市，分别是北京市、江苏省和辽宁省，排名第一的北京市共有67所本科院校，其中具有推免资格的高校就有45所，占比高达67%，与北京市本科高校数量不相上下的广东省和湖北省，具有推免资格高校数量仅占16所。排名第二的江苏省共有77所本科院校，但是具有推免资格的高校数量仅有25所，占比32%左右。排名第三的辽宁省共有64所本科院校，具有推免资格的高校数量为24所，占比为37.5%。上海市共有41所本科院校，具有推免资格高校数量达19所，说明推免制度在实施过程中，地区生源与资源匹配不均的现象仍旧存在。

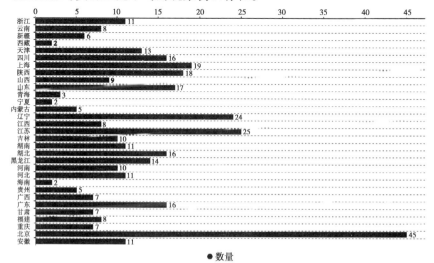

●数量

图1　中国大陆具有推免资格高校的省份分布情况

　　浏览各推免高校 2023 年接收优秀应届本科毕业生免试攻读研究生的通知可以发现，多数高校接受推免生的条件高度相似，主要从思想政治条件、成绩指标与能力指标三方面对学生进行考核，以四川大学 2023 年接收推荐免试攻读硕士学位研究生和直接攻读博士学位研究生章程为例，接收推荐免试攻读硕士学位研究生的申请条件如下：

　　（1）拥护中国共产党的领导，愿为社会主义现代化建设服务，身体健康，品德良好，遵纪守法；

　　（2）应届本科毕业生且获得本人所在学校的推荐免试资格；

　　（3）顺利毕业并获得学士学位。

　　同时，考生交验的书面材料中需包括各种能力证明材料（如本科阶段成绩单，大学英语四、六级考试成绩单，获奖证书，本人代表性学术论文、出版物或原创性工作成果等）复印件，这反映出考核体系的不完善。

　　根据光明日报的报道，截至 2020 年，在 2740 所普通高等学校中，仅有 366 所高校具有推免资格，仅占全国高校的 13.36%左右，2015 年至 2021 年，我国硕士研究生招生规模平均增长 15.5%，同期考研报名人数也从 165 万增长到 377 万（陈鹏，2022）。国家教育考试指导委员会专家组成员陈志文介绍，近年来，推免比例基本维持在 12%~14%之间，推免生总量虽然持续增长，但是实际占总招生量的比例却在下降，并且有专家指出有推免资格的二本院校数量"几乎为零"（陈鹏，2022）。2022 年全国"两会"上，全国政协委员、电子科技大学校长曾勇带来了一份"关注研究生推免比例"的提案，他表示，研究生教育肩负着高层次人才培养和创新创造的重要使命。我国的硕士研究生招生选拔采取推荐免试与统考两种模式，当前推免指标的增长远远低于同期硕士研究生招生规模的增长（转引自陈鹏，2022）。以上情况说明硕士研究生制度实施尚存问题。

2　硕士研究生推免制度现存问题

　　从高校申报推免资格条件、具有推免资格高校分布情况、接受推免生的条件及推免比例四方面探究硕士研究生推免制度实施现状，其实是从硕士研究生推免制度的实施条件、实施对象、实施过程与实施结果层面进行梳理，从中发现硕士研究生推免制度还存在以下问题。

从高校申报推免资格条件、具有推免资格高校分布情况、推免比例来看，硕士研究生推免制度尚且存在资源分配不均的问题，从而导致公平问题。从高校申报推免资格条件中，发现高校推免资格分配主要以办学层次为依据，使得办学层次较高、资源丰沛的高校拥有更多的推免名额。《全国普通高等学校推荐优秀应届本科毕业生免试攻读硕士学位研究生工作管理办法（试行）》规定，教育部批准设立研究生院的高等学校一般按应届本科毕业生数的15%左右确定，其他高等学校一般按应届本科毕业生数的2%确定。但是根据博雅数据库①编制的2021年中国大学保研率排名，约有70所②"双一流"建设高校保研率超过15%，排名前五的分别是清华大学（58.3%）、北京大学（55.5%）、中国科技大学（42%）、中国科学院大学（42%）、北京师范大学（35.0%），并且存在地区差异，越靠近东部，保研率越高，与具有推免资格高校分布情况相似。

从这些数据中可知，在推免制度中高层次大学因为教育资源与地理位置等优势，不仅保研率较高，而且对推免生更具吸引力，能够获得大量优质生源。这使得高校层次分化越发鲜明，使得东、中、西部高校的差距越发明显，甚至可能导致部分教育资源和地理位置处于劣势地位的高校的推免制度实施陷入被动，长此以往面临优质生源短缺问题的高校将出现被淘汰的风险。因此，为防止这一问题的出现，部分高校为保证研究生生源，会从制度上防止本校优秀生源外流，从而破坏了良性竞争的招生环境；部分高校为达成招生指标，更愿意将推免名额留给本校学生，阻断了外校优秀学生的进入，不利于优秀生源的层级流动，长此以往不利于校级推免合作及研究生推免制度的建立和完善。吴开俊、黎亭亭、毛蕾（2015）提到部分高校"强制规定"本校推免生必须攻读本校硕士学位，不能到其他同层次高校就读。

从推免生申请条件来看，硕士研究生推免制度仍然存在推免生考核体系不完善的问题。在选拔推免生的过程中，通常以上文所提及的一些

---

① 该机构专业从事高校保研、升学分析研究，每年发布的保研率排名备受社会关注。

② 因部分院校公示不全，有些学校的保研率为估算值。

硬性条件、成绩和综合素质等指标来考核推免生。因为高校间存在差异，学生间存在个体差异，这些考核条件并不能全面反映学生的培养潜质。而在这些考核条件中，成绩是量化的客观指标，容易引发"唯成绩论"现象，以考试为纲等片面的学习目的和价值取向，最终可能会背离研究生推免制度深化研究生招生制度改革，加大高层次创新人才选拔培养力度，推动高等学校全面实施素质教育的初衷。在考核体系中，推免遴选条件中科研能力项分值占比不大，反映出对科研创新人才的选拔力度不大，这样难以选拔出具有科研创新潜质的人才，使得推免生在进入研究生阶段，会遇到科研创新瓶颈。

从推免生管理层面看，推免生过渡期管理制度尚不完善。过渡期，即推免生名单公示至研究生入学前的时段，约为一年时间。高校每年10月下旬就会公示推免生名单，而推免生在次年的9月才会入学，因为推免制度主要涉及推免生接收工作，对推免生后期管理关注较少，部分推免生获得目标高校录取后，学习自觉性和积极性会直接或间接减弱，容易进入"舒适区"，产生懈怠，最终不能系统掌握大学所学知识。因为没有像统考生一样备考时大量阅读考研参考书目，可能导致推免生在研究生入学后知识脱节，角色转换困难。

同时，硕士研究生推免制度的监管机制有待完善。硕士研究生推免制度实施以来，各高校拥有较高的推免自主权，相对而言国家层面对推免工作的实施缺乏广泛监督，可能会导致部分高校出现暗箱操作，从而滋生腐败。监管机制的不完善也可能导致部分高校在具体实施时存在明暗两套制度，进而影响硕士研究生推免制度的公平公正，违背该制度的设立初衷。

结　语

从前文可知，"双一流"建设背景下的硕士研究生推荐免试制度在实施条件、过程、对象及结果上都反映出一定问题，其中包括教育资源分配不均导致的公平性问题，推免考核体系与监管体系、推免生后期管理体系等不完善的问题。今后在硕士研究生推免制度实施过程中，政府、高校和学生自身都应该有所调整。政府部门，尤其是教育部门应完善监管体系，做好政策引领，尽可能调节资源分配，确保资源的相对公平，在政策和资源层面给予中西部高校更多支持，缩小东中西部高校差距，实现优质生源的良性流动，保证推免制度的公平公正及高校间的良性竞争。各大高校应根据实际情况，在本科生培养阶段，既注重专业知识学习，又融合科研创新元素，在本科阶段培养学生的科研意识，做好学术引领，为学生未来发展助力；在接受推免生时，不断完善考核体系，消除考试为纲，明确考核指标，加大科研能力在考核中的占比，以能力指标评估学生，做到一视同仁；还可以通过发放必读书目等方式，加强推免生上岸后的后期管理。就学生自身而言，首先需要明白硕士研究生学历与科研之间的关系，了解科研的内涵，明确读研目的，提升自学能力，提前了解科研及查阅资料，找到感兴趣的科研方向，从而约束自己，避免进入获得硕士研究生入场资格后的倦怠期与迷茫期，为研究生阶段铺路，快速实现角色转变，成为具备科研能力的创新性与融合性人才。

参考文献

白丽新，江莹，张立迁，等，2018. 我国硕士研究生"招考分离"制度改革研究［J］. 国家教育行政学院学报（4）.

陈立章，蒋清华，2015. 公平与质量：推荐免试研究生制度的矛盾与平衡［J］. 研究生教育研究（4）.

陈鹏，2022. 提高推免比例，留给考研生的机会更少了？［N］. 光明日报，2022-03-14.

李松，2006. 推荐免试研究生：人才选拔的重要途径［J］. 江苏高教（2）.

罗敏，2011. 我国研究生招生推荐免试制度的特征、矛盾及发展趋势［J］. 学位与研究生教育（12）.

逄红梅，刘宝哲，黄宏军，2016. 现行推免制度下"双非"院校招生困境与应对策略［J］. 研究生教育研究（2）.

孙友莲，2014. 硕士研究生招生制度的问题及改进建议［J］. 江苏高教（1）.

魏芳，2015. 对新时期下研究生推免制度的思考［J］. 亚太教育（6）.

吴开俊，黎亭亭，毛蕾，2015. 我国硕士生招生推荐免试制度探析［J］. 广州大学学报（社会科学报）（8）.

曾赛阳，2021. 我国研究生推免制度的发展与反思［J］. 高等理科教育（4）.

张孟芳，2017. 完善我国反学历歧视救济制度的思考——以硕士研究生推免为例［J］. 中外交流（1）.

张岩，边悦玲，洪明，2011. 基于高质量创新人才遴选推免研究生的模式研究［J］. 船海工程（4）.

外语实验室语音转写系统的研究与应用①

张玉竹　曾　玮　宋兆东

四川大学外国语学院

摘要："人工智能+智慧教育"技术逐步进入高校校园和课堂，教学模式进入了智能化阶段。智能化学习环境的转变产生了新的教学方式，人工智能技术、资源、工具、人、活动等要素成为教学的支撑性条件，从一定程度上看，课堂学习环境成为教学模式至关重要的一部分。在大数据时代，会议、采访、课堂教学等场景常常需要形成完整的文字记录材料，音视频文件也需要配有字幕，因此有效率、有质量地整理视频、音频、文字等信息显得尤其重要。本文主要以语音识别技术为研究对象，在外语语言实验室里搭建起一套较成熟的基于语音识别技术的语音转写系统，提升外语智慧教学体验，进而推进外语语言实验室智能化水平的发展。

关键词：语音识别；智能教学；语音转写；智慧外语

　　传统的教室配备了黑板、讲台、课桌椅、多媒体等基础设备设施，形成以讲授为主的教学模式。当前"以学生为中心"的教育理念影响着教育教学过程，学习环境呈现出"智能化、资源丰富、校内外一体、开放"的状态。智能化时代的学习本质表现出以下三个方面的转变：一是学习者在学习过程中的地位由被动转变为主动，二是学习过程由记忆为主的知识掌握转变为发现为主的知识建构，三是知识的学习由个人

---

① 本文系 2020 年四川大学实验技术项目（SCU201015）成果。

的、机械的记忆转变为社会的、信息化互动的体验的过程（刘学谦、钟瑾毅、蒋玉峰，2022）。教育部制订的《大学英语教学指南》中就明确提出，"学英语应大力推进最新信息技术与课程教学的融合，继续发挥现代教育技术，特别是信息技术在外语教学中的重要作用"。随着智能信息时代的到来，大数据与云计算的飞速发展，智能化软件、设备、终端等进入高校课堂，四川大学外语语言训练中心在课堂建设方面也在寻求新的突破，如何变革学与教的方式以适应人工智能时代外语教学的需求，以及如何重构传统外语学习环境促进学生的发展，是当前外语学科教育技术研究必须充分正视的现实。

通过对四川大学外国语学院语言实验室目前的教学需求进行系统分析，结合当前四川大学教学信息化的发展趋势和学院的发展规划，整合学院现有的资源，充分利用移动技术、传感技术、人工智能技术、网络技术、多媒体技术等来装备教室和改善学习环境，研发一个适合学生学习和教师教学的智能化语音实时转写教学系统，从而使教学内容进一步优化、学习资源获取更加便利、课堂教学互动进一步加强、教室布局与电气管理更加智能，在教学过程中实时反映学生学习状态，并能够根据学习者的学习情况调节教学节奏，最终提升外语专业人才培养质量。本文主要研究的是基于外语语音实验室的课堂语音转写功能的实现，该功能基于语音识别技术，需要利用现代化外语教育技术和智能化软硬件工具，主要以教师课堂讲授的语音内容为研究对象，通过语音信号处理和模式识别让机器自动识别和理解人类口述的语言，最后转换成中文或英文的文本文字，利用人工智能、大数据、云计算等新型信息技术，赋予常态化课堂教学智能化形式，助力高校外语教育创新教学模式，提升外语课堂教学质量，从而提高学生学习外语的兴趣与效率。

1　四川大学外语教学智能化水平简介

四川大学外语语言训练中心是承担全校各专业外语实验教学的基础实验中心，技术门类涉及网络技术、信息技术、音视频技术、无线广播电台传送与发射、卫星电视节目接收及信号处理、互联网+、云技术和大数据处理等，涵盖较多智能化技术。近年来，在学校支持下，中心积极推进各类大规模语言教学设施的建设，网络教学、情景互动式教学、虚拟仿真实训、智慧互动课堂、云教室等现代教育技术和手段在外语教学中广泛应用。学院外语语言实验室包括同声传译实验室、笔译实验室、网络实验室、多媒体实验室、虚拟仿真实验室、写作中心、口语中心、测试中心、云语言实验室等一系列专业实验室，为学校外语专业化发展做出贡献。目前，外语语言训练中心缺乏课堂实录与转写的成套工具，学生的学习分为课堂学习与课后学习两个部分，课堂学习时间有限，课后的学习和复习巩固就显得尤为重要，课堂实录与转写工具能够提高学生的学习效率，帮助学生及时巩固课堂的教学内容，全方位记录课堂授课过程，实现教学资源常态化积累，打破传统课堂模式，提升师生间立体化互动。同时，动态教学数据分析助力教学评价更加科学精准，帮助学校外语课堂实现智慧"教"与"学"。

2 语音识别技术的发展现状

2021年，工业和信息化部批复组建国家智能语音创新中心等4家国家制造业创新中心，国家智能语音创新中心将围绕多语种语音识别、语音合成、语义理解和专用人工智能语音芯片等研发方向，构建集共性技术研发、测试验证、中试孵化和成果转移转化于一体的创新平台，提升我国智能语音行业技术水平和产品竞争力（工业和信息化部，2021），表明智能语音技术具有广阔的发展前景和重要的科技地位。

语音识别技术就是让机器通过识别和理解把语音信号转变为相应的文本或命令的技术，语音识别是一门涉及面很广的交叉学科，它与声学、语音学、语言学、信息理论、模式识别理论及神经生物学等学科都有非常密切的关系。无论是政企会议、公检法办案，还是教学培训、记者采访、个人录音等均需要形成完整的文字记录材料，音视频文件也需要形成字幕。为解决各类场景下的音频转文字问题，基于语音识别技术的语音转写应运而生，语音识别技术正逐步成为计算机信息处理技术中的关键技术，语音识别技术的应用已经成为具有竞争性的高新技术产业。当前，课堂实录与转写技术的发展较快，市面上也有一大批语音识别技术的产品，作为外语语言实验室，语音识别技术的运用也迫在眉睫，语音识别技术是智能化科技与传统录音技术结合的产物，是外语专业实验室响应智能化时代号召所必备的内容。目前，语音识别发展已较为成熟，在很多场景都用到了语音识别技术和语音转写系统，当前的语音转写边转边录系统具有较好的时效性，准确率在适当的环境下可以达到93%~95%。因此，在我校外语语言实验教学中引用这种技术是必要的也是可行的。

3　语音识别技术的原理及应用

语音识别技术（Automatic Speech Recognition，简称ASR）是指将人说话的语音信号转换为可被计算机程序所识别的信息，从而识别说话人的语音指令及文字内容的技术。目前，语音识别被广泛应用于客服质检、导航、智能家居、课堂教学等领域（肖安帅，2022）。本文主要在已有的外语实验室基础上利用语音识别技术搭建一个课堂实录与转写的学习环境。四川大学的外语语音实验室已经具有一整套比较成熟的设备与软件，包括计算机、服务器、交换器、路由器、音响设备、学生终端、摄像头、专业的外语语言训练软硬件等，为学生创造了非常好的专业外语学习环境，在此基础上利用语音识别技术，搭建起一套外语实验室课堂语音转写系统，有助于提高学生的学习效率，为学生创造开放式的个性化学习环境，培养学生的自主学习能力。

语音识别大体上包含前端处理、特征提取、模型训练、解码四个模块（见图1）。前端处理包括语音转码、高通滤波、端点检测等。其中，

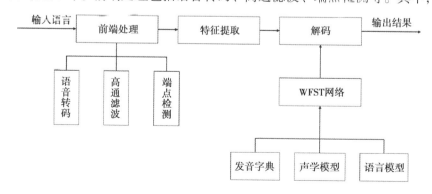

图1　语音识别过程图

语音转码是将输入的语音数据转成 pcm 或者 wav 格式的语音，端点检测是检测转码后语音中的有效语音，这样在解码速度和识别率上都会有所改善。经过前端处理之后得到的分段语音数据送入特征提取模块进行声学特征提取。解码模块对提取的特征数据进行解码，解码过程中利用发音字典、声学模型、语言模型等信息构建 WFST 网络，在网络内寻找匹配概率最大的最优路径，便得到最优的识别结果（于俊婷，2014）。

语音转写（Long Form Automatic Speech Recognition）基于深度全序列卷积神经网络语音识别框架（Deep Fully Convolutional Neural Network，简称 DFCNN），针对语音的长时相关性进行语言建模，将音频数据转换成文本数据，可以让信息传递更高效，为后续的数据检索和数据挖掘提供基础。按照音频传输形式分为两种：已录制音频（recorded audio），即将已经录制好的完整音频文件传输至云端的转写后台，转写完毕之后输出音频对应的完整文字结果；实时音频流（real-time streaming），即在采集音频的同时连续上传音频流至云端，云端实时返回文字结果，可以实现文字和声音的同步展现。语音转写系统原理如图 2 所示。

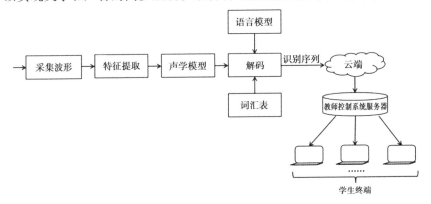

图 2　语音转写系统原理框图

语音转写流程大概包括以下几个步骤：

（1）输入语音信号，经过降噪、端点检测、特征提取，这些部分可作为前端处理模块；

（2）经过前端处理得到特征，进入识别过程；识别过程中用到了两个模型，一是声学模型，二是语言模型；

（3）结合声学模型、语言模型，在解码器中进行识别解码，得到相应的识别结果；

（4）识别结果经过文本处理相关操作，最终得到识别结果。（禹琳琳，2013）

本系统成果所涉及的对象有大学外语和专业外语师生，包含大学英语、视听、语音、影视、口译等课程。当本系统运用在口译、同声传译、语音等课程教学中时，能够提高课堂内外的互动，快速提升学生的学习效率。平台所有的资源由外语语言训练中心统一管理，帮助外语语言实验室的课堂实现智慧教学的语音转写功能。

4　语音转写系统在外语教学中的成效

本文的主要目标是研究基于外语语音实验室的课堂语音转写系统，可服务于四川大学外语专业的本科生和研究生的外语学习，基于语音识别技术，以教师课堂讲授的语音内容为主要研究对象，运用语音信号处理和模式识别让机器自动识别和理解人类口述的语言，最后转换成中文或外文的文本。实验平台的构建主要在已经成熟的语音实验室的基础上外接语音识别等设备，然后利用云技术等技术手段，通过录音设备等采集声音的装置将识别出来的语音保存下来，语音信息保存完成后，语音识别系统会自动把音频文件上传到云端，或者通过教师机将转写的外语文本和中文文本传送到学生机终端，然后学生可以对其生成的文本进行学习与利用。实验室平台架构如图3所示，系统的整体框架如图4所示。

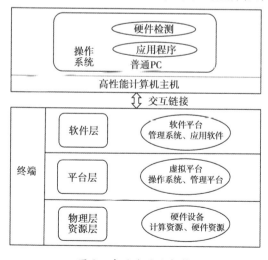

图 3　实验室平台架构

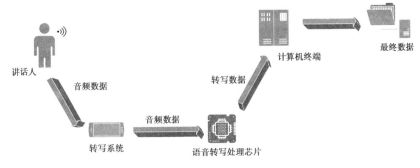

图 4　系统的整体框架图

　　本文依托四川大学外语语言实验室的"十四五"规划，改进的实验室为四川大学江安校区的外语语音实验室，将语音识别技术引入外语学习的课堂，可以帮助学生课上课下的学习与巩固，提高了学生外语学习的效率与课堂教学质量，能够提取课堂重要的信息，实现声音和文本与中英文的高效切换，同时可以达到监测课堂教学的目的，完善教学体系，加强课堂内外的互动，提升课堂的智能化水平；语音转写系统丰富了我校外语课堂教学内容，对学生的外语学习有非常重要的促进作用。

结　语

　　在未来的外语学科发展道路中，可以在数据科学与语料库研究、语言科学与人工智能、创建"外语+"特色智库等交叉领域探索外语人才培养新路径。我们要紧跟时代科技发展的步伐，响应国家对语言学科发展的号召，将语音识别等人工智能技术引入外语学习课堂，有助于持续探索学科转型发展的"新文科"之路，坚持"外语+"交叉融合导向，突破学科壁垒，增强与其他学科的交叉、融合，发挥外语语言学科专业优势，支持其他学科的人才培养、学术研究和国际化建设，提升外语人才的学科融通、通识学习能力，提升外语学科国际传播和国际话语体系建设能力（张杰，2020）。外语实验室语音转写系统的搭建方案为今后外语语音实验室的发展提供参考与新思路。

参考文献

甘容辉，何高大，2021. 5G 时代外语智慧教学路径探索［J］. 外语电化教学（2）.

工业和信息化部. 工业和信息化部批复组建国家 5G 中高频器件创新中心等 4 家国家制造业创新中心［EB/OL］.（2021-11-09）［2022-09-08］. https：//www. miit. gov. cn/jgsj/kjs/jscx/art/2021/art＿79ddbb56e8e94a25b58f72e1499eef02. html.

胡开宝，王晓莉，2021. 语言智能视域下外语教育的发展——问题与路径［J］. 中国外语（6）.

刘学谦，钟瑾毅，蒋玉峰，2022. 云端智慧教育的探索与研究［J］. 中国新通信（13）.

肖安帅，樊国华，崔泽坤，等，2020. 语音识别相关技术研究［J］. 信息与电脑（理论版）（16）.

于俊婷，刘伍颖，易绵竹，等，2014. 国内语音识别研究综述［J］. 计算机光盘软件与应用（10）.

于姗姗，张航，2022. 我国外语智慧教育研究的进展与趋势——基于 Cite Space 的可视化分析［J］. 天津大学学报（社会科学版）（6）.

禹琳琳，2013. 语音识别技术及应用综述［J］. 现代电子技术（13）.

张杰，2020. 探索新时代外语学科发展新路径［EB/OL］.（2020-01-15）［2022-09-08］. http：//www. cssn. cn/skgz/bwyc/202208/t20220803＿5456398. shtml.

钟富强，2021. 智慧外语教学改革的路径与系统构建研究［J］. 外语电化教学（1）.

试论改进"双一流"建设背景下的
高校教育职员激励机制的途径

张菲菲

四川大学外国语学院

摘要： 高校教育职员制度改革旨在提升行政管理人员整体素质。本文从主要的激励理论出发，关注高校教育职员激励现状和问题，提出改进高校教育职员激励机制的途径。

关键词： 高校教育职员；激励；激励机制

1 推进高校教育职员制度改革的背景

党的二十大报告强调，教育、科技、人才是全面建设社会主义现代化国家的基础性、战略性支撑，要"深入实施科教兴国战略、人才强国战略、创新驱动发展战略""加快建设教育强国、科技强国、人才强国"。推进"双一流"建设是党中央、国务院的重大战略部署，对于提升我国高校建设水平，发挥高校在人才培养、科学研究中的战略高地作用具有十分重要的意义。

高校行政管理人员作为教学、科研人员以外的群体，是保障高校日常教育活动顺利开展的重要人员，是助力教学科研、人才培养、社会服务等的重要力量，在"双一流"建设背景下更将成为高校学科建设、科学研究、人才培养、社会服务等中心工作的具体组织者和实施者。行政管理人员整体素质和效能更是高校内部治理水平的直接体现，因此建设一支德才兼备，懂教育、善管理，工作效率和工作效果良好，结构合理且相对稳定的管理人员队伍对高校推进"双一流"建设具有十分重要的意义。

1998 年出台的《中华人民共和国高等教育法》提出，"高等学校的管理人员，实行教育职员制度"。1999 年，教育部根据《中华人民共和国教育法》《中华人民共和国高等教育法》等制定了《高等学校职员制度暂行规定（征求意见稿）》（简称《规定（征求意见稿）》），2000年中共中央组织部、人事部、教育部联合出台的《关于深化高等学校人事制度改革的实施意见》提出"先在部分高等学校进行试点，在取得经验、完善办法后逐步推开"的工作要求。同年，教育部选取武汉大学、华中科技大学、华中师范大学、厦门大学、东北师范大学五所高校，组织开展高校职员制的试点工作，2003年中国农业大学加入试点行列。2004年在首批试点基础上共同推进新一轮试点。之后全国高校开始逐步推进职员制的试点和探索工作。

2 激励理论对高校教育职员激励机制建立和完善的指导意义

2.1 激励机制的内涵

高校开展职员制改革，建立健全与社会主义市场经济体制相配套的高校人事管理制度，其核心目的是提升行政管理效率，力求造就一支高效的高校管理人员队伍。因此，健全高校教育职员制度激励机制，解决管理职能缺位、管理权限越位的问题，提升行政管理人员的工作动机水平，为师生提供更加优质的管理与服务是教育职员制施行的应有之义。

"激励"翻译为英文一般为"motivate"或者"motivation"，前面的词根mot-表示"移动，运动"。"激励"，在中文中常解释为"激发、勉励，使振作"。从词语的中英文解释不难看出，给刺激，导致行为的发生是"激励"的核心要义。激励机制是组织通过制度设计，以有效的方式激发或诱导个体，使个体进入高动机状态为组织目标的实现产生有效的行动。

学者对"激励"内涵不同角度的解读，也是激励理论不断发展完善，激励机制在具体的管理活动中有效运动的证明。M. R. 琼斯（M. R. Jones）提出，激励涉及行为是怎样发端，怎样被赋予活力而激发，怎样延续，怎样导向，怎样终止，以及在所有一切进行过程中，该有机体呈现出何种主观反应。坎波尔和普利特查德解释，激励必须研究一组自变量和因变量之间的关系，这种关系在（人的）智力、技能和对任务的理解以及环境中的各种制约条件都保持恒定不变的条件下，能说明一个人行为的方向、幅度与持续性。美国管理学家贝雷尔森（Berelson）

和斯坦尼尔（Steiner）指出，一切内心要争取的条件、希望、愿望、动力等都构成了对人的激励，它是人类活动的一种内心状态。中国学者徐永森、戴尚理在《激励原理与方法》一书中提出，激励分狭义和广义两种，狭义的激励就是激发、鼓励之义；广义的激励则是指运用各种有效手段激发人的热情，启动人的积极性、主动性，发挥人的创造。

不难看出，有效的激励机制是组织通过设计适当的外部奖酬形式和环境，利用行为规范和惩罚性措施等，激发、引导、保持个体的行为，以有效地实现组织的目标。

2.2 主要的激励理论

2.2.1 内容型激励理论

内容型激励理论是从激励机制的主体，即从可以被激励的人的需要出发，试图分析能够引起、维持并指导个体行为朝着组织目标的方向作用的内在因素。亚伯拉罕·马斯洛（Abraham Maslow）的需要层次理论（Hierarchy of Needs Theory）认为人类有五个层次的需要，这五个层次由低到高排列依次为生理需要、安全需要、情感需要、尊重需要、自我实现需要。马斯洛把这五种需要分为高层次的和低层次的，生理需要和安全需要是较低层次的需要，社会需要、尊重需要和自我实现需要是较高层次的需要。一般来说，某一层次的需要相对满足了，就会向高一层次发展，追求更高一层次的需要就成为驱使行为的动力。乔治·梅奥（George Myao）的人际关系理论、克雷顿·埃尔德弗（Clayton Alderfer）的 ERG 理论、弗里德里克·赫茨伯格（Frederick Herzberg）的双因素理论，以及大卫·C. 麦克利兰（David C. McClelland）的成就需要理论等都进一步分析和阐释了作为主体的人因为重要需求的满足而带来的激励和动力。

2.2.2 过程型激励理论

过程型激励理论是从激励的起点个体未被满足的需要到实现满足的过程来研究人的行为如何产生、引导和维持，最终使作为主体的人的需要被满足的过程与组织目标的实现形成动态的平衡（窦胜功、张兰霞、卢纪华，2012）。代表性的理论有维克托·H. 弗洛姆（Victor H. Vroom）提出的期望理论、埃德温·洛克（Edwin Locke）的目标理论和博尔赫斯·斯金纳（Burrhus Skinner）的强化理论。

弗洛姆认为，激励人的关键是了解个人目标和努力与绩效、绩效与奖励、奖励与个人目标的实现之间的关系，期望理论可用下列公式表示：激励＝效价＊期望。效价是指个人对其所从事的工作或所要达到的目标的估价。

2.2.3 状态型激励理论

状态型激励理论主要关注激励过程结束后是否公平、被激励的个人是否感受到挫折，以及由此产生对人行为的影响，以便组织采取更加有效的措施消除不公平或挫折对人的行为的负面影响。状态型激励理论主要包括约翰·亚当斯（John Adams）的公平理论，约翰·多拉德（John Dollard）和乔治·米勒（George Miller）提出的挫折—攻击理论。公平理论认为个人在工作中会把自己的投入产出与其他人的投入产出比较；个人不仅关心自己经努力所获得报酬的绝对数量，也关心自己报酬与其他人报酬的关系；如果个人感到不公平，就会采取措施进行改变。

2.3 激励理论对改进教育职员制度激励机制的启示

激励理论的研究对象和关注重点各有不同，它们相互交叉，不断补充和拓展，从而对实际的管理工作有了更大的指导意义，本文从三个要素来讨论激励理论对改进教育职员制度激励机制的启示。

一是激励机制的主体即可以被激励的人。内容型激励理论认为人的需求被满足是激励机制运作的触发条件，马斯洛认为实现自我实现的需要、发挥个人的潜能是人的最高层次的需要，因此组织能帮助个体自我实现，对个体具有很强的驱动力。梅奥的研究则提示工作环境能提供宽松友好的人际关系互动模式，会让员工更有归属感和获得感，从而激发工作的积极性（转引自窦胖功、张兰霞、卢纪华，2012）。

二是激励机制运行的过程，由于主体被激励的动机的强弱或积极性的高低不是一成不变的，因此设置合理的、发展的、可持续的目标有利于激励组织中的个体朝目标努力。斯金纳在其强化理论中则具体地将获得晋升、安排挑战性的工作、给予学习机会和成长机会归为正强化的有效方法，以此来影响员工的行为，产生激励效果（转引自顾智敏、阮来民，2012）。

三是激励后的个体的行为和激励机制的持续性。公平理论和挫折—攻击理论关注激励机制中的负面影响，如不公平的竞争、不公正的待遇、员工个人的挫折等，这些问题的存在影响了员工的积极性。降低负面因素的影响，对激励机制的良好运行具有重要作用，一方面，组织的制度设计和制度执行要努力做到公平、公正；另一方面，通过营造宽松的工作氛围，提高组织中个体的挫折容忍力。

3 高校教育职员激励机制的不足和改进思路

3.1 高校教育职员激励现状和不足

3.1.1 高校对行政工作重视不足，对教育职员的培养重视不足

高校的重要职能是人才培养和科学研究，高校的核心竞争力主要是人才培养质量和科学研究成果，这就使教学和科研人员成为高校教职工群体的重要组成部分。"重教学科研人员、轻行政管理人员""教学科研都干不了的可以转岗做行政管理"这样的观念在高校中存在，这些激励机制中的"负面因素"，使得教育职员被尊重和自我实现的需求难以得到满足，行政工作的价值难以得到认可，在工资福利、晋升机会、评奖评优等方面也有"滞后感"和"落差感"。这些"不公平"和个人的"挫折"，都影响了高校职员激励机制的效用。

推行高校职员制改革的意义之一在于实现高校行政工作专业化。现在高校行政管理人员大多非管理专业毕业，虽然近年来高校行政管理人员的学历层次不断提升，甚至有高校新进行政管理人员要求具备博士学位，但是招聘要求一般都不设专业限制，因此高校行政管理人员中相当大一部分没有接受过系统的管理专业的训练，缺乏现代科学管理知识、理念和技能，对高校工作的基本规律、要求、工作特点等缺乏全面认识。而高校对于行政管理人员培训重视不足，没有形成完善的体系，也是造成高校教育职员专业化程度不足的重要原因。

3.1.2 非领导岗位高校教育职员晋升困难

在现行的高校教育制度设计上，职员职级都与已有的行政级别一一对应，没有形成完全脱钩的单独管理晋升体系。《规定（征求意见稿）》明确规定"高级职员需要具体能指导中、初级职员工作的能力"，这在一定程度上印证了高级职员大多是领导岗位的人员。因此，一些专业能力出色，岗位胜任力强，但是不具备成为领导的素质和能力的行政管理人员在这一制度中发展的内在动机受到了影响。晋升这一激

励过程中重要的环节和有效的手段，因给予高校教育职员成长的机会有限，对部分高校教育职员失效，这一制度导向同时也与行政人员专业化这一高校教育职员制度改革的目标背道而驰。

3.2 高校教育职员激励机制改进思路

3.2.1 重视高校行政管理人员群体，加大培养力度

随着高校教育职员群体整体学历层次和综合素质的提升，他们的成就需要更为强烈，更加看重是否得到尊重和自我实现。高校教育职员对岗位胜利力的提升和对工作成效被认可有着更加强烈的需求。因此，高校应该加强对教育职员的培养力度，建立和完善培训制度，鼓励教育职员进修、学习，从而更新知识、提升工作技能，使他们能够在面对新形势、新问题时善于思考，解决问题。此外，创造一种重视行政管理工作、尊重行政管理人员的环境，也是提高教育职员工作主动性、积极性的重要方面。

3.2.2 拓宽晋升渠道，鼓励教育职员专业化发展

除了将教育职员职级晋升对应行政职务，还应该完善非领导职务的职员晋升机制；适当增加中高级职员岗位，以满足教育职员晋升级别的激励需要；探索有别于专业技术职务竞争机制的晋升方式，保证爱岗敬业、工作成效好的大多数职员都可以晋升，从而保持长期的持续性激励。

此外，还应鼓励行政管理人员专业技术职务晋升和职员晋升机制互通，有效拓宽行政管理人员的晋升空间，强化激励机制的效果，提升高校行政管理人员专业化水平。

参考文献

窦胜功，张兰霞，卢纪华，2012. 组织行为学教程 ［M］. 3 版. 北京：清华大学出版社.

顾智敏，阮来民，2012. 管理学基础 ［M］. 2 版. 上海：立信会计出版社.

胡旸，2021. 我国高校职员制的改革发展探讨 ［J］. 环渤海经济瞭望（5）.

于海琴，陈建文，2008. 高校教育职员绩效管理存在的问题与出路 ［J］. 煤炭高等教育（3）.

基于信息化的外语实验室管理创新机制探究

赵旖旎　崔弘扬　曾　玮　张玉竹

四川大学外国语学院

摘要：本文以外语实验室建设为背景，分析外语实验室管理现状与存在问题，并从提高管理效率、提高教学质量、提高个性化服务水平的角度出发，提出外语实验室信息化管理模式的实施方案，探索一种基于信息化实施实践教学以提高教育质量和以培养创新能力为目标、充分体现办学特色的外语实验室管理创新模式。

关键词：外语实验室；信息化；管理创新

现代科学技术的发展加快了社会经济发展的步伐，特别是信息技术科学研究的迅猛发展，在当今社会发挥着不可替代的作用。外语实验室是高校外语教学的重要基础和平台，也是外语专业人才培养水平和能力的重要体现。当前信息技术的迅猛发展不仅为实验室管理提供了有利条件，同时也带来了新的挑战。实验室的教学、管理、维护和仪器设备的使用，极大地实现了实验室的价值，提高了实验室的利用率，如何正确运用信息技术高效管理实验室已成为高校不可忽视的问题（刘自庆，2019）。

随着时代的发展，教育形式的改变，培养目标的变革，学校实验室的作用定位、职能的变更、功能的转换等，高校实验室现行的制度形式、管理方式和服务方式存在着许多局限与不足。如何在新的形势下创新外语实验室管理机制，提高实验室运行效率；如何更好地利用信息技术提高外语实验室管理水平，改进实验室服务质量；如何提高实验室资源开放与共享都对实验室建设和管理提出新的挑战（姜丽，2018），信息化是解决这一系列问题的有效途径。实验室管理信息化是突破传统实验室管理理念和手段的有效途径（杨宇科，2012），能够有力地提高实验室的管理水平，充分发挥实验室效能。外语实验室管理信息化是高校外语特色学科建设和推进人才培养模式改革、培养高素质应用型外语人才和提高教学质量的必然要求。本文针对外语实验室管理中存在的问题与不足进行分析，探讨如何基于信息化提高实验室管理水平，以适应新形势的需要。

1　外语实验室管理现状分析

外语实验室是高校开展教学实践的重要场所，它既是培养学生的创造力，又是合理分配和管理实验教学资源的重要途径。在信息化时代，外语实验室管理机制的创新与发展变得极其重要。通过调研发现，目前高校外语实验室在管理上仍存在许多问题和挑战，具体表现在以下几个方面。

一是实验室设备管理缺乏有效协调机制。在教学实验方面，大多数高校在外语教学活动中缺少先进设备和仪器的支持，实验室仪器设备设施使用制度不够完善，学生存在对实验设备使用认识不足、专业能力有限等问题，且部分实验设备与仪器设备之间缺乏有效组织协调机制，导致仪器设备被闲置甚至部分损坏，造成仪器设备大量闲置和浪费，缺乏科学合理的大型仪器设备开放共享制度。

二是实验室运行管理机制不够健全。在实验室运行管理方面，主要表现为实验室专项经费不足、实验室管理人员队伍建设不完善、设备管理和使用不够规范和严格、仪器设备不定期维护、管理制度不够健全。部分高校外语实验室配备了大量电子仪器设备，软件功能单一且更新较慢，导致其性能达不到教学要求。

三是安全保障机制和应急处理措施不够完善。实验室内缺乏有效合理的安全保障机制和应急机制，安全防范措施落实不到位，特别是应急预案编制不够科学合理，未能有效发挥应急救援的作用。师生安全意识较为淡薄，且实验室缺少安全技能方面的专项培训，在面对突发事件时的应急处理能力有待加强。

　　四是信息化应用水平及服务水平有待提高。目前较多高校外语实验室主要是以纸质文件记录为主要形式，无法对实验室内各种信息进行实时查询，且难以得到及时有效的反馈。部分高校研发使用实验室信息管理系统，但仍然存在功能不完善、更新速度慢、应用方式单一、系统便携性差、数据共享率低等问题，导致实验教学效率低下和资源浪费。

2　基于信息化管理外语实验室的优势

　　随着信息时代和社会的发展，以提高管理水准和服务水平为关键目标，以"信息化管理"为手段开展工作，将成为外语实验室管理创新、特色发展必须面对的新课题。基于信息化管理外语实验室的意义主要表现在以下几个方面。

　　一是基于信息化管理，可使外语实验室更加透明、规范、高效，提升实验教学效果和质量，使教师和学生更加轻松地掌握每一个实验的过程和实验结果。通过信息化管理手段可实现对实验室各资源和设备、资金运作情况的实时监控，在一定程度上降低外语实验室的运行成本，使教育经费的管理更加规范、合理。

　　二是基于信息化管理，有效地解决以往存在的安全隐患及管理中出现的各种问题和挑战，使实验教学标准化、系统化，从而有力推动外语实验室管理的科学化、规范化和制度化。实验室管理的实现程度直接关系到外语教学质量。信息化手段的应用能使管理工作更加有效地进行，有效地缩短管理与服务的距离，使管理创新机制有效地解决在外语实验室建设和管理过程中所面临的难题。

　　三是基于信息化管理，使外语实验室能够全面整合实验室资源，共享优质教育资源，实现实验教学与科技创新融合发展。利用现代化的信息技术为课堂教学服务，全面提高学生学习质量。

3　基于信息化的外语实验室管理创新机制的构建

　　将信息化技术与实验室管理相结合，是当下科技进步、信息化时代发展对实验室管理提出的新要求（马宪敏，2019），同时也是实验室管理发展的必然趋势。为了提高高校实验室管理与服务效果，进一步推进实验室管理模式的革新，制定有效的管理策略，加快实验室信息化发展步伐，构建基于信息化的外语实验室管理创新机制主要聚焦以下三个方面。

3.1 以信息化为基础，完善外语实验室建设

3.1.1 完善实验室管理制度体系

以信息技术为基础，有效完善实验室管理制度体系。首先从外语实验室章程着手，明确规定使用实验室人员的基本职责、工作内容和流程，使各相关人员能够对实验进行规范操作，使管理人员能够在实验过程中得到有效的监督，切实保障实验课程的顺利进行。其次是建立健全科学合理、有效可行的仪器设备设施使用制度，提高运行效率。再者是加强实验室管理人员的实时信息数据采集和报送工作。基于信息化利用物联网终端、手机移动端等先进设备完成实验室使用信息及实验记录自动收集统计处理与上报工作。通过多维度、全方位的管理制度，构建完善的外语实验室管理制度体系，以网络化手段实现管理和服务方式的优化，从而提高外语教学质量。

3.1.2 建立实验室网络安全体系

加强实验室安全管理是保障高校实验室工作顺利进行的前提和基础，建立健全实验室网络安全体系主要通过建立健全各项安全制度、建立实验室安全工作小组、制定安全工作计划及应急预案、建立外语实验室应急值班制度及重大事故应急处理预案和处置机制、建设实验室网络安全系统、制定网络安全防范措施、基于信息技术配置完善的网络设备如监控中心和报警系统、配置消防安防设备设施及各功能间的控制电路等方式，切实保障实验室安全。

3.1.3 优化实验室设施设备，实现网络化管理

基于外语实验室的功能定位，通过信息化手段对现有外语实验室进行合理布局和升级改造，重视实验设备的选型和配置问题，优化实验室软件硬件设备设施，科学制定规划并部署实施，使设备设施能够适应外国语学院各项教学任务的开展及师生科研需求，加强实验室先进优质资源配置，利用先进软件开发技术、智能卡技术、物联网技术、大数据与云计算技术等促进网络化管理并加速外语实验教学一体化进程。同时充

分发挥实验室"学用结合"的功能作用，建立多层次、多模式的实践教学体系模型，使之能够在外语实验教学中得到充分体现。

3.2 以信息化为依托，构建现代化外语实验室管理体系

建立科学、完善的现代化管理体系能够为外语实验室的实验教学工作提供坚实后盾保障。构建现代化外语实验室管理体系主要以信息化为依托，利用网络平台动态管理实验环境及实验资源，包括资源整合、资源分配、资源共享和在线开放课程资源等，打造集成多种功能的信息化一体化平台，保证教师对实验教学的全过程管理、参与和监督，进而提高实验效率，形成有效的外语实验室管理机制。

现代化外语实验室管理体系通过建立外语实验公共数据平台，对人才培养过程实施动态监测与方法分析，从而实现实验教学与过程监督有机结合、规范运行，有效保障课堂教学效果和学生学习质量。通过集成大型仪器资源共享平台，有利于信息化的实施，实现仪器统一放置和管理，仪器信息管理、预约使用、数据采集等全流程规范管理更加严格，通过对相关的科研课题数据、仪器应用数据等进行采集并进行存储，以实现不同机构或实验室之间在仪器数据共享与分析处理方面更好的沟通，促进外语实验室资源共享，大大提高大型仪器的使用效率。通过建立外语实验室智能管理系统，以网络化手段优化外语实验室管理体系和个性化服务方式，实现实验室预约、实验室使用信息记录、实验室仪器设备报修、实验室团队管理等功能于一体，通过数字化形式在网络平台上对实验室数据信息加以共享、整理、归纳和统计，从根本上提升实验室效益和管理水平。通过集成实验室智慧监控系统，实现对仪器设备日常运行状态监测与故障分析、实验室环境全方位监测等功能，切实保障外语实验室的安全运行，实现对外语实验室管理过程及运行过程的全方位监控及智能化管理。

3.3 以信息技术为手段，创新实验室运行模式

外语实验室作为专业特色建设的重要载体，其运行模式应与时俱进，建立高效、灵活、开放、共享、可持续的运行机制，以信息技术为手段，以智能、开放、共享为核心目标，在完成年度教学计划内实验教学任务的前提下，充分利用现有的实验教学资源、实验室场所、虚拟仿真实验仪器设备、智能化虚拟仿真实验系统、实验室设施等资源（Ma， et. al，2020），以各种形式面向校内外开放，除开放实验室硬件设备设施，还可以共享外语实验室软件资源，以增加实验教学资源的效益，通过互联网在线预约的形式，形成规范而有效的开放共享运行模式，在运行中不断体现个性化服务理念，实现资源共享。

结　语

本文旨在为外语实验室的运行与管理提供创新发展策略，基于外语实验室特色建设与发展现状，针对目前外语实验室服务与管理方面的问题，提出了基于信息化的管理创新方式，并针对高校目前外语实验室的服务与管理现状提出具体对策。基于信息化的外语实验室管理创新模式不仅有助于优化实验资源，提高实验教学质量，而且有助于创新教学方法，探索教学改革、创新管理机制和优化资源配置。因此，利用信息技术实施外语实验室管理改革是推进外语专业特色发展和推进人才培养模式改革的重要途径。以信息技术为依托，完善外语实验教学模式，建立高效、灵活、开放、可持续的运行机制，培养学生创新精神和实践能力，力求通过信息技术创新管理模式发挥外语专业实验室服务效能，为师生提供个性化服务。

参考文献

姜丽，宋建华，2018. 高校实验室信息化体系的建设研究 ［J］. 实验技术与管理（1）.

刘自庆，2019. 信息化背景下高校实验室管理浅议 ［J］. 合作经济与科技（12）.

马宪敏，苍圣，2019. 人工智能技术在高校实验室管理系统中的应用研究 ［J］. 中国新通信（6）.

杨宇科，杨开明，2012. 加强高校实验室建设与管理的思考 ［J］. 实验技术与管理（10）.

MA Z，TANG L，TANG X，et. al，2020. Research on the Management Mode of Information Laboratory ［C］//IEEE Computer Society. 2020 5th International Conference on Electromechanical Control Technology and Transportation. Danvers：The Institute of Electrical and Electronics Engineers，Inc.

外语语言实验室系统封装探索与实践

崔弘扬　廖　强　宋兆东　赵旖旎

四川大学外国语学院

摘要：外语语言实验室是外语实验教学的场所，是促进外语教学改革的重要根据地。本文主要围绕外语语言实验室管理，语言实验系统部署、封装等实践展开，介绍了在虚拟机环境下，通过系统封装软件，完成适用于外语语言实验室的个性化、易操作、易维护的封装操作系统。在实践中，分析系统封装在实验室管理中的优势和劣势，为进一步合理优化实验室管理提供实践依据。

关键词：语言实验室；实验室管理；系统封装

外语语言实验室是外语实验教学的场所，是将现代教育技术与外语教学充分结合，实现外语语言训练的重要阵地，是促进外语教学改革的重要根据地。早期语言实验室由教师机和语言终端及周边设备组成，随着信息技术日益发展，语言实验室系统突飞猛进，更多的教育技术应用在外语教学中，语言终端更加多样化，计算机终端、云终端等形式越来越多。终端的日益复杂化、多样化也使实验室管理、维护的难度与日俱增。

目前语言实验室系统，尤其是教师机多以计算机主机为重要硬件，众所周知，计算机系统安装需要耗费比较长的时间，而且新系统还要部署和安装驱动常用的应用软件，耗时更长。如果可以封装一套适用于外语实验室的系统，将大大提高实验室管理、维护的效率。

1 为什么要封装系统？

1.1 什么是系统封装？

常用的系统安装，分为原版系统 Setup 程序安装、系统镜像还原和系统封装文件安装。原版系统 Setup 程序安装耗时较长，需要部署配置的参数较多，过程烦琐，因此使用很少。用户使用较多的是系统镜像还原方式，即将一个完整的系统以拷贝的形式打包，然后用粘贴的形式安装在另外一个系统盘上。但受计算机硬件环境影响，在大规模应用时有局限，有一定的故障率（刘波、蒋波，2015）。系统封装，是将系统处于准备状态，可以提前将需要安装的系统补丁及常用软件一起封装，安装系统的时候就可以随着系统部署一起安装，与正常 Setup 程序安装相比，省时高效，减少重复劳动，方便实验室、计算机机房、网络教室等场所的管理（陶长俊，2017）。

外语语言实验室类型较多，有基于网络的语言终端型教室，也有基于硬件的终端型教室，更有基于服务器的云端教室。由于外语语言实验室建设投入经费较大，外语实验室面向的师生量大面广，实验室的改造只能分批进行，导致教师机主机机型既有 2004 年左右的计算机，也有 2021 年新购置的较新的计算机，差异性较大，操作系统也从 Windows 2000 Sever，到 Windows 7、Windows 10 各有不同，因此想要使用当下流行的 VDI、VOI、IDV 等虚拟化技术有很大的瓶颈，因此，本文主要介绍运用系统封装的方式部署适合当前外语语言实验室的系统。

1.2 封装系统与备份还原系统镜像有何不同？

传统的备份还原系统镜像是将磁盘分区、系统分区及系统安装的驱动等完整地做一个映像，如常见的 Ghost 文件，当使用系统出现故障或问题时，快速重置到映像状态，重置后还需要对系统、软件进行相应的更新（谭雄飞，2022）。由于备份系统镜像是记录了硬件信息的，所以蓝屏率和异常率也较高。

封装系统与备份还原系统镜像不同，封装系统是纯数据备份，不记录任何硬件信息，可多次叠加备份，增量备份。封装的系统是准备状态，而不是使用状态，安装时可以自主选择系统版本，如选择安装

Windows 10 专业版、企业版、家庭版还是教育版，在安装的同时依据目标计算机的硬件配置匹配驱动和注册表信息，部署成可使用的计算机系统，系统稳定性、健壮性更佳（孙雷、张郑玉成，2020）。

1.3 为什么要在虚拟机里封装系统？

虚拟机（Virtual Machine）是相对于物理机而言，在物理机上隔离一个环境通过软件模拟一个完整硬件系统功能的计算机系统。测试程序、软件、系统时经常在虚拟机中运行，可实现快速部署配置和运行，且不在物理机中留下痕迹，不会影响物理机性能。封装系统不记录硬件信息，在虚拟机封装可以保证主机快速运行，与物理机中的应用程序不相冲突，同时可以拥有主机用户管理员权限，进行个性化配置，部署各种应用，自由安装程序。

2 如何封装外语实验室系统？

封装外语实验室系统，首先要明确外语实验室硬件基础和网络架构，其次明确管理员和用户的权限及需求。在分级分类管理的基础上，指定源机器，安装虚拟机和封装系统，进行个性化参数设置，确定目标机器，部署目标机器，完成安装及部署，测试应用（陈泽恩，2021）。系统封装流程如图 1 所示。

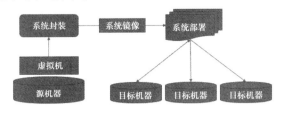

图 1　系统封装流程图

2.1 准备阶段

准备最新的 Windows 10 原版系统，通过查找文献和检索网络资源的方式，比较各类系统封装方案，确定最佳封装方案。

准备好一台性能完好的计算机和 Windows 10 原版系统及系统补丁，虚拟机安装包，封装软件工具，多语种输入法（如英文音标、俄语、日语、法语、西班牙语、波兰语等）安装包，多种常用办公软件、教学软件、解压软件、影音软件、通信工具软件、安全软件等安装包。对常用办公软件、影音软件、安全软件进行性能比较，精选出好用的软件。

2.2 系统部署与封装

文中选择在虚拟机上进行系统的封装，首先在源计算机上安装虚拟机软件，文中采用的是 VMware WorkStation Pro 17 并创建虚拟机 Windows 10 64bit 系统，部署虚拟机环境参数。可以快速地在虚拟机中搭建一个纯净的操作系统（张鹏高、杨清贵、沈立强，2012）。部署信息如图 2 所示。

图 2　虚拟机部署信息图

将准备的原版系统进行封装调试，部署相关参数，运用软媒魔方、Dism++等软件部署系统设置，逐一安装精选好的常用办公软件、教学软件、解压软件、影音软件、通信工具软件、安全软件等系统必备软件。尤其是外语语言实验室专用的小软件，如英语音标输入法 GWIPA.ttf 等。且需要在系统设置中将常用的小语种输入法安装在系统中，如日语、俄语、西班牙语等。

最后使用 SysPrepCeo 封装软件完成系统的封装，可选择封装成 wim 或 iso 文件，文中封装文件命名为 cn_windows_10_x64.iso。

2.3 系统安装与调试

将制作好的封装系统镜像文件存储在移动磁盘如 U 盘等介质上，方便移动操作，在移动磁盘上有已安装的多系统启动软件和 winPE 预安装系统。在目标机器上设置 BIOS 启动优先级，将 U 盘启动设置为优先，目标机器自动按照优先级进入 U 盘启动，选择系统镜像，开始安装部署。在多台目标机器上安装部署封装好的系统，并进行调试。修改封装方案，重新封装，直到达到满意的目标状态。

值得注意的是，由于外语实验室系统的多样性，教学软件需在部署好的目标机器上安装，而并不是封装在系统镜像中，这样也大大减小了系统镜像文件的体量，提高了工作效率，并且可以同时实现不同教学目标，包容实验室的差异性。

3 封装系统方式的利弊

3.1 系统封装的优点

3.1.1 方便易用，提高效率

计算机操作系统从原来的 Windows XP、Windows Vista、Windows 7、到现在主流的 Windows 10、Windows 11，每隔几年就有新一代的操作系统发行，每半年到一年就有重要的系统升级和更新。外语语言实验室计算机较多，安装、维护和部署系统非常耗费时间，通过封装定制化操作系统，可以对同类别的实验室计算机批量操作，封装好的系统镜像安装方便易操作，快速且稳定性好，能大大提高实验室维护效率。

3.1.2 更适用于机型多样复杂的环境

封装系统可以不考虑计算机的硬件型号，只需要硬件能达到系统的运行条件，就可以在计算机上完成安装，可以有效地降低异常率和蓝屏率，打破不同型号、品牌计算机之间的壁垒，实现跨机型安装。针对外语实验室目前计算机机型不同、原系统跨度较大的情况，封装系统可以打破瓶颈，只要是同一类教学需求的目标机器都可以采用同一个源机器编译的封装系统。

3.1.3 更有利于个性化的系统部署

在部署封装的系统时可以随时更改或替换系统补丁，常用办公软件、影音软件、安全软件等各类软件，这样更有利于添加外语所需的输入法（如英文音标、小语种语言包等）、教师专用的软件或临时提出

的教学需求等，创建个性化用户，打造定制化的外语实验室操作系统方案。封装系统易操作、扩展性强、安装快速，可以在短时间内实现个性化的系统安装。

3.2　缺点与不足

3.2.1　封装镜像文件较大

在封装系统时，随着系统软件的增多和系统部署参数的增加，写入系统注册表中的数据量也随之增多，导致镜像文件较大，尤其是在拷贝过程中会增加时间成本，降低效率。因此，系统个性化设置是否通用，是否需要在系统封装前部署在系统参数中，将直接影响系统封装和安装的效率高低（吴健、尹婷，2022）。

3.2.2　镜像升级后需重新部署系统

如果遇到系统升级或者系统更新补丁等，或者需要安装的软件较多，就需要重新在源机器上重新封装系统镜像，而目标机器上的系统都需要重新安装部署系统。在这点上，系统封装远远没有云桌面虚拟化智能，只能在机型差异较大、实验环境过于复杂的情况下，作为实验室系统管理的有效手段。

结　语

本文探索了在虚拟机环境下封装外语语言实验室专用操作系统镜像方式，在实践过程中梳理了日常工作中所需用到的各类软件，明确了实验室管理中的系统部署与设置，也通过封装系统部署系统的操作过程认识到了封装系统的优点和不足，接下来将继续探索更加有效的外语实验室系统管理模式，进一步提高管理效率。通过研究发现目前系统封装在一定程度上对于打造外语语言实验室个性化操作系统、进一步优化实验室管理具有非常积极的作用。

参考文献

陈泽恩，2021. 基于超融合架构的桌面云教学系统设计与实现［J］. 电脑知识与技术（33）.

刘波，蒋波，2015. 计算机操作系统封装 [J]. 科教导刊（15）.

孙雷，张郑玉成，2020. 云平台技术在高校机房管理中的应用 [J]. 教育教学论坛（4）.

谭雄飞，2022. 计算机机房分布式管理系统设计及应用 [J]. 软件（2）.

陶长俊，2017. 系统封装部署在医院系统运维中的运用 [J]. 电脑知识与技术（13）.

吴健，尹婷，2022. 高校计算机机房管理策略研究 [J]. 信息系统工程（7）.

张鹏高，杨清贵，沈立强，2012. 国家教育管理信息系统部署模式探讨 [J]. 中国教育信息化（高教职教版）（8）.

民国时期来华留学教育问题初探①

李建艳 姜 莉

四川大学历史文化学院

摘要：民国时期先后有二十多个国家的学子来华留学。在这一特殊的历史时期，来华留学的各国学生虽人数不多、规模不大，但他们不仅把中华文化传播到各地，成为中华文化交流的纽带，也为今日来华留学生教育的发展奠定了一定的历史基础。

关键词：来华留学生；民国时期；文化传播

民国时期来华留学生问题是中外关系史上特别是文化交流史上非常重要的事情。由于种种原因，史学界对此问题的研究较少。国内许多有关留学生教育史的著作，内容仅限于我国学生出国留学的相关事宜，而关于外国人来华学习的历史却几乎没有专门的研究。本文对民国时期来华留学生问题作初步研究。探讨的内容涉及留学生来华学习的历史背景、来华学生人数及国别的统计、来华留学生在华学习和生活的概况及来华留学生在中外关系史上的地位和作用。囿于学识短浅，难免挂一漏万，尚祈同仁不吝指教。

1 留学生来华的历史背景

明清之际，出现了中外文化的大交流。欧美许多国家都对当时的中国产生了极大的兴趣，尤其是对中国的瓷器、茶叶、丝绸、医药和建筑

① 本文系四川大学国际处课题"来华留学生红色文化教育"（2022GJYDYL-07）阶段性成果。

等方面。因此，许多传教士特别注意对中国的城市、商业、手工业进行研究，对中国的历史和文化进行研究，积极认真地学习汉文化。第一次鸦片战争后，中国出现"数千年来未有之变局"，但外国学生的来华留学行为亦未完全间断。而且随着世界格局的改变带来中外教育交流的变化，近代派遣学生来华留学的国家在既往的基础上不断增加。从来华留学生的国别分布变化可以粗略看到近代来华留学生教育的变迁轨迹。进入近代，直到中华民国成立，尽管中国传统教育已步入颓境，然而周边国家尤其是"东方儒学文化圈"中的各邦，仍怀着朝拜"天朝上国"的心境，延续派遣学生来华学习中华文化的传统（余子侠，王海凤，2021）。根据史料记载，晚清至民国时期来华留学学生国别逐渐增多，先后有二十余国的学生来华留学。在中国社会及学校教育处于历史转型的时期，来华留学生教育呈现出一定的时代特点。

2 晚清至北洋政府时期的来华留学教育简况

1909 年的《政治官报》和《吉林官报》记载了这样一则信息：

> 又奏拟准外国学生入经科大学肄业酌定简章片：再查各国大学除教授本国学生外，外国人有程度相合而愿入学肄业者，亦无不一体收取，诚以学问之道靡有穷尽，惟互相师法而后讨论益精，自臣部筹设分科大学以来，屡有外国人前来询问能否准其入学肄业，臣等窃维近日中国学生游学东西各国者甚多，今中国设立大学，而彼国亦愿来学，以往来施报言，固所以厚邦交，以知识交换言，亦所以广教育，臣等公同斟酌，经学一科为中国所独有，拟先就经科大学准外国人入学预由臣部酌定简章，以期妥洽至其余各科大学设立之初，恐难遽及东西各国之完备，外国人入学一节拟暂从缓议，谨附片具陈，是否有当，伏乞圣鉴训示，谨奏，宣统元年十一月二十九日奉。（佚名，1909）

这时期的晚清政府对于外国人来华留学还是处于犹豫状态，前述"又"字表明至少为第二次奏请此事，然而晚清政府亦是犹豫不决。多家报刊的报道表明时人较为关注。此事件余波持续至 1910 年，仍旧有不少报刊关注。其中《云南教育官报》和《安徽学务杂志》等四家报刊都有报道。

1909 年的《寰球中国学生报》刊登 "The Value of the Peking Examination of the Foreign Educated Students"（《外国留学生在北京大学考试的价值》）一文，探讨了东西方教育的差异及学习东方文化的价值，文末意犹未尽，希望引起更多时人共鸣，以强调东方文化的价值所在。此文吸引了更多外国留学生来华学习东方文化。

中华民国成立后，中央政府在短时期内制订了各项教育政策，其中虽然包括留学政策，但从出台的各种官方文件来看，基本上是关于国人出国留学的政策法令，直到 1916 年 9 月 19 日，北洋政府教育部颁布了《大学分科外国学生入学规程》（简称《规程》），对来华留学生入学资格与程序、科目选择、毕业、在校管理等方面进行了较为详细的说明，为大学招收来华留学生提供了制度规范。在入学资格与程序上，《规程》要求来华学生在学年开始前请其所在国公使函告我教育部，由教育部核验资格并在通过试验后方得入学，内容包括呈递学历书及所得之学业证书，作中文一篇或以中文译成其本国文、笔记一段中国讲义、以本国文试某门题一道或数道等。在科目选择上，《规程》允许外国学生自主选择大学学习科目、门数均由外国学生自主决定。在毕业规定方面，修业期满后，"外国学生全修分科某门应修科目，修业期满、试验及格者，得授以毕业证书；选修数科目者，给以各该科目之修业证书……领有毕业证书者，得与本国本科生一律称学士"，这标志着来华留学生学位制度的萌芽。在学生管理方面，外国学生须遵循大学一般规程和外国学生特别规程、缴纳学费和膳宿费，但"不愿膳宿者听"，自愿退学得出其所在国公使"函致本部证明"（舒新城，1981）。但该文件并未产生实际的成效。时人多有关注此事进展，有四家报刊报道了此事。

北洋政府虽对来华留学教育进行了较为详细的规划，但囿于政权纷争而无暇顾及教育，来华留学规划基本上被束之高阁（彭泽平，2022）。直至 20 世纪 20 年代，才有少数高校制订了实施方案。例如，1924 年北洋大学《外国留学生规程》规定：

外国人愿来本校留学者，须于本校招生时，用中英两国文字开具请愿书，说明国籍、住址、最近亲属或后见人之姓名、住址及本人在何处学校毕业，亲自报名并呈最近相片一张及最后毕业证书，听候核夺，俟核准后，随本国人同受入学试验。外国人受本校入学试验取录后，须由保证人书具保证书，证明该生实系品行端正，保其在校遵守一切规程，俟核准后，始得留校。外国留学生不得在本校寄宿，但情形特别者，得由本校随时酌量通融办理。外国留学生遵守本校一切规程，与本国学生无异。（王强，2014a）

1924 年 8 月 22 日，国立广东大学校长邹鲁签署并颁布了《国立广东大学规程》，其中第九条明确规定招收华侨及外国学生入学，"资格由校务会议别以规则定之"，当时有两家报刊对此进行了报道。说明当时政府逐渐开始重视华侨及外国学生的入学政策制定。

3　南京国民政府时期的来华留学教育简况

在北洋政府时期良好的来华留学教育政策引导下，南京国民政府时期来华留学生数量增多，国别日益增加。政策上，这一时期倾向于政府或者大学主动招生接纳，学生学习内容倾向于中国文化。例如，1928年土耳其学生赖毅夫来呈请中华民国大学院蔡院长给予通晓华文证书以便来华留学由：

> 学生籍隶土耳其共和国，曾受大学教育，平时对于东方文化——特别的是中国文化——异常敬重。故每在课余之暇，除阅读关于中国文化文明及文学历史之欧文书籍外，并潜心研究中国文学，已数年于兹。又以敝国地方缺少华文教师，乃于 1925 年，自费前往法京巴黎，考入东方语言学校肄业，二年期满，获益良多。现在学生家居无事，只以研读华文为职志。本年三月间，贵国政府委员胡汉民先生等驾临敝国，经学生拜谒面谈，胡君亲加考试，当承赐予证明书为证。并承孙科先生赐赠三民主义等书，以作纪念。惟学生将来拟来中国留学甚欲先得贵院发予通晓华文证明书，以便恳邀敝国政府之照准，而为到抵中国时之一种证据，庶可引起华人之兴趣，而得相当之便利。因此谨将胡君给予之证明书连同寄上，谨恳俯鉴下情，予以照准，发给通晓华文证明书……（佚名，1928）

呈文最后送往中央大学。

1929 年"一德国驻华全权公使卜熙尔之公子报名入国立清华大学肄业，是为外人入国立清华大学肄业之第一人"（徐世光，1929）。同时《安徽教育行政周刊》记载，"清华大学外国学生，本年增加，有德使卜尔熙之子及美约翰霍布金大学选送之五人，及其他国数人"（佚名，1929）。1934 年有一名外国学生记录了在燕大的日常生活意见，"让我说一句我很迷恋燕大，燕京的学生是第一流的。在燕京住的越久我越喜欢他，越发生感激之心，我敢断言，在建设新中国上，燕京将居于一个重要的地位。我将刮目以待……"（栢和本，1934）。这位外国留学生用五百字的篇幅表达了自己在教育、生活等方面对燕大的感激之心。由此可知，当时高校对来华留学生在各方面的待遇较好。

1930 年有德国学生亦欲来华留学，《湖北教育厅公报》刊登：

> 近来世界各国大学多有慕吾国文化之名，先后派遣学生之北平清华大学，南京中央大学肄业，曾志各报……有德籍隶德国之青年 Rolf Henkl，于日前驰函上海复旦大学校长李登辉博士，欲至该校研究院研究，专攻文学史，以完成其博士学位，李校长以该校研究院规程，凡国内外著名大学毕业生，均得入院研究，但学程仅止硕士学位为止，未便照允，当即裁函答复，并介绍渠向南京中央研究院蔡元培院长，及中央大学张乃燕校长处，请其代为设法，藉副德青年向学之热忱矣。（佚名，1930）

同年"美国派定 8 人，拟先在南京中央大学旁听，均予日前到校听课，又印度来函询问该校可否接纳外国学生，该校已函复表示欢迎"（顾钧，2015）。时人亦评论：

> 天道有变迁，人事有循环，文化有转移。我中国青年学生，纷纷渡洋留学国外，已二十余年。从未闻有外籍学生来我国就学者，首先来着，为美国。因胡佛总统深明立国非常道德，不足以治世而平天下。如英法诸国，亦有鉴于濒年天灾人祸，人民死亡不可以数计，皆不明道德之故，所以亦相继使青年学子来我国学习华文，以明道德之理。闻教育部长蒋梦麟，已多方设法，容纳外籍学生来我

国就学。一切由部妥定办法，学费从廉，以示优待。拟先设立于上海，俾外来学子，均先安顿。又闻外交部长王正延，已将此事转达外邦各国，庶多提倡，以逐学术与宗教之志愿。因科学制造为各国之绝艺，而于道德一术，为我中国开化最早。列古之世之平天下，皆从道德而来，不行则乱，今外人觉悟而更求道德，非至我中国不可。相见必鱼贯而来，不绝于途也。（可翁，1930）

除了学生，此时期也有其他群体来华留学，例如，1931 年有僧人来华留学：

美国旧金山有出家为僧者人，一名孤云，年二十七岁，原名 Br. Zara, Magiaro；一名默斋，年二十二岁，原名 Br. Kaum, Magiaro，去年在旧金山日僧千奇姆幻所设东渐禅窟出家，本年先到日本留学三月，以在美会闻太虚法师说法，并知所创办世界佛学苑，现已在北平成立一教理院，（由柏林寺台源方丈任院长）乃由日本来华，日昨抵平，即住柏林寺世界佛学教理院留学，拟在华住二三年，尚留学西藏等佛教地云云。（晋仁，1943）

同时，也有欧僧和日僧来华留学。1946 年亦有美国退伍军人申请来华留学，广州大学奉令洽商就读事宜。

1933 年英国派学生来华留学，英国按照《中英庚款协定》派出窦女士（Miss Darroch）到中山大学教育研究所学习，研究中国教育问题。窦女士应是近代英国官方正式派遣来华留学之第一人。同时，英国等大学提倡学习中国语言。

1934 年日本为便于全方位了解中国，在全国挑选少年十人来华留学，预定留学十年毕业后使之就事，年龄均十四岁，其中七人往天津就学。当时有评论：

足见日本人非但要同我们中国亲善，而且还尊重我们数千年传下来的文化，所以特地派遣优秀少年来华做长时期的精究，以期彻底了解。近百年来我们只听见中国学生到外国去留学，而今居然也有外国选派学生来我们贵国留学，那不是义兴盛世受宠若惊吗？也

有人担心日本人会居心叵测，有意要窥探中国的虚实，因此做十年树人之计，定造一支那通来打我们的算盘……（佚名，1934a）

1936 年日本又欲派学生来华留学，研究中国文化、历史及政治。时人认为，日本国此举为"文化侵略种种"。

1934 年马来王子来华留学：

> "南洋印荷属东印度，西里伯斯岛（Celedes）望加锡（Macassar）土王巽他氏（Sonda）之子安哇尔（Anwar），曾毕业于荷兰高级中学，近以巽他氏素仰我国民俗朴厚，文化发达，又慕国立同济大学办理完善，举世知名，因托我国驻锡领事王德菜氏，介绍来华，会晤市教育局局长潘公展氏代为安置，现安哇尔已于十月一日抵沪，先由中南文化学会理事刘士木黄索封二君陪往市教育局见潘局长，当由潘氏派专员周尚办理此事，四日晨由周刘黄三君送安氏至同济大学，商洽入学手续，因该校长翁之龙博士因公晋京，由秘书长杜殿英博士接见，当即允于经过考试之后，按照程度，插入相当班级，杜博士更以南洋为我国华侨繁荣发展之地，敦睦攸关，对此甚加注意，安由吴淞返沪时参观市府，由科长李大超招待，旋在新雅酒楼宴请并陪同参观上海银行等处云。（佚名，1934b）

国民政府希望通过来华留学的文化交流加强两国之间经济、政治联络。

1934 年中德为沟通文化交换研究生：

> 德国享堡基金会、谋沟通中德文化趋见、拟派康女士来华研究中国文学及美术、请中国酌予补助费、同时在同样条件之下，亦请中国派一大学生赴德研究科学，以资交换，闻中国教育部、对此交换学生事，已允许照办，自本年七月份起每月补助康德小姐一百十元，以一年为限……（俞君适，1934）

最终，"德国学生三人、石克林梅克们安梅者在 1935 年 9 月 25 日启程赴中国，将肄业于北平之清华大学，实行中德两国大学学生互换肄业之办法，德国第三学生将于十二月间起程，同时清华学生三人将于十月抵柏林"。

1937 年有暹罗学生来华留学：

> "中暹协会成立后，两国邦交亲善已大有进步，暹方近以仰慕我国文化，有拟派该国学生来华留学之意，中国中暹协会理事长周启刚，为此特呈请政府对暹罗派遣来华学生，分别大学中学规定学额，各予优待，便于沟通文化，联络邦交云。（佚名，1937）

1943 年印度学生来华留学：

> ……11 月首途来华留学之印籍学生十人。首飞重庆者，为加尔各答大学毕业生星哈，余在半月内均可成行。中印交换留学生之举动，教育界认为意义极重大，希望由交换留学生促进中印间更进一步之了解。印籍学生将在我国从事研究工作一年或二年，由我教育部供给学费。渠等均系年二十五岁以下之青年，来自印度各大学，均不谙中文，但能讲流利英语。其中数人拟研究我国文学，曾学习中文单字。记者访问彼等时，曾告以在战时中国求学之生活或较清苦。对方称：吾人乐于与中国友人共艰苦，且希望能久在中国。（佚名，1943）

继此之后，1947 年有印度学生十一名来华留学，"其中一名为女生，研究我国之语言、文化、哲学、历史、艺术、心理学及考古学，由印度政府供给奖学金，其目的在加强中印文化之关系，赴华学生中有一名女生，另一为印度诗哲泰戈尔族人"（佚名，1947a）。

1947 年菲律宾政府"近来感觉中文人才缺乏，派官费四名学生来华留学，且已择定厦门大学肄业"（佚名，1947b）。

时人谈论留学价值，认为留学可以增长个人见识，发扬民族风气，沟通国际文化，促进世界合作。一国有一国的文化特长，学术的交流还存在着道义上的责任。我国的道德精神正为现代人类和平所需要，当今世界互相派遣留学生有着更为积极的意义。

4　来华留学制度的制定

中国的高等教育在 20 世纪初经历了一个快速发展阶段，20 世纪 30 年代教育主管部门主要着眼点是巩固、充实、提高。国民政府建立后，相继发布《大学组织法》《大学规程》《专门学校组织法》《大学研究院暂行组织规程》等，对大学、独立学院及专科学校、大学研究机关的设立、组织、性质、培养方向等作了详尽的规定，使大学教育有章可循，向制度化、正规化方向发展。

招收外国学生的诸多国立大学开辟不同通道政策接纳来华学生留学。具体来看，大学招收来华留学生的途径主要有以下几种。

4.1　旁听生制度

1917 年国立北京大学校长蔡元培就批准了吴凤苞以旁听生名义入文科旁听的申请，要求他"遵照校章亲赴文科教务处报告"。1918 年国立北京大学颁布了《文法科选科生及旁听生规则》，规定文法科各门在遇有缺额时可收选科生和旁听生，二者可按个人志愿在各门功课中选听两种以上，且在所选功课未结束时不得中途改修其他。旁听生入学无试验规定，但"须有介绍函及履历书经校长或学长之许可，然后赴教务处报名缴费领取旁听证"，并以之作为听课凭证。旁听生无修业年限要求，不参加学校试验，学校也不发修业证明，入学需缴纳学费，"听一种功课者每学期应纳费三元，二种者五元，三种以上者十元"。

1939 年教育部公布了《外国学生旁听规则》，规定"旁听生入学须受检定并不得请求改为正式生亦不发给证明书；选课生及旁听生之招收应以不妨碍中国学生及外国正式生之修业为原则，其名额由各校自行酌定；正式生应与在校之中国学生缴纳同一之费用，其选课生旁听生应缴费用由各校自行酌定；外国学生不论其为正式生选课生或旁听生均须遵守学校所订一切规则"（王强，2014d）。教育部给予各高校充分权限。

同年国立北京大学依据教育部规定公布了《外籍旁听生入学细则》，共计九条：

本细则依据教育部颁行之外国学生入学规则制定之；本院各学

系有缺额时均得收外籍旁听生；外国学生欲入本院为旁听生时须于学年开始前呈缴各该国驻华使领馆之介绍书及学历证明书并最近二寸半身相片，一张经本院语学检定试验认为确有听讲能力方准入学；旁听生之入学试验於每学年开学后两周内举行之；旁听生得依其志愿于各系中选听愿习之功课，但每周之多不得过二十小时；旁听生入学时须缴纳保证金十元，每学期缴学费十元，体育费二元，赔偿费五元，各费缴清后，发给旁听生证方准入学，如该生呈请退学时所缴纳之保证金及赔偿费得发还之；旁听生只随班听讲不得参与升级或毕业试验。（王强，2014c）

北大旁听生规则的制定为诸多未达到学校录取标准而又希冀入校学习的学生提供了机会，外国学生在国民政府初期成为这一制度的受益者。

4.2　制定外国学生入学规则

为促进外国学生来华学习，国立清华大学、国立中央大学、国立中山大学、燕京大学等高等学校制定了专门的实施规则。

国立大学中，国立清华大学在 1930 年通过了《暂定外国学生肄业章程》相关细则，规定：

高级中学或与其程度相当之学校毕业之外国学生请求入校肄业者除依本校章程准其与本国学生照章投考者外经该国驻华公使馆或其他教育机会之介绍得入本校为特别生，特别生应缴纳之校费与应守之规则除有特别规定者外与一般学生同，特别生不编年级但所学之功课如经考试及格得给予成绩证明书，特别生寄宿本校须纳宿舍费每学期二十元，特别生非经入学考试不得改为正式生。本章程自公布日起试行。（王强，2014b）

国立北京大学在 1941 年制定了《北京大学外国学生入学规则》，共计十四条：

外国学生欲入中国公私立专科以上学校肄业者均须依照本规则

办理；外国学生申请入学须于学年开始前向各该学校呈缴各该国驻华使领馆之介绍书及学历证明书；前条所规定之外国学生计分正式生选课生旁听生三种；凡学历与中国高级中学毕业生相当而受入学试验及格录取者为正式生；凡就学校所设各项课程中选习一种或者数种者为选课生；选课生入学须受检定将所选课程修习完毕后应该项课程之试验成绩及格者给予所选课程之选课修了证书；选课生入学后受学校所规定之试验认为学历相当者得改为正式生；凡入学随班听讲并不参与升级或毕业试验者旁听生；旁听生入学须受检定并不得请求改为正式生亦不发给证明书；选课生及旁听生之招收应以不妨碍中国学生及外国正式生之修业为原则，其名额由各校自行酌定；正式生应与在校之中国学生缴纳同一之费用，其选课生旁听生应缴费用由各校自行酌定；外国学生不论其为正式生选课生或旁听生均须遵守学校所订一切规则。（王强，2014d）

1941 年国立中央大学制定《中央大学特别生暂行规定》，共计十一条：

  本大学为优待外国学生及侨胞子弟起见特设特别学生名额若干名；凡请求为本大学特别生着须具下列各项资格之一：外国学生志愿入本大学者但须是验其本国使馆领馆所签发之身份证明及高级中学或与高级中学之同等程度之毕业证书；特别生请求入学须与本大学规定之招生时期前来登记并须能了解中国浅易语文方为合格，凡学期中途退或中国语文毫无修养者均不得请求入学；特别生入学须经过特种检定考试（主要学科或者中国语文）合格后方许注册其手续，本大学正式生同外籍特别生之保证人应为中国籍人民；特别生经本大学第一学年考试各科均能及格得新生入学考试或者转学生考试后由该院院长转呈校长核准改为正式生；特别生修业期限与正式生同，其已经核准改为正式生者修业期满后亦得发给毕业证书；特别生非经本大学许可不得住宿校内；特别生入学应缴各费须以中国币计算；特别生之膳宿均须自理如欲寄宿校内，应俟宿舍有余塌时向训育处请求，经校长核准方能入舍，其膳食仍归自理，本大学亦不津贴膳费；特别生入学后应绝对遵守校规，如有违犯其惩戒办

法与正式生同；特别生在校内品学兼优经各该院院长认可者，得呈请校长给予特种奖励，其办法另订之。"（王强，2014e）

5　近代来华留学教育的特征与历史影响

近代来华留学教育历经多届政府倡导并在中国大学、外国政府、文化机构及各方人士的推动下不断发展。作为中外文化交流的媒介，来华留学生在促进中外文化交流中发挥了重要作用。

第一，近代来华留学教育发展曲折，历经了一个从被动适应到主动求变的发展过程。其始于外国学生请求游览、参观中国高等学校，在"从西学习"的教育潮流中不断发展为中国高等教育的重要组成部分。（彭泽平，2022）

第二，近代来华留学教育的文化重心和知识系统都指向中国文化，是以中国文化为中心的国际教育交流。

第三，通过梳理以上近代来华留学教育发展过程，我们发现中国大学一直扮演着积极的角色，折射出近代中国大学对来华留学教育发展的贡献，凸显了近代中国大学开展国际化办学的自觉。

第四，来华留学生学业结束后大多回国，也有部分人选择在中国大学执教，成为彼时中国大学国际化办学的支撑。来华留学生作为中外文化交流的媒介，推动了中国传统文化在海外的传播（彭泽平，金燕，2022）。顾钧统计1928—1941年间美国部分来华留学生计21名，他们回国后执教于"美国耶鲁大学、哈佛大学、哥伦比亚大学、芝加哥大学、科罗拉多大学等著名学府。美国来华留学生恒慕义、毕乃德、富路特、韦慕庭、卜德、顾立雅、费正清、柯睿哲、柯立夫、芮沃寿等回国后积极从事汉学研究，有的在美国东方学会、美国亚洲学会担任主席，积极从事与中国文化有关的汉学推广与研究工作。曾两度来华留学的毕乃德，在华期间积极从事中国学研究，与中国学人开展学术合作"（顾钧，2015）。

结　语

综上所述，近代中国应救亡图存的社会变革需要，高等教育国际化在近代中国基本上体现为向异域寻求新知的过程。近代来华留学教育的发展既是中国古代吸纳外国学生入学传统的赓续，也顺应了国际教育发展潮流，是近代中国高等教育国际化的表征之一。作为高等教育国际化的重要话题，近代来华留学教育的探索虽然存在诸多问题，但仍为今天留下了一份厚重的历史遗产（彭泽平，金燕，2022）。而来华留学的这些外国学子，有效地架起了沟通中外教育交流的友好桥梁，在近代中国教育发展史和教育交流史上，书写了不应为后人忽视的一笔（余子侠，王海凤，2021）。

参考文献

栢和本，1934. 一个外国学生对本校日常生活的意见［J］. 燕大旬刊（2）.

顾钧，2015. 美国第一批留学生在北京［M］. 郑州：大象出版社.

晋仁，1943. 日本来华留学高僧纪（四）［J］. 佛学月刊（3/4）.

可翁，1930. 外籍学生将来华留学［J］. 大常识（166）.

彭泽平，金燕，2022. 近代来华留学教育的递嬗、趋势及历史影响［J］. 社会科学战线（1）.

舒新城，1981. 中国近代教育史资料［M］. 北京：人民教育出版社.

王强，2014a. 民国大学校史资料汇编1［M］. 南京：凤凰出版社.

王强，2014b. 民国大学校史资料汇编8［M］. 南京：凤凰出版社.

王强，2014c. 民国大学校史资料汇编17［M］. 南京：凤凰出版社.

王强，2014d. 民国大学校史资料汇编18［M］. 南京：凤凰出版社.

王强，2014e. 民国大学校史资料汇编23［M］. 南京：凤凰出版社.

徐世光，1929. Weekly News：清华大学下学期有外国学生肄业（中英文对照）［J］. 英语周刊（713）.

佚名，1909. 奏折类：又奏拟准外国学生入经科大学肄业酌定简章片［J］. 吉林官报（37）.

佚名，1928. 土耳其学生赖毅夫来呈：为呈请给予通晓华文证书以便来华留学由［J］. 大学院公报（8）.

佚名，1929. 清华之外国学生［J］. 安徽教育行政周刊（21）.

佚名，1930. 德国学生亦欲来华留学［J］. 湖北教育厅公报（2）.

佚名，1934a. 三日闲话：日童来华留学［J］. 社会新闻（8）.

佚名，1934b. 马来王子来华留学［J］. 海外月刊（25）.

佚名，1937. 暹罗学生将来华留学［J］. 边疆（12）.

佚名，1943. 留学我国印籍学生 已全部抵加城 半月内可飞达重庆 [N]. 大公报
　　（桂林版），1943-11-15（2）.

佚名，1947a. 沟通中印文化 印学生十一名来华留学 下月启程内有女生一名 [N].
　　大公报（上海版），1947-03-13（5）.

佚名，1947b. 菲官费生来华留学 已择定厦门大学肄业 [N]. 申报，1947-06-06.

余子侠，王海凤，2021. 近代来华留学生教育的演变历程及特点 [J]. 湖北大学学
　　报（哲学社会科学版（5）.

俞君适，1934. 中德为沟通文化交换研究生 [J]. 中南情报（7）.